Britta Hölzel
Christine Brähler

**acht
sam
keit**

mitten im Leben

Anwendungsgebiete
und wissenschaftliche Perspektiven

Besuchen Sie uns im Internet:
www.ow-barth.de

© 2015 O. W. Barth Verlag
Ein Imprint der Verlagsgruppe
Droemer Knaur GmbH & Co. KG, München
Alle Rechte vorbehalten.
Das Werk darf – auch teilweise – nur mit
Genehmigung des Verlags wiedergegeben werden.
Redaktion: Michael Kanthak
Umschlaggestaltung: ZERO Werbeagentur, München
Satz: Sandra Hacke
Druck und Bindung: CPI books GmbH, Leck
ISBN 978-3-426-29236-5

4 5 3

Inhalt

Achtsamkeit
mitten im Leben

Christine Brähler und Britta Hölzel

Das Interesse an der Achtsamkeit ist in der Alltagspraxis, in der klinischen Anwendung und in der Forschung in den vergangenen zehn Jahren rasant angestiegen. Wie kommt es zu diesem großen Interesse? In einer zunehmend säkularen Welt, in der religiöse Praktiken, Werte und Gemeinschaften im Alltag eine immer geringere Rolle spielen, werden unsere psychospirituellen Bedürfnisse nicht mehr gestillt. Religionsübergreifende und religionsfreie Hilfestellung bei existentiellen Ängsten, Sinnkrisen, Unzulänglichkeitsgefühlen und bei chronischer Unzufriedenheit wird vorwiegend beim Psychotherapeuten und auch zunehmend bei einem Achtsamkeitslehrer gesucht – und dort auch meist gefunden.

Das Leben vieler hat sich nicht nur von der Religion emanzipiert, sondern richtet sich auch vorwiegend gemäß Produktivität, Wettbewerbsfähigkeit und Konsum aus. Ein Nebeneffekt des technologischen und wirtschaftlichen Fortschritts sind die zunehmende Beschleunigung und der wachsende Leistungsdruck, denen der Einzelne sowohl im Beruflichen als auch im Privaten ausgesetzt ist. Michael Ende beschreibt in seinem Märchen-Roman *Momo* aus dem Jahr 1973, wie das Prinzip der Effizienz in Form des Zeitsparens die Menschen immer unzufriedener werden lässt. Selbst den Kindern wird das Spielen verboten, um sie bestmöglich auf die Zukunft vorzubereiten. Er schreibt: »Etwas anderes verlernten sie freilich dabei, und das war: sich zu freuen, sich zu begeistern und zu träumen. Nach und nach bekamen die Kinder Gesichter wie kleine Zeit-Sparer. Verdrossen, gelangweilt und feindselig taten sie, was man von ihnen verlangte. Und wenn sie doch einmal sich selbst überlassen blieben, dann fiel ihnen nichts mehr ein, was sie hätten tun können.«[1]

Achtsamkeitstraining in all seinen Formen bietet uns die Möglichkeit, wieder »zu unseren Sinnen zu kommen«[2] und dabei unser Leben direkt und unmittelbar zu erleben – und dadurch bewusster zu leben. Nur wenn wir mit unserem körperlichen und emotionalen Erleben verbunden sind, können wir spüren, wie es uns geht und was wir im jeweiligen Moment brauchen. Nur wenn wir ein angenehmes Ereignis – wie den Geschmack und den Duft einer köstlichen Mahlzeit oder die Farben eines Sonnenuntergangs – mit unseren Sinnen wahrnehmen, können wir Freude und Dankbarkeit verspüren und die Fülle um uns herum und in uns wahrnehmen. Wir können sie uns nicht herbeidenken – wir müssen sie uns spüren lassen. Nur wenn wir uns im Wohlwollen anstatt im Hass uns selbst und anderen gegenüber trainieren, können wir erfüllende Beziehungen leben und uns und anderen mit Mitgefühl begegnen, wenn wir mit Belastendem konfrontiert sind. Nur wenn wir uns im gleichmütigen Erleben unserer Empfindungen, Gefühle und Gedanken üben, kommen wir in Kontakt mit unseren tiefsten Wünschen und Visionen. Nur wenn wir die Anbindung an unsere Werte wiederfinden und den Mut haben, unser Leben danach auszurichten, anstatt fremdgesteuert zu sein, können wir Kraft schöpfen und Sinn finden. Und der Beginn all dieser Praktiken von Präsenz, Freude, Dankbarkeit, Liebe, Mitgefühl und wertorientiertem Leben ist es, zu entschleunigen, innezuhalten, bei uns »einzukehren« und uns stufenweise mit unserem Innersten vertraut zu machen.

Wer bereits versucht hat, sich darin zu üben, bei sich im inneren Erleben zu verweilen, der weiß, dass das nicht ganz einfach ist. Von Natur aus neigt unser Geist dazu, abzuschweifen und zu versuchen, die Zukunft zu planen oder die Vergangenheit Revue passieren zu lassen und somit auf unstrukturierte Zeitreisen zu gehen. Neurowissenschaftler haben herausgefunden, dass es uns allen aufgrund des Bauplans unseres Gehirns schwerfällt, in unserem körperlichen und emotionalen Erleben im Hier und Jetzt präsent zu bleiben.[3] Studien zeigen, dass wir deutlich glücklicher sind, wenn wir eine Tätigkeit mit voller Präsenz durchführen, als wenn wir dabei geistig abwesend sind.[4] Es lässt sich also sagen, dass die Fähigkeit des Präsentseins uns glücklicher macht, wir sie aber aufgrund der Beschaffenheit unseres Gehirns bewusst trainieren müssen.

Wirksamkeit von Achtsamkeitstrainings

Die Anzahl der Publikationen im Bereich der Achtsamkeitsforschung ist in den vergangenen zwei Jahrzehnten exponentiell angestiegen. Mittlerweile sind in der Datenbank PubMed über 2200 wissenschaftliche Artikel registriert. Die Forschungsergebnisse legen nahe, dass Achtsamkeitsmeditation zu einer ganzen Reihe positiver Effekte führt. Sie wird deshalb zunehmend in psychotherapeutische Programme integriert.[5] Achtsamkeitsbasierte Interventionen werden unter anderem in der Behandlung von Angststörungen[6,7] sowie zur Rückfallprophylaxe bei wiederkehrenden depressiven Episoden[6,8] erfolgreich eingesetzt. Weitere Studien zeigen positive Effekte von Achtsamkeitsmeditation u. a. bei bipolaren Erkrankungen[9], Substanzabhängigkeit[10], Essstörungen[11] und bei der Aufmerksamkeitsdefizit-Hyperaktivitätsstörung (ADHS)[12]. Es wurde außerdem eine signifikante Verbesserung der Lebensqualität bei verschiedenen körperlichen Erkrankungen festgestellt, z. B. bei chronischen Schmerzerkrankungen[13] und Krebserkrankungen[14]. Weiterhin wurde gezeigt, dass Achtsamkeitsmeditation positive Wirkungen auf eine Reihe gesundheitsbezogener Variablen hat; so wurden z. B. eine verbesserte Funktion des Immunsystems[15,16], reduzierte Blutdruckwerte[17] und reduzierte Kortisolspiegel[15] gefunden. Achtsamkeitsmeditation wird nicht nur bei der Behandlung von Erkrankungen erfolgreich eingesetzt; es wurde auch gezeigt, dass sie bei gesunden Teilnehmern zu einer Erhöhung des psychischen Wohlbefindens und zur Stressreduktion führt[18,19].

Die neueste Metaanalyse zur Bestimmung der Effekte achtsamkeitsbasierter Interventionen, die die Wirkung bei verschiedenen psychischen Erkrankungen verglich[20], kam zu der Schlussfolgerung, dass achtsamkeitsbasierte Interventionen im Vergleich zu einer Warteliste-Kontrollgruppe oder bei reinen Vorher/Nachher-Messungen mittelgroße Effektstärken aufwiesen. Im Vergleich zu anderen Methoden ergab sich noch eine kleine bis mittlere Effektstärke, d. h., achtsamkeitsbasierte Therapien waren erfolgreicher als die Kontrollprogramme (jedoch nicht erfolgreicher als kognitiv-verhaltenstherapeutische Interventionen). Die deutlichsten Effekte zeigten sich bei Angstsymptomen und Depressionen; hier zeigten sich große Effektstärken. Eine Überprüfung zur Erfassung der Effekte von Meditation auf eine Reihe psychologischer Variablen bei nicht-klinischen Stichproben[21] resümiert, dass sich mittlere bis große Effekte auf emotionale und Beziehungsvariablen zeigten und mittelgroße Effekte auf Aufmerksamkeitsmaße.

Viele der Übungen, mit denen wir uns in diesem Buch beschäftigen, werden in derselben oder in abgewandelter Form im Christentum, im Buddhismus und im Hinduismus in Klöstern oder Tempeln von (im weitesten Sinne) Geistlichen stellvertretend für den Rest der Bevölkerung praktiziert. Achtsamkeitspraxis, wie wir sie in diesem Buch beschreiben und wie sie heutzutage meist unterrichtet wird, hat ihre Ursprünge vorwiegend in der buddhistischen Lehre. Die Essenz der Achtsamkeitspraxis ist jedoch in den kontemplativen Traditionen der meisten Religionen auffindbar[22]. Obgleich die Ursprünge der Achtsamkeitspraxis in den kontemplativen Traditionen liegen, hat sie sich in ihrer aktuellen Manifestation vorwiegend in den relativ jungen Disziplinen der westlichen Psychologie, Psychotherapie und Neurowissenschaft angesiedelt. Die wissenschaftliche Untersuchung von Achtsamkeits- und Mitgefühlstrainings, die dadurch ermöglicht wurde, wird unternommen, um die Wirkmechanismen von heilsamer psychischer Veränderung allgemein zu erkunden und Modelle der menschlichen Psyche, des Selbst und der Gefühlsregulation zu erstellen und zu testen. Neurowissenschaftliche Studien zeigen beispielsweise grundlegende Prozesse auf, die an der Verarbeitung von Emotionen beteiligt sind. Diese Studienbefunde enthalten Informationen darüber, wie unser Geist funktioniert, und sie beschreiben Prozesse, von denen wir rückwirkend effektive Interventionen in Trainingskursen in Achtsamkeit oder Mitgefühl und auch in der Psychotherapie ableiten können. Die Erforschung von Achtsamkeit dient somit nicht nur dem Zweck der Bewertung der Effektivität von derartigen Trainings, sondern stellt darüber hinaus auch ein Instrument dar, um besser zu verstehen, auf welche Art und Weise wir durch mentales Training zu einer besseren geistigen Gesundheit gelangen und unser menschliches Potential erweitern können – nämlich unsere Einsichtsfähigkeit zu vertiefen und unser Mitgefühl für uns selbst und andere zu stärken.

Trotz der steigenden Zahlen an Publikationen ist das Feld noch relativ neu, und eine Bestätigung vieler Befunde steht noch aus. Die bisher gewonnenen Erkenntnisse müssen zudem in methodologisch besser kontrollierten Studien nachuntersucht werden[20,21]. Es steht hier noch viel wissenschaftliche Arbeit an, um die Wirkungsweise und Effekte der Achtsamkeitspraxis besser zu verstehen.

In einem solch jungen Gebiet wie der Achtsamkeitsforschung besteht die Tendenz, zunächst übermäßig enthusiastisch auf die positiven Befunde zu reagieren. Achtsamkeit ist sicherlich kein Allheilmittel. Sie wurde traditionell zur Kultivierung von Weisheit, zur Überwindung von Leid und zur Erlangung von Befreiung praktiziert, und zwar als Teil eines umfassenderen Weges (siehe den Beitrag von Stefan Schmidt). Sich von einem Teilaspekt dieses umfassenden Weges nun kleine Wunder zu erhoffen ist unrealistisch. Eine solche Erwartung muss früher oder später enttäuscht werden. Es gilt daher, auch mit den eigenen Erwartungen achtsam umzugehen und sich geduldig der Frage zu öffnen, auf welche Art und Weise wir mit den ursprünglichen Zielsetzungen der Praxis näher in Kontakt kommen können und wollen.

Einschränkungen der Anwendbarkeit bei psychischen Erkrankungen

In der heutigen Welt wird es vermutlich als weniger stigmatisierend empfunden, sich bei Überforderungsgefühlen in einen Achtsamkeits- oder Mitgefühlskurs einzuschreiben, als eine Psychotherapie zu beginnen. Meist sind die Methoden leicht anzuwenden, und entsprechende Kurse werden immer häufiger angeboten. Idealerweise lernt man Achtsamkeit und Mitgefühl in einem Kurs bei einem kompetenten und einfühlsamen Lehrer bzw. einer Lehrerin. Achtsamkeits- und Mitgefühlskurse können und sollen jedoch keine fachkundige psychiatrische, psychosomatische oder psychotherapeutische Behandlung ersetzen. In manchen Fällen können sie diese Behandlungen unter fachkundiger Anleitung ergänzen. Obgleich wir in diesem Buch versucht haben, darzustellen, dass Achtsamkeit in jedem Lebensbereich und in jeder Lebensphase praktiziert werden kann, gilt es, darauf hinzuweisen, dass Menschen mit akuten psychischen Erkrankungen, akuten Psychosen oder unverarbeiteten Traumatisierungen von dieser Praxis überfordert sein können. Wir empfehlen Menschen mit psychischen Erkrankungen deshalb, die Methoden, die in unserem Buch beschrieben sind, nur nach Beratung mit einem Facharzt für Psychotherapie oder approbierten Psychotherapeuten zu praktizieren.

Über dieses Buch

Das Angebot an Literatur zum Thema Achtsamkeit wächst stetig. Bedarf es also wirklich noch eines weiteren Buches? Wenn man die vorhandene Literatur sichtet, so stellt man fest, dass es auf der einen Seite Fachliteratur gibt (meist in Form von englischsprachigen Artikeln in Fachzeitschriften), die zum einen für diejenigen, die Achtsamkeit praktisch anwenden wollen, schwer verfügbar ist und die zum anderen nicht leicht verständlich ist. Auf der anderen Seite gibt es spirituelle Literatur und Anwendungsratgeber; diese lassen die Befunde der wissenschaftlichen Forschung jedoch oft außen vor und beschränken sich auf eher intuitiv-narrative Anleitungen.

Wir haben daher versucht, mit diesem Buch die wissenschaftlichen Perspektiven und die praktischen Anwendungsmöglichkeiten miteinander zu verknüpfen. Auf der einen Seite wollen wir praktische Anwendungsbereiche aufzeigen, die mit den Methoden der westlichen Wissenschaft erforscht sind, und auf der anderen Seite versuchen wir, die wissenschaftlichen Befunde in verständlicher Form zusammenzufassen. Wir freuen uns, dass wir eine Reihe deutscher Autoren gewinnen konnten, Texte zu diesem Herausgeberwerk beizutragen. Die Autorinnen und Autoren kommen sowohl aus dem Bereich der wissenschaftlichen Achtsamkeitsforschung als auch aus der Anwendung, wo sie Trainings und Weiterbildungen unterrichten und Kurse (weiter)entwickeln – viele der Autoren verbinden die wissenschaftlichen und die praktischen Bereiche in ihrer persönlichen Arbeit miteinander.

Gemeinsam stellen wir in diesem Buch die Anwendungsbereiche im alltäglichen Leben vor und versuchen damit, aufzuzeigen, dass wir die Herausforderungen, mit denen wir in verschiedenen Lebensphasen und Lebensbereichen konfrontiert sind, als Chance für die Praxis verstehen. Damit will das Buch dazu einladen und Anregungen dazu liefern, die Achtsamkeitspraxis nicht nur auf das stille Sitzen auf dem Meditationskissen zu beschränken, sondern sie mitten im Leben, mitten im Alltag lebendig sein zu lassen. Die Beschreibungen der praktischen Anwendungsbereiche haben wir – wo es möglich war – mit den neuesten wissenschaftlichen Erkenntnissen aus der Achtsamkeitsforschung angereichert bzw. untermauert; in der Hoffnung, dass ein Verständnis der Forschungsbefunde die Praxis bereichert und Hinweise auf Umsetzungsmöglichkeiten liefert. Wir haben an verschiedenen Stellen im Buch praktische Übungen beigefügt und hoffen, dass damit ein erlebtes Verständnis entstehen kann.

Die ersten beiden Beiträge des Buches beschäftigen sich mit dem historischen und dem wissenschaftlichen Kontext der Achtsamkeit. Im ersten wird der Weg aufgezeigt, den das Konzept der Achtsamkeit von seinen Ursprüngen in die westlichen Anwendungsbereiche genommen hat (Schmidt). Trotz der wachsenden Popularität wird Achtsamkeit häufig missverstanden. Die ursprüngliche Bedeutung des Wortes in Pali und Sanskrit wird in diesem Kapitel erläutert.

Die Erkenntnisse, die die Hirnforschung im Bereich der Achtsamkeits- und Meditationsforschung in den letzten Jahren gewonnen hat, werden im zweiten Beitrag vorgestellt (Hölzel). In den weiteren Kapiteln des Buches behandeln wir verschiedene Lebensbereiche und -phasen, in denen sich Achtsamkeit ausdrücken kann. Wir wollen veranschaulichen, dass die innere Haltung im Umgang mit unserem Erleben für unser Wohlbefinden und unsere Lebenszufriedenheit entscheidend ist. Dieses Buch soll den Leser darin unterstützen, in ganz unterschiedlichen alltäglichen Situationen immer wieder zu einer achtsamen und mitfühlenden Haltung zurückzufinden und aus dieser heraus zu handeln. Wenn wir aufgrund von körperlichem oder emotionalem Schmerz oder Grübeleien unser Dasein als belastend erleben, dann könnten wir uns dem Schmerz zuwenden und ihn als Körperempfindung erforschen, anstatt ihn zu vermeiden (Gard / Hölzel). Wir wissen, dass es hilfreicher ist, belastende Gedanken als vorübergehende, mentale Phänomene zu betrachten, anstatt mit ihnen verstrickt zu bleiben (Barnhofer). Wenn etwas in unserem Leben schiefläuft oder wenn uns großes Leid widerfährt, dann ist es hilfreicher, uns selbst liebevoll zu umsorgen, anstatt uns selbst zu verurteilen (Brähler). Wenn die Haltung der Achtsamkeit vollständig verkörpert ist, drückt sich das in einem grundlegend neuen Erleben aus, in dem das eigene Selbst als ungetrennt vom Gesamten erlebt werden kann. Dieses Erwachen kann auch spontan auftauchen, ohne dass man es je vorher geübt hat (Full). Die achtsame innere Haltung kann uns in allen Lebensphasen ein unterstützender Begleiter sein: zum Beispiel in der Schule (Kaltwasser), beim Gebären und Elternwerden (Schwarz), bei der Arbeit (Stern) als auch beim Älterwerden (Krüger). Genauso kann sie sich positiv auf unseren Umgang mit unseren Kindern (Valentin) und unseren Berufskollegen (Stern) auswirken und uns im weiteren Sinne die Ethik überdenken lassen, mit der wir uns in der Welt bewegen (Doepke). Wenn Achtsamkeit und Mitgefühl unser Leben auf all diesen Ebenen durchdringen, dann kann unser ganzes Leben zur Meditation werden.

Abschließend möchten wir noch darauf hinweisen, dass wir aus Gründen besserer Lesbarkeit bei Substantiven beiderlei Geschlechts entweder nur die weibliche oder die männliche Form verwendet haben. Es sind selbstverständlich beide Geschlechter gemeint.

Ziellose Liebe

Billy Collins
(aus dem Amerikanischen von Ron Winkler[23])

Heute Morgen, als ich am Ufer des Sees entlanglief,
verliebte ich mich in einen Zaunkönig
und später am Tag in eine Maus –
die Katze hatte sie unter den Esszimmertisch gelegt.
Im Dämmerlicht eines Herbstabends
verliebte ich mich in eine Näherin,
an ihrer Maschine noch im Fenster der Schneiderei,
und später in eine Schüssel Brühe,
Dampf stieg auf wie Qualm bei einer Seeschlacht.
Das ist die beste Art zu lieben, dachte ich,
ohne Wiedergutmachungen, ohne Geschenke
oder unschöne Worte, ohne Misstrauen
oder Schweigen am Telefon.
Die Liebe zu einer Kastanie,
einer coolen Mütze und der einen Hand am Lenkrad.
Ohne Begierde und Türenschlagen
die Liebe zu einem Bonsai-Orangenbaum,
einem sauberen weißen Hemd, einer heißen Dusche am Abend,
dem Highway, der durch Florida schneidet.
Kein Warten, keine Gereiztheit oder Verbitterung –
nur ein Stechen dann und wann
für den Zaunkönig, der sein Nest
auf einem niedrigen Ast über dem Wasser baute,
und für die tote Maus,
weiterhin in ihren hellbraunen Mantel gekleidet.
Doch mein Herz auf seinem Stativ
auf freiem Feld erwartet
immer schon den nächsten Pfeil.
Nachdem ich die Maus an ihrem Schwanz

zu einem Laubhaufen im nahen Wald brachte,
ertappe ich mich am Waschbecken im Bad,
wie ich verzückt auf die Seife starre,
so duldsam und auflösbar,
so zu Hause in ihrer blassgrünen Seifenschale,
dass ich mich schon wieder verliere,
sobald meine nassen Hände ihr Glitschen fühlen
und mir der Duft von Lavendel und Stein in die Nase steigt.

Literatur

1. Ende M. *Momo oder Die seltsame Geschichte von den Zeit-Dieben und von dem Kind, das den Menschen die gestohlene Zeit zurückbrachte.* Stuttgart: Thienemann Verlag; 1973, S. 207.

2. Kabat-Zinn J. *Zur Besinnung kommen. Die Weisheit der Sinne und der Sinn der Achtsamkeit in einer aus den Fugen geratenen Welt.* Freiamt im Schwarzwald: Arbor Verlag; 2005.

3. Gusnard DA, Raichle ME. Searching for a baseline: functional imaging and the resting human brain. *Nat Rev Neurosci.* 2001;2(10):685–694. http://www.ncbi.nlm.nih.gov/entrez/query.fcgi? cmd=Retrieve&db=pubmed&dopt=Citation&list_uids=11584306& query_hl=1&itool=pubmed_docsum (abgerufen am 02.01.2015)

4. Killingsworth MA, Gilbert DT. A wandering mind is an unhappy mind. *Science.* 2010;330:932.

5. Baer RA. Mindfulness training as a clinical intervention: A conceptual and empirical review. *Clin Psychol Sci Pract.* 2003;10(2):125–143.

6. Hofmann SG, Sawyer AT, Witt AA, Oh D. The effect of mindfulness-based therapy on anxiety and depression: A meta-analytic review. *J Consult Clin Psychol.* 2010;78(2):169–183. doi: 2010-05835-004 [pii] 10.1037/a0018555 (abgerufen am 02.01.2015)

7. Roemer L, Orsillo SM, Salters-Pedneault K. Efficacy of an acceptance-based behavior therapy for generalized anxiety disorder: Evaluation in a randomized controlled trial. *J Consult Clin Psychol.*

2008;76(6):1083–1089. doi:2008-16943-009 [pii] 10.1037/a0012720 (abgerufen am 02.01.2015)

8. Teasdale JD, Segal Z V, Williams JM, Ridgeway VA, Soulsby JM, Lau MA. Prevention of relapse/recurrence in major depression by mindfulness-based cognitive therapy. *J Consult Clin Psychol.* 2000;68(4):615–623. http://www.ncbi.nlm.nih.gov/entrez/query.fcgi? cmd=Retrieve&db=PubMed&dopt=Citation&list_uids=10965637 (abgerufen am 02.01.2015)

9. Deckersbach T, Hölzel BK, Eisner LR, et al. Mindfulness-based cognitive therapy for nonremitted patients with bipolar disorder. *CNS Neurosci Ther.* 2012;18(2):133–41. doi: 10.1111/j.1755-5949.2011.00236.x (abgerufen am 02.01.2015)

10. Bowen S, Witkiewitz K, Dillworth TM, et al. Mindfulness meditation and substance use in an incarcerated population. *Psychol Addict Behav.* 2006;20(3):343–347. doi: 2006-10832-015 [pii] 10.1037/0893-164X.20.3.343 (abgerufen am 02.01.2015)

11. Tapper K, Shaw C, Ilsley J, Hill AJ, Bond FW, Moore L. Exploratory randomised controlled trial of a mindfulness-based weight loss intervention for women. *Appetite.* 2009;52(2):396–404. doi: S0195-6663(08)00618-1 [pii] 10.1016/j.appet.2008.11.012 (abgerufen am 02.01.2015)

12. Zylowska L, Ackerman DL, Yang MH, et al. Mindfulness meditation training in adults and adolescents with ADHD: a feasibility study. *J Atten Disord.* 2008;11(6):737–746. doi: 1087054707308502 [pii] 10.1177/1087054707308502 (abgerufen am 02.01.2015)

13. Grossman P, Tiefenthaler-Gilmer U, Raysz A, Kesper U. Mindfulness training as an intervention for fibromyalgia: Evidence of postintervention and 3-year follow-up benefits in well-being. *Psychother Psychosom.* 2007;76(4):226–233. doi: 000101501 [pii] 10.1159/000101501 (abgerufen am 02.01.2015)

14. Speca M, Carlson LE, Goodey E, Angen M. A randomized, wait-list controlled clinical trial: The effect of a mindfulness meditation-based stress reduction program on mood and symptoms of stress in cancer outpatients. *Psychosom Med.* 2000;62(5):613–622.

15. Carlson LE, Speca M, Faris P, Patel KD. One year pre-post intervention follow-up of psychological, immune, endocrine and blood pressure outcomes of mindfulness-based stress reduction (MBSR) in breast and prostate cancer outpatients. *Brain Behav Immun.* 2007;21(8):1038–1049. doi: S0889-1591(07)00085-2 [pii] 10.1016/j. bbi.2007.04.002 (abgerufen am 02.01.2015)

16. Davidson RJ, Kabat-Zinn J, Schumacher J, et al. Alterations in brain and immune function produced by mindfulness meditation. *Psychosom Med.* 2003;65(4):564–570. http://www.ncbi.nlm.nih.gov/ entrez/query.fcgi?cmd=Retrieve&db=PubMed&dopt=Citation&list_ uids=12883106 (abgerufen am 02.01.2015)

17. De la Fuente M, Franco C, Salvator M. Reduction of blood pressure in a group of hypertensive teachers through a program of mindfulness meditation. *Behav Psychol Conduct.* 2010;18(3):533–552.

18. Carmody J, Baer RA. Relationships between mindfulness practice and levels of mindfulness, medical and psychological symptoms and well-being in a mindfulness-based stress reduction program. *J Behav Med.* 2008;31(1):23–33. doi: 10.1007/s10865-007-9130-7 (abgerufen am 02.01.2015)

19. Chiesa A, Serretti A. Mindfulness-based stress reduction for stress management in healthy people: a review and meta-analysis. *J Altern Complement Med.* 2009;15(5).593–600. doi: 10.1089/acm.2008.0495 (abgerufen am 02.01.2015)

20. Khoury B, Lecomte T, Fortin G, et al. Mindfulness-based therapy: A comprehensive meta-analysis. *Clin Psychol Rev.* 2013;33(6):763–771. doi: 10.1016/j.cpr.2013.05.005 (abgerufen am 02.01.2015)

21. Sedlmeier P, Eberth J, Schwarz M, et al. The Psychological Effects of Meditation: A Meta-Analysis. 2012;138(6):1139–1171. doi: 10.1037/ a0028168 (abgerufen am 02.01.2015)

22. Jäger W. *Westöstliche Weisheit. Visionen einer integralen Spiritualität.* Stuttgart: Theseus; 2007.

23. Collins, B. *Schnee schaufeln mit Buddha.* Leipzig: Leipziger Literaturverlag; 2006, S. 101.

Der Weg der Achtsamkeit.
Vom historischen Buddhismus zur modernen Bewusstseinskultur

Stefan Schmidt

Die Praxis und das Konzept der Achtsamkeit erfreuen sich in den letzten Jahren zunehmender Beliebtheit. Wirkte die Achtsamkeitspraxis Mitte der 90er Jahre noch exotisch und esoterisch, so scheint sie nun, zwanzig Jahre später, in der Mitte der Gesellschaft angekommen zu sein. Den Auftakt für diese Popularisierung hat sicherlich die erfolgreiche Anwendung in klinischen Kontexten[1] bereitet. Nun weiten sich die Anwendungsfelder aus – Achtsamkeit wird auch erfolgreich in der Schule und am Arbeitsplatz eingesetzt.[2] Die wissenschaftliche Erforschung dieser Anwendungen und ihre Konzeptionierung in Psychologie, Medizin und Neurowissenschaften haben zu dieser Etablierung maßgeblich beigetragen. Der nächste Schritt wird vermutlich sein, Achtsamkeit im Rahmen einer *Kultur des Bewusstseins*[3] als ein allgemeingültiges Prinzip einer guten und glücklichen Lebensführung zu begreifen.

Überblickt man die gesamte Entwicklung, so sieht man, dass die Praxis und das Prinzip der Achtsamkeit von ihrer Entstehung in einem religiösen und spirituellen Kontext vor ca. 2500 Jahren in einer asiatischen Kultur hin zu einer häufig nichtreligiös motivierten und damit säkularen Anwendung in unserer modernen westlichen Kultur eine weite Reise zurückgelegt haben. Solche Reisen hinterlassen Spuren, und in diesem Beitrag sollen dieser Reiseweg nachgezeichnet und die damit einhergehenden begrifflichen und konzeptionellen Veränderungen erfasst werden.

Unter diesen Bedingungen kann die Frage, was genau unter Achtsamkeit verstanden wird, nicht mehr pauschal und für alle

Kontexte – buddhistischer Tempel wie Führungskräftesemi-
nar – gültig beantwortet werden. Mit der zunehmenden Popularisierung hat das Konzept der Achtsamkeit auch an Kontur
und Schärfe verloren und zeigt sich mehr und mehr verwässert.
Daher ist es sinnvoll, das jeweilige Verständnis von Achtsamkeit vor dem Hintergrund des spezifischen Kontextes zu betrachten, in dem es thematisiert oder praktiziert wird. Die spannende Frage, die sich dabei ganz natürlich aufdrängt: Handelt
es sich bei all diesen Wandlungen des Kontextes noch um das-
selbe Prinzip? Bei der Beschreibung des Reiseweges soll daher
auch diese Frage immer wieder aufgeworfen werden.

Ziel dieses Reiseberichts ist es, das Konzept und die dazu-
gehörige Praxis der Achtsamkeit, so gut es geht, *begrifflich* zu
fassen. Das bedeutet aber auch, dass der praktische Aspekt, wie
man sich konkret in Achtsamkeit übt, in diesem Beitrag nicht
berücksichtigt wird.

Achtsamkeit im historischen
buddhistischen Verständnis

Der Begriff der Achtsamkeit hat seinen Ursprung im Buddhismus. Achtsamkeit ist dort eines der zentralen Konzepte der
Lehre und hat in den letzten 2500 Jahren in den asiatischen Ver-
breitungsgebieten des Buddhismus nur wenig Veränderung erfahren. Buddhismus kann als ein spiritueller Weg der Selbsttransformation beschrieben werden. Ziel dieses Prozesses ist,
sich von der eigenen Bedingtheit zu befreien und Mitgefühl für
alle Wesen zu entwickeln.

Die ältesten schriftlichen Hinweise auf Achtsamkeit (*sati* in
der damaligen Schriftsprache, Pali) findet man im sogenannten
Palikanon des Theravada-Buddhismus. Theravada (wörtlich:
Schule der Älteren) ist die älteste buddhistische Schule, die noch
heute in Sri Lanka, Myanmar, Laos, Kambodscha und Thai-

land praktiziert wird. Alle anderen buddhistischen Traditionen wie der tibetische Buddhismus oder der Zen-Buddhismus haben ihren Ursprung in dieser Tradition. Es ist überliefert, dass buddhistische Mönche ungefähr im 1. Jh. v. Chr. die Reden und Lehren von Gautama Buddha, der vermutlich im 5. Jh. v. Chr. lebte, niedergeschrieben haben. Diese Texte, die zuvor mündlich überliefert worden waren, bilden das älteste schriftliche Zeugnis der buddhistischen Lehren, den Palikanon.[4] Für das Studium der Achtsamkeit sind hauptsächlich zwei Lehrreden des Buddha (Pali: *sutta*) von Bedeutung: die Lehrrede von den vier Grundlagen der Achtsamkeit, das *Satipatthana Sutta*[5,6], und die Lehrrede von der Achtsamkeit auf den Atem, das *Anapanasati Sutta*[7]. Beide Suttas beschreiben ausschließlich eine Meditationspraxis, jedoch kein Konzept. Was mit Achtsamkeit oder *sati* aber genau gemeint ist, kann aus diesen Praxisanleitungen erschlossen werden.

Laut Analayo[5], einem Mönch und Gelehrten der Theravada-Tradition, hat das Wort *sati* seinen Ursprung in dem Verb *sarati,* was »sich erinnern« (S. 59) bedeutet. Allerdings ist *sati* nicht als Erinnerung gemeint, sondern als *Gewahrsein des Augenblicks,* was die Erinnerung wiederum erleichtert. Gewahrsein im Augenblick und Erinnerung ergänzen sich gegenseitig: »… verbindet *sati* das Bewusstsein im Augenblick mit der Erinnerung an das, was der Buddha gelehrt hatte« (S. 61). Um das zu erreichen, muss der Geist im Zustand von *sati* »in Bezug auf den gegenwärtigen Augenblick hellwach« sein (S. 61). Hier wird der Begriff der *Weite* des Bewusstseinszustandes (im Gegensatz zu einem eng begrenzten Fokus) betont (S. 61). Ein anderer Mönch und Gelehrter aus der Theravada-Tradition, Nyanaponika[6], beschreibt *sati* als »reines Beobachten« (S. 25 ff.). Der Begriff »rein« bezieht sich hier auf die Tatsache, dass der Beobachter oder die Beobachterin versucht, lediglich das beobachtete Objekt *wahrzunehmen,* anstatt mit ihm zu interagieren, wie dies z. B. durch Beurteilungen, Bewertungen, Stellungnahmen oder bewusste Handlungen geschieht. Die amerikanische Meditationslehrerin Sharon Salzberg drückt den gleichen Sachverhalt anschaulich mit anderen Worten aus: »Achtsamkeit ist eine Qualität in der Beziehung zu einem wahrgenommenen Objekt. Einfach etwas wahrzunehmen, z. B. ein Geräusch zu hören, heißt nicht unbedingt, achtsam zu sein. Aber ein Geräusch zu hören, ohne dabei mit Verlangen, Ablehnung oder Selbsttäuschung zu reagieren, das ist Achtsamkeit.«[8]

Sati kann folglich als ein Zustand des Gewahrseins des gegenwärtigen Augenblicks beschrieben werden, in dem der Geist mit der oben beschriebenen Weite beobachtet, ohne einzugreifen.

Sati wird im Palikanon oft auch mit Hilfe von Bildern oder Gleichnissen beschrieben, wobei diese unterschiedliche Funktionen von *sati* betonen. Analayo[5] hat eine schöne Sammlung solcher Gleichnisse zusammengetragen (S. 66 ff.). Der Aspekt des *entspannten, weiten* und leicht *distanzierten Beobachtens* kommt im Gleichnis vom Kuhhirten zum Tragen. Dieser muss zunächst sorgsam über die Kühe wachen, damit diese nicht in die Felder mit dem reifen Getreide laufen. Aber nach der Ernte kann sich der Hirte entspannt unter einen Baum setzen und die Kühe aus der Entfernung beobachten. Ein anderes Gleichnis hebt die feine *Balance* hervor, die die Praxis der Achtsamkeit erfordert; hier wird *sati* mit dem Tragen einer vollen Schale Öl auf dem Kopf verglichen. Viele dieser Metaphern betonen nicht nur den direkten Wert der Praxis, sondern zeigen auch, dass *sati* eine wichtige Haltung ist, um spätere Handlungen *vorzubereiten*. Hier gibt es das Bild von der Sonde des Chirurgen, die für die nachfolgende Behandlung Informationen über die Wunde liefert. Der vorbereitende Charakter für das Entstehen von *Weisheit* drückt sich in der Metapher von *sati* als Pflugschar aus, die den Boden bereitet, bevor man säen kann.

Diese Funktion von *sati* als Vorbereitung zur Erkenntnis zeigt sich bei den Begriffsbestimmungen oft auch dadurch, dass *sati* mit dem Begriff der Wissensklarheit *(sampajanna)* kombiniert wird.[6] Laut Analayo[5] bedeutet *sampajanna,* umfassend zu begreifen und zu verstehen, was gerade geschieht. Dieses Verstehen bereitet die Grundlage dafür, dass das *reine Beobachten* zur Einsicht und damit zur Entwicklung von Weisheit führen kann. Die Kombination von *sati* und *sampajanna* ermöglicht somit auch die Anwendung der Achtsamkeit als einer informellen Praxis im Alltag, die über das bloße reine Beobachten in der meditativen Stille hinausgeht.

Es zeigt sich also bei genauerer Betrachtung, dass sich der deutsche Achtsamkeitsbegriff eigentlich auf zwei unterschiedliche Aspekte bezieht.[9] Zum einen Achtsamkeit als spezifischer Geistesfaktor – *sati* –, den man mit »reines Beobachten« oder auch mit »Vergegenwärtigung«[9] übersetzen kann. Zum anderen aber auch Achtsamkeit als die »Praxis der Achtsamkeit«, wie sie im *Satipatthana Sutta* beschrieben wird. In diesem weiteren Sinne schließt die Übung der Achtsamkeit neben der Vergegenwärtigung *(sati)* noch weitere Geistesfaktoren mit ein. Dies sind unter anderem der Faktor des *wachsamen (Selbst-)Beobachtens,* das dazu führt, dass wir bemerken, wenn wir während der Übung abschweifen, oder die sogenannte *kümmernde Fürsorge,* deren Aufgabe es ist, die Übung mit Ernsthaftigkeit und Zuwendung zu stabilisieren. Eine sehr schöne Darstellung, wie eine achtsame Betrachtung aus dem Wechselspiel verschiedener Geistesfaktoren entsteht, findet sich in einer von Alexander Berzin ausgearbeiteten Erklärung von Samdhong Rinpoche.[10]

Diese Textanalysen und begrifflichen Ableitungen lassen schnell den Eindruck entstehen, dass es sich bei *sati* um einen feststehenden theoretischen Begriff handeln würde; es ist aber eine geistige Gewohnheit unseres westlichen, wissenschaftlich geprägten Denkens, alles gleich in Konzepten fassen zu wollen, die sich beschreiben und definieren lassen. Würden wir diese Herangehensweise auch auf die Achtsamkeit anwenden, so würden wir eine der zentralsten Eigenschaften von *sati* außer

Acht lassen: den Erfahrungsbezug. Damit ist gemeint, dass Achtsamkeit immer eine gelebte Erfahrung beschreibt und nie ein abstraktes Konzept darstellt. Dieser Unterschied ist zentral, und ein einfaches Beispiel soll dies erläutern. Stellen Sie sich vor, Sie hätten in Ihrem Leben noch nie Schokolade gegessen und würden nun in einer spannenden Vorlesung alles Wissenswerte über Schokolade erfahren: die Kakaopflanze, die Kakaobohne, die unterschiedlichen Verfahren der Zubereitung von Schokolade, die unterschiedlichen Geschmacksrichtungen und so weiter. Egal wie ausführlich Ihr neuer Wissensbestand über Schokolade ist, eines wird er nicht enthalten, nämlich wie es genau ist, Schokolade zu schmecken. In dem Moment, in dem Sie am Ende der Vorlesung Ihr erstes Stück Schokolade probieren, machen Sie eine neue Erfahrung von Schokolade. Dieser Erfahrungsbezug, das sinnliche Erleben, ist sprachlich nicht vermittelbar und nicht fassbar.

Achtsamkeit schließt immer diesen Erfahrungsbezug ein. Daher ist es ein Paradox, über Achtsamkeit zu schreiben. Will man sie verstehen, muss man sie praktizieren. So ist es auch zu verstehen, dass die beiden oben erwähnten Suttas des Palikanon vor allem Übungsanleitungen enthalten und nur sehr wenig konzeptionelle Bezüge aufweisen.

Der traditionelle östliche Kontext von Achtsamkeit

Nach dieser Umschreibung der traditionellen Achtsamkeitspraxis im historischen Buddhismus soll nun erkundet werden, in welchem Kontext und mit welcher Intention diese Praxis betrieben wurde und auch heute immer noch betrieben wird.

Der Achtsamkeit kommt im Gebäude des Buddhismus ein ganz zentraler Stellenwert zu. Dieser kann aus zwei Textstellen aus dem *Satipatthana Sutta* erschlossen werden. Am Anfang heißt es: »Ihr Mönche, dies ist der direkte Weg zur Läuterung der Wesen, zur Überwindung von Kummer und Wehklage, zum Beenden von dukkha und Betrübtheit, zur Erlangung der richtigen Methode, zur Verwirklichung von Nibbana, nämlich die vier Satipatthanas.«[5] (S. 13)

Der Pali-Begriff *dukkha* wird meistens mit »Leiden« übersetzt, obwohl diese Übersetzung nicht die volle Bedeutung erfasst, die dieses Wort in Pali hat. *Nibbana* kann am besten übersetzt werden mit »auslöschen« oder »höchste Befreiung«. Ganz am Ende des Suttas heißt es dann: »Ihr Mönche, (…) falls jemand diese vier Satipatthanas in dieser Art für sieben Tage entwickelt, kann eines von zwei Ergebnissen für ihn erwartet werden: entweder vollendete Erkenntnis hier und jetzt oder, wenn noch eine Spur von Anhaften übrig ist, Nichtwiederkehr.«[5] (S. 23)

Die einzigartige Bedeutung von *sati* für die buddhistische Praxis ist hier gut zu erkennen. Im oberen Zitat wird deutlich gesagt, dass unter den vielen möglichen Praktiken die Übungen der vier Grundverankerungen der Achtsamkeit der *direkte* Weg zur Befreiung sind. Am Ende des Suttas wird klar betont, dass die kontinuierliche Praxis dieser Methode zur Vollendung des spirituellen Weges führt. Aus buddhistischer Sicht wird eine dauerhafte Praxis von Achtsamkeit zu Einsichten in wichtige grundlegende Wahrheiten führen – und es ist immer die *persönlich erfahrene* Einsicht, die letztendlich zur Befreiung führen wird. Daher wird Achtsamkeitsmeditation oft auch als Vipassana-, d. h. Einsichts-Meditation bezeichnet.

Eine solche Praxis von Achtsamkeit (dies wird in den westlichen säkularen Kontexten oft übersehen) steht jedoch nicht für sich alleine. Sie ist eingebettet in einen umfassenden Kontext weiterer meditativer Übungen und ethischer Verhaltensanweisungen.[12] Das Herzstück der buddhistischen Lehre sind die *Vier*

Edlen Wahrheiten, die, stark vereinfacht ausgedrückt, besagen, dass alles menschliche Leiden beendet werden kann, indem man den ethischen Anweisungen und der Praxis des sogenannten *Edlen Achtfachen Pfades* folgt. Die Praxis von *samma sati* (rechter Achtsamkeit) ist eines der Glieder dieses Pfades. Der *Achtfache Pfad* ist die Basis eines spirituellen Weges, der zu persönlicher Transformation führt. Hier wird offensichtlich, dass die Praxis von *samma sati* oder rechter Achtsamkeit nicht von den anderen sieben Aspekten getrennt werden kann. Die anderen Glieder des Pfades umfassen weitere meditative Übungen *(samadhi),* Weisheitsaspekte *(panna)* sowie eine Reihe ethischer Verhaltensregeln *(silas),* die für Laien und ordinierte Mönche bzw. Nonnen jeweils unterschiedlich sind (siehe Abb.).

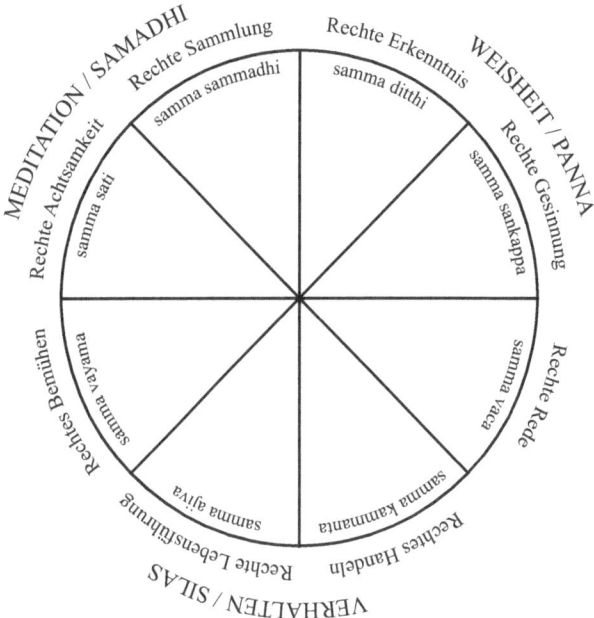

Der *Achtfache Pfad* mit der Zuordnung in die drei Bereiche Verhalten, Meditation, Weisheit[12]

Was dies genau bedeutet, sollen zwei Beispiele kurz erläutern. *Samma ditthi* (rechte Einsicht) umfasst unter anderem den Glauben an Reinkarnation, was für manche Buddhismusinteressierte im Westen ein schwieriger Punkt ist. Ein anderer Aspekt, *samma kammanta* oder rechte Handlung, bedeutet, keine Lebewesen zu töten oder zu verletzen, nicht zu stehlen sowie ein bestimmtes Sexualverhalten (Ehebruch) und den Genuss von Rauschmitteln (z. B. Alkohol) zu unterlassen. Weiterhin ist die Meditationspraxis auch eng mit dem Ziel verbunden, die vier sogenannten *brahmaviharas* (göttliche Verweilzustände) zu kultivieren, auch wenn diese nicht direkt im *Achtfachen Pfad* erwähnt sind. Dazu gehören liebende Güte *(metta)*, Mitgefühl *(karuna)*, Mitfreude *(mudita)* und Gleichmut *(upekkha)*.

Zusammenfassend lässt sich sagen, dass die Praxis der Achtsamkeit im ursprünglichen buddhistischen Kontext nicht nur eine einzelne, für sich stehende Meditationstechnik ist, um eine Zeit der Stille zu erfahren oder sich selbst besser kennenzulernen, sondern Teil eines umfassenderen spirituellen Weges darstellt. Das Hauptmotiv, diesen Weg zu gehen, liegt darin, sich auf einen Prozess persönlicher Transformation einzulassen, der zu Mitgefühl gegenüber allen Lebewesen führt und dessen höchstes Ziel die »Befreiung« ist. Dieser Weg umfasst, wie bereits oben erwähnt, viele weitere Praktiken, Sichtweisen und Verhaltensregeln.

Der Weg in den Westen

Oft taucht die Frage auf, warum sich Menschen im Westen an einem buddhistischen Konzept der Achtsamkeit orientieren, wenn es etwas Entsprechendes doch auch in anderen spirituellen Traditionen gibt. In der Tat lassen sich Konzepte, die demjenigen der Achtsamkeit ähnlich sind, in fast allen spirituellen Traditionen finden – das schließt auch das Christentum, hier vor allem die christliche Mystik, ein.[13] In einem Zitat, das dem Mystiker Meister Eckhart zugeschrieben wird, heißt es:

Immer ist die wichtigste Stunde die gegenwärtige,
immer ist der wichtigste Mensch der,
der dir gerade gegenübersteht,
immer ist die wichtigste Tat die Liebe.

Die Gründe für die Popularität des buddhistischen Achtsamkeitsansatzes sind vielfältig und haben meist damit zu tun, dass der buddhistische Ansatz weit besser zum Entwurf unserer modernen Gesellschaft passt als viele andere spirituelle Traditionen.[14] Zu nennen ist hier vor allem der empirische Erfahrungsbezug, aber auch das Konzept, wünschenswerte Geisteshaltungen wie Achtsamkeit oder Mitgefühl in praktischer Meditation *zu üben* und so im Alltag anzuwenden.

Aber wie und aus welchen Motivationen heraus ist nun eine buddhistisch geprägte Achtsamkeit in den Westen gekommen? Jan Nattier[15] hat sich mit dieser Thematik beschäftigt und unterscheidet dabei zwischen *Import-, Export- und Rucksack*-Buddhismen. »*Rucksack*- (oder auch ethnischer) Buddhismus« bezieht sich auf Migranten aus buddhistisch geprägten Gesellschaften, die ihre religiösen Praktiken und Gebräuche quasi im Rucksack mit in den Westen bringen. »*Export*- (oder auch evangelikaler) Buddhismus« bezieht sich auf mehr missionarisch geprägte buddhistische Gruppen aus dem asiatischen Raum, die ihre Überzeugungen in westlichen Ländern aktiv verbreiten möchten. »*Import*-Buddhismus« schließlich bezieht sich auf den Umstand, dass Mitglieder westlicher Gesellschaften buddhistisches Gedankengut im Osten assimilieren und es anschließend aktiv in den Westen »importieren«. Es ist vor allem diese letzte Gruppe, die für das große Interesse an Achtsamkeit und Achtsamkeitsmeditation im Westen verantwortlich ist. Nattier erwähnt dabei noch einen interessanten Umstand; er betont:

»Only a member of the elite level of society can start an Import Buddhist group« (S. 43) und meint damit, dass der durchschnittliche buddhismusinteressierte Westler meist der (Bildungs-)Elite angehört. Es ist sicherlich hilfreich, sich diesen elitären Aspekt des westlichen Buddhismus hin und wieder vor Augen zu führen, auch wenn die diesbezüglichen Schichtenunterschiede in Deutschland vielleicht nicht so ausgeprägt sind wie in den USA, auf die sich Nattier bezieht.

Buddhistische Quellentexte kamen verstärkt Anfang des 19. Jahrhunderts nach Europa[16] und stimulierten dort eine intellektuelle Debatte. Diese war nicht immer positiv geprägt. Kaiser Wilhelm II. beispielsweise gab im Jahre 1895 an den Maler Hermann Knackfuß ein Gemälde mit dem Titel *Völker Europas, wahrt eure heiligsten Güter* in Auftrag, das die europäischen Christen auf die gemeinsame Abwehr einer buddhistischen Gefahr einschwören sollte. Auf dem Bild ist der Erzengel Michael zu sehen, der eine Gruppe von Frauen (als Symbol für die Völker Europas) auf eine Buddhafigur hinweist, die aus einer Gewitterwolke aufsteigt. Das Bild schenkte er dem russischen Zaren, dem er innerhalb dieser Abwehr eine Führungsrolle zuschrieb.

Doch der Kulturtransfer, auf dem der heutige Achtsamkeitsboom fußt, fand deutlich später statt und hat nur bedingt mit dieser frühen Buddhismusrezeption zu tun. Er resultiert vor allem aus den kulturellen Umbrüchen in den USA in den 60er und 70er Jahren im Zuge der Hippie-Bewegung und des Protests gegen den Vietnamkrieg. Hier können vor allem drei wichtige Punkte genannt werden.

Zum ersten die Gründung der Insight Meditation Society (IMS) in Barre, Massachusetts (USA) durch Jack Kornfield, Joseph Goldstein und Sharon Salzberg im Jahre 1974. Die drei arbeiteten in den frühen 70er Jahren unter anderem für das amerikanische Peace Corps und reisten in den Fernen Osten, wo sie mit buddhistischen Lehren in Kontakt kamen. Die IMS brachte die Vipassana-Praxis unter Beibehaltung ihres ursprünglichen, spirituellen Kontextes in die Vereinigten Staaten und bietet seither Meditationsretreats in der Tradition des Theravada-Buddhismus an.

Das zweite wichtige Moment war sicherlich die Entwicklung der *Achtsamkeitsbasierten Stressbewältigung (Mindfulness-Based Stress Reduction, MBSR)* im Jahre 1979 durch Jon Kabat-Zinn[17] als strukturierter und säkularisierter achtwöchiger Kurs. Dieses Programm, in dem verschiedene Formen der Achtsamkeitsmeditation sowie Yoga unterrichtet werden, ist für Menschen konzipiert, die nach Bewältigungsstrategien für Stress, Schmerzen oder chronische Erkrankungen suchen. Dieser Kurs ist in seiner Ausrichtung säkular; es werden lediglich die Techniken der Achtsamkeitspraxis unterrichtet, ohne einen expliziten Rekurs auf den oben erwähnten buddhistischen Kontext zu nehmen.

Schließlich sind noch die zehntägigen Vipassana-Meditationsretreats zu nennen, wie sie von S. N. Goenka (1924–2013) und seinen Schülern angeboten werden. Diese Organisation hat Meditationszentren in der ganzen Welt, und Interessierte können an Schweigeretreats teilnehmen, in denen Vipassana-Meditation nach einem strengen Schema unterrichtet wird. Goenka versteht Vipassana als Meditationsform, die ohne religiöse Ausrichtung praktiziert werden kann und unabhängig von einer Glaubensausrichtung ist. Dabei lehrt er ausgewählte Aspekte der Praxis, wie sie in der historischen Literatur beschrieben werden (z. B. Atemachtsamkeit, Achtsamkeit auf die Körperempfindungen oder *Bodyscan*). Während der Retreats werden die Teilnehmenden gebeten, bestimmte ethische Verhaltensregeln, wie sie im Palikanon formuliert sind, einzuhalten.

Der Achtsamkeitsbegriff im Westen

Das im deutschen Sprachgebrauch verwendete Wort »Achtsamkeit«, zum einen für den Geistesfaktor *sati,* zum anderen aber auch für die meditative Praxis, geht auf den deutschstämmigen Mönch Nyanatiloka (1878–1957) zurück. Frühere Übersetzungen von Karl Eugen Neumann und Paul Dahlke verwendeten Begriffe wie »Verinnerung«, »Einsicht« oder »Vernunft«. Nyanatiloka verfasste 1922/23 eine Neuübersetzung eines Teils des Palikanon und verwendete dabei im Vorwort zum ersten Mal das Wort »Achtsamkeit« für *sati*.[18]

Seither hat sich »Achtsamkeit« zu einem recht unspezifischen Sammelbegriff mit vielfältigen Bezügen und Bedeutungen entwickelt. Demnach kann sich Achtsamkeit (1) auf eine formale *Meditationspraxis* beziehen, genauer auch als »Achtsamkeitsmeditation« bezeichnet, (2) auf einen spezifischen *Geistesfaktor* der buddhistischen Lehre, (3) auf eine bestimmte *innere Grundhaltung* gegenüber den eigenen Erfahrungen und Handlungen im Alltag, auch informelle Achtsamkeit genannt, (4) auf ein *psychologisches Konzept,* das von der buddhistischen Lehre abstammt, sich jedoch in Begrifflichkeiten der westlichen Psychologie definiert, (5) auf ein *weiteres psychologisches Konzept* mit dem gleichen Namen, das von Ellen Langer[19] geprägt wurde, und schließlich (6) auf das zum Adjektiv »achtsam« gehörende Substantiv und seine Bedeutung im alltäglichen Sprachgebrauch. Die beiden letzten Aspekte haben keinen Bezug zu östlichen Quellen und sollen daher hier nicht besprochen werden.

Die Aspekte (1) und (2) wurden bereits in den vorigen Abschnitten ausführlich erläutert. Der dritte Aspekt, Achtsamkeit als eine erfahrungsbezogene Grundhaltung im Alltag, kann vielleicht am besten mit einer Umschreibung von Jon Kabat-Zinn[20] erfasst werden. Er beschreibt Achtsamkeit in diesem Sinne als *nicht-wertendes Gewahrsein im gegenwärtigen Moment.* Die beiden zentralen Faktoren sind hier *Präsenz* und *Akzeptanz.*

Weiterhin benennt er bestimmte Qualitäten, die mit dieser besonderen Art der Aufmerksamkeit verknüpft und somit indirekt Teil der Praxis sind.[21] Diese sind Nicht-Werten, Geduld, Anfängergeist, Vertrauen, Akzeptanz und Loslassen. Shapiro und Schwartz erweitern diese Liste um die Qualitäten Sanftmut, Großzügigkeit, Empathie, Dankbarkeit und liebende Güte.[22]

Während diese verbalen Umschreibungen für praktisch Interessierte hilfreich sind, sind sie aus einer wissenschaftlichen Perspektive zu diffus. Die Popularität der Achtsamkeit im Westen ist jedoch schon früh von der wissenschaftlichen Forschung aufgegriffen worden, und viele der neuen Entwicklungen und Programme stammen sogar direkt aus universitären Kontexten. Daher war es natürlich notwendig, das Konzept der Achtsamkeit auch wissenschaftlich exakt zu fassen. Hieraus ergab sich die Konstruktion von Achtsamkeit als psychologisches Konzept, das dann zu anderen psychologischen Konzepten in Beziehung gesetzt werden kann. Daher fand im Jahre 2004 in Toronto ein Konsensustreffen statt, mit dem Ziel, eine operationalisierbare und damit wissenschaftlich zugängliche Definition zu entwickeln.[23]

Demgemäß kann Achtsamkeit als eine Verbindung zweier Prozesse gefasst werden: zum einen der *Selbstregulation der Aufmerksamkeit* und zum anderen der *Orientierung an der Erfahrung*. Der erste Aspekt beschreibt das Bemühen, den Fokus der Aufmerksamkeit auf den gegenwärtigen Moment zu richten und dort zu halten. Dies kann als die Grundübung jeglicher Meditation bezeichnet werden.[24] Prinzipiell hat unsere Aufmerksamkeit einen sogenannten semi-automatischen Charakter. Wir können zwar intentional und bewusst die Aufmerksamkeit auf gewisse Inhalte lenken, aber es fällt uns schwer, sie dort zu halten. Wir gleiten in Gedanken ab oder werden von anderen Reizen abgelenkt. Eine der Grundlagen für jede meditative Praxis ist es daher, die bewusste Kontrolle über die Aufmerksamkeit zu erhöhen. Der zweite Aspekt charakterisiert den bereits erwähnten Erfahrungsbezug. Hier werden auch noch die Qualitäten einer Haltung von Neugier, Offenheit und Akzeptanz genannt.

In weiteren wissenschaftlichen Arbeiten finden sich ähnliche Konzeptionen von Achtsamkeit, bei denen meist die beiden Elemente der Präsenz (Gegenwärtigkeit) und der Akzeptanz zentral sind. Shapiro, Carlson, Astin und Freedman entwickelten ein Modell, um die positiven Wirkungen von achtsamkeitsbasierten Interventionen in klinischen Studien zu erklären.[25] Sie schlagen in ihrem Modell hierzu drei Elemente vor: erstens die *Intention* oder Absicht der Achtsamkeitspraxis, zweitens die *Aufmerksamkeit,* also die Selbstregulierung der Aufmerksamkeit auf den gegenwärtigen Moment, und drittens die *Haltung,* mit der dies praktiziert wird. Die Autoren betonen dabei den einheitlichen Charakter dieser Elemente, die in einem zyklischen Prozess eng miteinander verwoben sind.

Gerade in der Psychologie ist es jedoch oft auch so, dass Konstrukte nicht verbal definiert werden, sondern sich indirekt über den pragmatischen Weg ihrer Messung erschließen, im Sinne zum Beispiel von »Intelligenz ist, was der Test misst«. In diesem Zusammenhang ist es interessant, einen Blick auf die Fragebögen zu werfen, die den Anspruch erheben, *Achtsamkeit* oder vielleicht besser die *Selbstzuschreibungen von Achtsamkeit* zu messen. Inzwischen sind elf solcher Fragebögen publiziert worden[26], von denen viele auch ins Deutsche übertragen sind. Im Falle unseres eigenen Fragebogens, dem Freiburger Fragebogen zur Achtsamkeit (FFA)[27], handelt es sich sogar um ein Instrument, das auf Deutsch entwickelt wurde und erst danach ins Englische übersetzt wurde. Hinsichtlich des konzeptionellen Aspekts muss jedoch festgestellt werden, dass diese unterschiedlichen Instrumente auch sehr unterschiedliche Aspekte des Achtsamkeitskonzeptes erfassen und dass die Überlappungen erstaunlich gering sind. Damit führt die Vielzahl dieser

Fragebögen eher zu einer weiteren Verwässerung, als dass sie zur Klärung beitragen. Grossman[28,29] argumentiert darüber hinaus, dass es aus mehreren Gründen grundsätzlich nicht möglich sei, Achtsamkeit mit Hilfe von Fragebögen zu messen.

Da die Fragebögen auch an Personen ausgegeben werden, die keinerlei Vorerfahrung mit Achtsamkeit haben, kann es gut sein, dass das Ergebnis einer solchen Skala zur Selbstzuschreibung von Achtsamkeit so gut wie gar nichts mit dem ursprünglich buddhistischen Konzept oder der Praxis innerhalb der Achtsamkeitsmeditation zu tun hat. Bezüglich des Freiburger Fragebogens zur Achtsamkeit konnten wir in sogenannten kognitiven Interviews schlüssig zeigen, dass Personen, die keine Vorerfahrung mit der Praxis der Achtsamkeit hatten, die einzelnen Fragen maßgeblich anders verstehen als Praktizierende.[30,31] So wird z. B. das Wort »Erfahrung« im einen Kontext (achtsamkeits-»naiv«) als »Lebenserfahrung«, im anderen jedoch (achtsamkeitserfahren) als »momentane Erfahrung« interpretiert.

Achtsamkeit im modernen westlichen Kontext

Wenn Achtsamkeit heutzutage in unserer westlichen Kultur praktiziert wird, dann entspringt die Motivation, dies zu tun, nicht mehr unbedingt dem ursprünglich buddhistischen spirituellen Kontext. Bedingt durch die drei Momente Kulturtransfer, Säkularisierung und Spezifizierung der Anwendungsfelder gibt es nun eine Vielzahl unterschiedlichster Motive, aus denen heraus Menschen Achtsamkeit praktizieren. Hier kann die Bandbreite von Stressbewältigung über Gesundheit, berufliche Kompetenzen bis hin zu Selbsterfahrung und spiritueller Praxis reichen. In einer Untersuchung[32] haben wir Menschen nach ihren Motiven für ihre Meditationspraxis befragt und konnten daraus vier zentrale Motivgruppen ableiten. Dies waren als

Erstes ein Interesse an Gesundheit und Wohlbefinden und als Zweites der Umgang mit schwierigen Emotionen. Das dritte Motiv war Selbsterkundung, das vierte Selbsttransformation in einem spirituellen Sinne.

Betrachtet man nun die Praxis der Achtsamkeit vor dem Hintergrund dieser jeweiligen Motive, dann stellt sich die spannende Frage, inwieweit diese Ausgangsmotivation die Praxis verändert oder bestimmt. Oder, anders gefragt: Wenn die eine Person Achtsamkeitsmeditation im Rahmen ihres spirituellen, buddhistischen Transformationsprozesses mit dem Ziel der letztendlichen Befreiung übt und die andere, weil sie ihre Führungsqualitäten in einem schwierigen Arbeitskontext stärken möchte – machen dann beide das Gleiche? Kann die ursprüngliche, spirituelle Praxis des Ostens mit einer säkularen und meist anwendungsbezogenen, »westlichen« Praxis verglichen werden?

Betrachtet man diesen Punkt näher, dann zeigt sich, dass die *Intention* für die Praxis der Achtsamkeit, also die konkrete Motivation, ein ganz entscheidender Faktor ist. Sowohl die östlichen Lehren als auch wissenschaftliche Arbeiten bestätigen, dass diese Intention zentral mit der Ausrichtung der Praxis und damit auch mit dem Erreichen möglicher Ziele in Verbindung steht.[33] In dem oben erwähnten Modell von Shapiro u. a.[25] wird dies sogar explizit in die Konzeption der Achtsamkeitspraxis aufgenommen. Nimmt man dieses Hineinwirken der persönlichen Motivation in die Praxis der Achtsamkeit ernst, dann wird deutlich, dass in unserem Kulturkreis derzeit eine neue Ausrichtung von Achtsamkeit entsteht, die nicht unbedingt, auch wenn dies vielleicht wünschenswert wäre, mit der ursprünglichen Praxis gleichgesetzt werden kann.

Um diese neue Ausrichtung einer modernen westlichen Achtsamkeitspraxis verstehen zu können, ist es wichtig, nicht nur nach persönlichen Motiven zu schauen, sondern die aktuellen gesellschaftlichen und kulturellen Umstände, die zu diesen

Motiven führen, zu beachten. Aus diesem Blickwinkel ist zu erkennen, dass Achtsamkeit mehr und mehr eine funktionale Rolle bei gesellschaftlichen und persönlichen Problemen erfüllt. Wo man mit anderen Mitteln nicht weiterkommt, versucht man es nun mit Achtsamkeit. Dies bezieht sich besonders auf all jene Bereiche, in denen die Menschen unter der »sozialen Beschleunigung« unserer postmodernen Gesellschaft leiden.[34] Die damit verbundenen Anforderungen an den Einzelnen werden zunehmend als inhuman erlebt.[35] Die Popularität der Achtsamkeit lässt sich somit auch als eine kollektive Selbstregulation unserer Gesellschaft interpretieren. In einer immer schnelllebigeren, stressigeren und zerstreuteren Umwelt suchen die Menschen nach Ruhe, Auszeiten, Entfunktionalisierung, Entschleunigung – und vor allem nach einer inneren Ausrichtung und Haltung, mit der sie dieser Kultur und ihrer zunehmenden Komplexität begegnen können. Das Konzept der Achtsamkeit scheint hier aus mehreren naheliegenden Gründen gut geeignet zu sein.

In einem solchen kollektiven Versuch der Selbstregulation liegt jedoch auch ein Risiko. Denn eine funktionalisierte Achtsamkeit könnte auch eine systemstabilisierende Wirkung haben. Wer durch Achtsamkeitspraxis eine verbesserte Stresstoleranz erreicht hat, kann in der Folge auch stärker belastet werden.[36] Somit scheint es offen, wie die weitere Reise der Achtsamkeit verläuft. Wird sie hauptsächlich als eine systemstabilisierende Anpassungsfunktion verstanden, so wird die Modewelle vermutlich schnell abebben. Die Menschen werden zwar für sich einen Nutzen finden, aber gleichzeitig sehen, dass auch eine Praxis der Achtsamkeit gegen den kollektiven Trend zur Beschleunigung, Funktionalisierung und Kapitalisierung unserer Lebenswirklichkeit nichts ausrichten kann. In diesem Sinne wäre die Praxis der Achtsamkeit dann eine individuelle Bewältigungsstrategie für Probleme, die auf einer gesellschaftlich-kollektiven Ebene entstehen. Es ist aber auch noch ein anderer Reiseweg denkbar. Es könnte gelingen, dass aus einer zunehmenden Verbreitung der Achtsamkeitspraxis ein kulturverändernder Impuls entsteht. Dies könnte zum Beispiel im Sinne einer *Kultur des Bewusstseins*[3] erfolgen, die explizit die Frage stellt, welche Bewusstseinszustände und Grundhaltungen wir für unsere Gesellschaft als wünschenswert erachten und wie wir diese kultivieren können. So verstanden könnte die Achtsamkeit viele aktuelle Debatten hinsichtlich der Frage, wie wir leben wollen, befruchten und damit auch hinsichtlich unserer Kultur der Postmoderne das revolutionäre Veränderungspotential entfalten, das der Buddhismus seit jeher in dieser Praxis gesehen hat.

Literatur

1. Grossman P, Niemann L, Schmidt S, Walach H. Ergebnisse einer Metaanalyse zur Achtsamkeit als klinischer Intervention. In: Heidenreich T, Michalak J (Hrsg.). *Achtsamkeit und Akzeptanz in der Psychotherapie*. Tübingen: dgvt-Verlag; 2004, S. 701–725.

2. Zimmermann M, Spitz C, Schmidt S (Hrsg.). *Achtsamkeit. Ein buddhistisches Konzept erobert die Wissenschaft*. Bern: Huber; 2012.

3. Metzinger T. Auf der Suche nach einem neuen Bild des Menschen. In: Spät P (Hrsg.). *Zur Zukunft der Philosophie des Geistes*. Paderborn: Mentis Verlag; 2008, S. 225–236.

4. Eine Übersetzung des gesamten Werks ins Deutsche findet sich im Internet unter www.palikanon.com.

5. Analayo B. *Der direkte Weg. Satipatthana*. Stammbach: Beyerlein & Steinschulte; 2009.

6. Nyanaponika. *Geistestraining durch Achtsamkeit*. Stammbach: Beyerlein & Steinschulte; 2000.

7. Rosenberg L. *Mit jedem Atemzug. Buddhas Weg zu Achtsamkeit und Einsicht*. Freiamt im Schwarzwald: Arbor Verlag; 2002.

8. Interview with Sharon Salzberg. In: Shankman R (editor). *The

experience of samadhi: An in-depth exploration of Buddhist meditation. Boston: Shambala; 2008:130–5. (Das Zitat findet sich auf S. 135, die Übersetzung stammt von mir, S. S.).

9. Spitz C. Achtsamkeit im Kontext des Bewusstseins. In: Zimmermann M, Spitz C, Schmidt S (Hrsg.). *Achtsamkeit. Ein buddhistisches Konzept erobert die Wissenschaft.* Bern: Huber; 2012. S. 263–276.

10. Berzin A. *The Mental Factors Involved in the Practice of Mindfulness. Annotated and expanded from explanations by Samdhong Rinpoche.* http://www.berzinarchives.com/web/en/archives/sutra/level2_ lamrim/advanced_scope/concentration/mental_factors_involved_ practice_mindfulness.html (abgerufen am 01.12.2014)

11. Analayo B. Achtsamkeit aus frühbuddhistischer Sicht. In: Zimmermann M, Spitz C, Schmidt S (Hrsg.). *Achtsamkeit. Ein buddhistisches Konzept erobert die Wissenschaft.* Bern: Huber; 2012. S. 277–290.

12. von Allmen F. *Buddhismus. Lehren – Praxis – Meditation.* Stuttgart: Theseus; 2007, S. 208.

13. Buchheld N, Walach H. Die historischen Wurzeln der Achtsamkeitsmeditation – Ein Exkurs in Buddhismus und christliche Mystik. In: Heidenreich T, Michalak J (Hrsg.). *Achtsamkeit und Akzeptanz in der Psychotherapie.* Tübingen: dgvt-Verlag; 2004, S. 25–46.

14. Schmidt S. Mindfulness in east and west – is it the same? In: Walach H, Schmidt S, Jonas WB (editors). *Neuroscience, Consciousness and Spirituality.* New York: Springer; 2011: S. 23–38.

15. Nattier J. Visible and invisible: Jan Nattier on the politics of representation in buddhist America. *Tricycle.* 1995;5:42–49.

16. von Brück M. *Einführung in den Buddhismus.* Frankfurt am Main: Verlag der Weltreligionen; 2007.

17. Kabat-Zinn J. *Gesund durch Meditation. Das große Buch der Selbstheilung mit MBSR.* München: O. W. Barth; 2013.

18. Diese Begriffsgeschichte des Ausdrucks »Achtsamkeit« und die Aufdeckung seiner ersten deutschen Verwendung haben Hans Gruber und Peter Gäng, denen ich zu tiefem Dank verpflichtet bin, mühsam recherchiert.

19. Langer EJ. *Mindfulness.* Reading, MA: Addison-Wesley; 1989.

20. Kabat-Zinn J. *Coming to our senses: Healing ourselves and the world through mindfulness.* New York: Hyperion; 2005.

21. Kabat-Zinn J. *Full catastrophe living: Using the wisdom of your body and mind to face stress, pain, and illness.* New York, NY: Bantam Dell; 1990.

22. Shapiro SL, Schwartz GE. Intentional systemic mindfulness: An integrative model for self-regulation and health. *AdvMindBody Med.* 1999;15:128–134.

23. Bishop SR, Lau M, Shapiro S, Carlson LE, Anderson ND, Carmody J, et al. Mindfulness: A proposed operational definition. *Clinical Psychology: Science and Practice.* 2004;11:230–241.

24. Shapiro D. Overview: Clinical and Physiological Comparison of Meditation with Other Self-Control Strategies. *Am J Psychiatry.* 1982;139(3):267–274.

25. Shapiro SL, Carlson LE, Astin JA, Freedman B. Mechanisms of Mindfulness. *JClinPsychol.* 2006;62(3):373–386.

26. Sauer S, Walach H, Schmidt S, Hinterberger T, Lynch S, Büssing A, et al. Assessment of Mindfulness: Review on State of the Art. *Mindfulness.* 1. 2013;4(1):3–17.

27. Walach H, Buchheld N, Buttenmüller V, Kleinknecht N, Schmidt S. Measuring mindfulness – the Freiburg Mindfulness Inventory (FMI). *Personality and Individual Differences.* 2006;40:1543–1555.

28. Grossman P. On measuring mindfulness in psychosomatic and psychological research. *JPsychosomRes.* 2008;64(4):405–408.

29. Grossman P, Van Dam NT. Mindfulness, by any other name …: trials and tribulations of sati in western psychology and science. *Contemporary Buddhism.* 2011;12(1):219–239.

30. Belzer F, Schmidt S, Lucius-Hoene G, Schneider JF, Orellana-Rios CL, Sauer S. Challenging the Construct Validity of Mindfulness Assessment – a Cognitive Interview Study of the Freiburg Mindfulness Inventory. *Mindfulness.* 2013;4(1):33–44.

31. Belzer F. *Der Freiburger Fragebogen zur Achtsamkeit im Kognitiven Interview. Analyse der Beantwortungsprozesse in Abhängigkeit von Achtsamkeits-Erfahrung.* Unveröffentlichte Diplomarbeit. Freiburg im

Breisgau: Institut für Psychologie der Albert-Ludwigs-Universität Freiburg; 2010.

32. Schmidt S. Opening up Meditation for Science: The Development of a Meditation Classification System. In: Schmidt S, Walach H (editors). *Meditation – Neuroscientific Approaches and Philosophical Implications. Studies in Neuroscience, Consciousness and Spirituality, Volume 2.* New York, NY: Springer; 2014:137–152.

33. Shapiro DH. A Preliminary Study of Long-Term Meditators: Goals, Effects, Religious Orientation, Cognitions. *The Journal of Transpersonal Psychology.* 1992;24(1):23–39.

34. Rosa H. *Weltbeziehungen im Zeitalter der Beschleunigung. Umrisse einer neuen Gesellschaftskritik.* Berlin: Suhrkamp; 2012.

35. Schmidt S. Achtsamkeit und gesunde Lebensführung. In: Hoefert H-W, Klotter C (Hrsg.). *»Gesunde Lebensführung« – Kritische Analyse eines populären Konzepts.* Bern: Huber; 2011, S. 192–208.

36. Schmidt, S. Freiräume für Achtsamkeit. Meditation zwischen Modewelle und gesellschaftlicher Transformation. *Oya.* 2013;4(22):70–72.

Mechanismen der Achtsamkeit. Psychologisch-neurowissenschaftliche Perspektiven

Britta Hölzel

Wie in der Einleitung angesprochen, legen wissenschaftliche Untersuchungen positive Effekte der Achtsamkeitsmeditation auf eine große Reihe von stressbedingten körperlichen Symptomen und psychiatrischen Erkrankungen nahe. Sie zeigen zudem, dass die Achtsamkeitspraxis das allgemeine Wohlbefinden und die Lebenszufriedenheit verbessern und die kognitive Leistungsfähigkeit erhöhen kann. Wie ist es aber möglich, dass eine scheinbar so einfache Praktik eine solche Bandbreite an positiven Effekten bewirkt? Um die Frage zu beleuchten, über welche Mechanismen die Achtsamkeitsmeditation ihre positiven Wirkungen entfaltet, wurden in der Psychologie und den Neurowissenschaften in den letzten Jahren zunehmend Studien durchgeführt. Basierend auf diesen Studien habe ich in Zusammenarbeit mit einigen Kollegen kürzlich ein Modell erarbeitet, in dem wir Mechanismen beschreiben, wie Achtsamkeitsmeditation wirken könnte.[1]

Die Befunde legen nahe, dass die Achtsamkeitsmeditation wirkt, indem sie Einfluss auf drei verschiedene, aber eng interagierende Bereiche nimmt, nämlich

1. die Aufmerksamkeitsregulation stärkt,
2. die Emotionsregulation verbessert und
3. Veränderungen im Selbsterleben bewirkt.

Diese Komponenten konstituieren gemeinsam einen Prozess verbesserter Selbstregulation, d. h., das Funktionieren der Vorgänge, mit denen Menschen ihr Erleben und Verhalten steuern, wird verbessert. Bereits in der buddhistischen Psychologie wird die zentrale Bedeutung der Selbstregulation auf dem Weg zur inneren Befreiung betont. So wird dem Buddha das folgende Zitat zugeschrieben:

> *Bewässerungsbauer lenken das Wasser.*
> *Pfeilmacher glätten den Schaft des Pfeils.*
> *Zimmerleute hobeln das Holz.*
> *Die Weisen beherrschen sich selbst.*[2]

In diesem Beitrag werde ich die Mechanismen der Achtsamkeit einzeln vorstellen, die empirische Datenlage zusammenfassen und die möglichen neuronalen Korrelate der Komponenten beschreiben. Ich möchte damit versuchen, eine Brücke zwischen der Lehre der Achtsamkeitspraxis und der westlichen Wissenschaft zu schlagen.

Aufmerksamkeitsregulation

Die meisten Meditationstraditionen beginnen das Meditationstraining mit einer Schulung der Aufmerksamkeit. Es ist ganz normal, dass die Aufmerksamkeit abgleitet, wenn man versucht, sie für längere Zeit bei ein und demselben Aufmerksamkeitsobjekt zu halten (siehe die Ausführungen zum *default mode* unten). Ein gewisses Maß an Fähigkeit, die Aufmerksamkeit aufrechtzuerhalten bzw. zum Meditationsobjekt zurückzubringen, ist jedoch notwendig, um vom Tagträumen abzulassen und sich während einer Meditationssitzung nicht ausschließlich in der Grübelei über zukünftige Aufgaben oder vergangene Erlebnisse zu verlieren. Die Aufmerksamkeit wird z. B. in der Atemachtsamkeitsmeditation geschult, einer Meditationstechnik mit fokussierter Aufmerksamkeit.

Für die Atemachtsamkeitsmeditation kommen Sie in eine entspannte, möglichst aufrechte Haltung.

Nehmen Sie sich zunächst einen Moment Zeit, die Aufmerksamkeit zum gesamten Körper zu bringen und zu spüren, wie es sich anfühlt, jetzt hier zu sitzen. Bringen Sie die Aufmerksamkeit kurz zum Gesäß und zu den Beinen. Spüren Sie hier einmal den Kontakt zum Boden und zur Sitzfläche. Spüren Sie dann auch zum Rücken, zum Bauch, zu den Händen und Armen. Die Hände können jetzt ganz entspannt entweder auf den Knien, den Oberschenkeln oder im Schoß abgelegt werden, so, dass sie hier mit ihrem eigenen Gewicht ruhen.

Geleiten Sie dann die Aufmerksamkeit zur Atemempfindung. Spüren Sie die Empfindungen, die mit dem natürlichen Fluss der Atmung entstehen, ohne den Atemfluss in irgendeiner Weise zu verändern. Sie können die Aufmerksamkeit zu dem Bereich im Körper bringen, wo die Atemempfindungen am deutlichsten wahrnehmbar sind. Vielleicht spüren Sie den Atem deutlich im Nasenbereich, vielleicht spüren Sie die Bewegungen im Brustkorb, oder vielleicht nehmen Sie wahr, wie sich die Bauchdecke mit jeder Einatmung leicht hebt und mit jeder Ausatmung wieder senkt.

Seien Sie hier einfach in bewusstem Kontakt mit diesen Empfindungen, lassen Sie die Aufmerksamkeit sanft beim Gewahrsein der Empfindungen ruhen.

Spüren Sie richtig hin zum Atem, machen Sie sich mit dem Gefühl vertraut. Wie fließt er in diesem Moment? Fließt er eher kurz oder eher lang? Ruhig oder schnell? Nehmen Sie dies bewusst wahr, ohne es zu bewerten. Es darf jetzt alles so sein, wie es sich gerade natürlicherweise darstellt.

Spüren Sie diesen einen Atemzug, der jetzt gerade in den Körper hinein- oder aus dem Körper herausfließt.

Von Zeit zu Zeit werden Sie bemerken, dass die Aufmerksamkeit weggewandert ist, dass Sie in Gedanken ganz woanders sind – vielleicht bei Erinnerungen oder bei Gedanken an die Zukunft. Das ist ganz normal, und es wird zwischendurch immer wieder passieren. Wann immer Sie es bemerken, geleiten Sie die Aufmerksamkeit ganz freundlich und zugleich bestimmt zurück zum gegenwärtigen Moment. Damit stärken Sie Ihre

Konzentrationsfähigkeit und die Fähigkeit, mit dem Bewusstsein wieder im gegenwärtigen Moment anzukommen. Und gleichzeitig treten Sie in einen ganz freundlichen und liebevollen Kontakt mit sich selbst, wenn Sie ganz geduldig wieder und wieder Ihre Aufmerksamkeit wie bei der Hand nehmen und sie zurück ins Hier und Jetzt, zu diesem Moment geleiten.

Es ist hier nichts weiter zu tun. Nirgendwo hinzugehen, nichts zu erreichen. Sie können sich ganz in die Erfahrung hinein entspannen, können einfach mit dem Bewusstsein der Erfahrungen ruhen. Heraus aus dem ständigen Impuls, noch etwas zu tun – Sie können es genießen, einfach nur zu sein.

Zum Beenden der Meditation beginnen Sie dann, Bewegung zurück in den Körper zu bringen. Lösen Sie die Sitzhaltung langsam wieder auf und öffnen Sie die Augen. Und vielleicht können Sie ein wenig von der Präsenz und Entspannung mit in den Tag nehmen, wenn Sie die Tätigkeiten des Alltags wieder aufgreifen.

Meditierende berichten, dass sie mit wiederholtem Üben die Aufmerksamkeit auch über längere Zeit besser aufrechterhalten können und dass Störfaktoren den Fokus weniger unterbrechen. In Übereinstimmung mit diesen Berichten hat eine Reihe wissenschaftlicher Untersuchungen eine verbesserte Aufmerksamkeitsleistung bei Meditierenden dokumentiert. Einige der Ergebnisse möchte ich im Folgenden zusammenfassend vorstellen.

Drei Aufmerksamkeitskomponenten

Aufmerksamkeit wird oft in drei Komponenten oder Aufmerksamkeitsnetzwerke unterteilt: 1. *Vigilanz* (oder auch Daueraufmerksamkeit; engl.: *alerting*) bezeichnet die Bereitschaft, in monotonen und lange andauernden Situationen auf seltene Reize angemessen zu reagieren. Benötigt wird Vigilanz z. B. bei langen, eintönigen Autobahnfahrten. 2. *Selektive Aufmerksam-*

keit (oder Umorientierung; engl.: *orienting*) bezeichnet die Auswahl einer spezifischen Information aus einer Vielzahl von Informationen. Hierbei geht es um die Auswahl des Objekts oder Gedankengangs, worauf die Aufmerksamkeit gerichtet wird. Das »Orienting«-Netzwerk hat dabei die Aufgabe, die Abwendung vom alten Stimulus und den Wechsel hin zum neuen Stimulus abzuwickeln. 3. *Exekutive Aufmerksamkeit* (engl.: *conflict monitoring, executive attention*) bezeichnet das Überwachen und Lösen von Konflikten der Aufmerksamkeit durch ablenkende Reize. Hierbei geht es also darum, sich bewusst einem Stimulus zuzuwenden – auch wenn dabei anderes ausgeblendet werden muss.[3] Diese drei Aufmerksamkeitskomponenten sind mit spezifischen neuronalen Netzwerken in Beziehung gebracht worden.[4,5]

Achtsamkeitstraining beeinflusst die Leistung dieser drei Aufmerksamkeitskomponenten

Verschiedene psychologische Tests wurden eingesetzt, um die Effekte von Achtsamkeitstraining auf die Aufmerksamkeitsleistung zu untersuchen. In einem systematischen Review einer größeren Anzahl von Studien, die die Auswirkung von Achtsamkeitstraining auf verschiedene Aspekte der Kognition untersuchten, kommen Chiesa et al.[6] zu dem Schluss, dass es in frühen Phasen des Achtsamkeitstrainings zu einer Verbesserung der exekutiven und der selektiven Aufmerksamkeit kommt, wohingegen längeres Training mit einer Verbesserung in der Vigilanz im Zusammenhang steht. Diese Befunde erscheinen auch einleuchtend, wenn man sich vor Augen führt, welche Fähigkeiten in der Meditationspraxis gestärkt werden: Die exekutive Aufmerksamkeit wird z. B. während der Atemachtsamkeit gestärkt (vgl. Übung »Atemachtsamkeit«), wenn die Aufmerksamkeit – obwohl der Übende dauernd von inneren Impulsen abgelenkt zu werden droht – stetig bei der Atemempfindung gehalten wird. Die selektive Aufmerksamkeit kommt z.B. beim *Bodyscan* zum Tragen, wenn die Aufmerksamkeit durch den Körper geführt wird und Empfindungen in einem bestimmten Bereich des Körpers für einen Moment zum Hinspüren ausgewählt werden. Diese beiden Komponenten werden schon früh im Praxisverlauf gestärkt. Erst mit größerer Erfahrung kommt es zu einer Erhöhung der Vigilanz, wenn der Fokus bereits für längere Phasen konstant beim Aufmerksamkeitsobjekt gehalten werden kann.

Der anteriore cinguläre Kortex vermittelt eine verbesserte exekutive Aufmerksamkeitsleistung

Die Hirnregion, die in neurowissenschaftlichen Studien zur Achtsamkeitsmeditation am häufigsten in Zusammenhang mit der verbesserten Aufmerksamkeitsregulation gebracht wird, ist der sogenannte anteriore cinguläre Cortex (ACC).[7] Der ACC ermöglicht die exekutive Aufmerksamkeit, indem er Konflikte bezüglich des Aufmerksamkeitsfokus entdeckt und löst.[8] Wenn wir also versuchen, uns auf einen Reiz zu konzentrieren (z.B. auf die Atemempfindung), aber ein zweiter, ablenkender Reiz hinzutritt (z.B. ein Gedanke an den bevorstehenden Einkauf), ermöglicht der ACC, dass der zweite, ablenkende Reiz ausgeblendet werden kann. Verschiedene Studien haben einen Effekt der Achtsamkeitsmeditation auf den ACC belegt. Manche Studien zeigten, dass es bei erfahrenen Meditierenden zu einer höheren Aktivierung dieser Hirnregion während der Meditation kommt. Wir untersuchten z.B. die Hirnaktivierung von Meditierenden und von Kontrollpersonen ohne Meditationspraxis im Kernspintomographen, während die Versuchsteilnehmer eine Atemachtsamkeitsmeditation praktizierten, und fanden heraus, dass der ACC bei den Meditierenden eine stärkere Aktivierung zeigte.[9] Andere Studien, die die Hirnstruktur von Meditierenden untersuchten, fanden im Bereich des ACC einen dickeren Kortex (die graue Substanz im Gehirn – das Gewebe, in dem u. a. die Nervenzellkörper liegen)[10] und eine erhöhte Integrität der Verbindungsfasern (der weißen Substanz – dem Gewebe, in dem die Axone der Neuronen liegen und das die verschiedenen Hirnregionen miteinander verbindet).[11]

Die Achtsamkeitspraxis beeinflusst den »attentional blink«-Effekt

Neben den zuvor genannten Effekten auf die drei Aufmerksamkeitskomponenten wurden positive Wirkungen von Achtsamkeit auf weitere Aufmerksamkeitsleistungen untersucht. Slagter et al.[12] erfassten z. B. den Effekt eines dreimonatigen intensiven Achtsamkeitsretreats auf den sogenannten *attentional blink*. Der attentional blink bezeichnet den kurzfristigen »blinden Fleck« in der Aufmerksamkeit, der entsteht, wenn ein Reiz verarbeitet wird. In dieser Zeit wird ein weiterer dargebotener Reiz nicht wahrgenommen. Getestet wird der attentional blink, indem sehr schnell aufeinanderfolgende Reize dargeboten werden, z. B. Buchstaben und Zahlen auf einem Bildschirm. Es ist dann die Aufgabe der Versuchsperson, Buchstaben in einer Reihe von Zahlen zu identifizieren. Erscheint in der Reihe ein zweiter Buchstabe sehr schnell nach einem ersten (innerhalb von 500 ms), wird der zweite nicht entdeckt, weil das Gehirn noch mit der Verarbeitung des ersten beschäftigt ist. Slagter et al. fanden nun, dass dieser Effekt bei Meditierenden nach dem Retreat verringert war, sie also eher in der Lage waren, den zweiten Buchstaben zu erkennen. Gleichzeitig konnten Slagter et al. mittels EEG (Elektroencephalographie) feststellen, dass im Gehirn weniger Ressourcen zur Verarbeitung des ersten Reizes zur Verfügung gestellt wurden – ohne dass dabei jedoch die Exaktheit des Erkennens vermindert wurde. Das heißt, das Meditieren hatte dazu geführt, dass der erste Reiz effizienter verarbeitet wird und dadurch das Gehirn frühzeitiger wieder die Möglichkeit hat, auch den zweiten Reiz zu erkennen.

Diese Befunde – die verbesserte Aufmerksamkeitsregulation sowie die erhöhte Hirnaktivierung in Regionen, die Aufmerksamkeitsfunktionen unterstützen – sind vielversprechend für die Behandlung von Krankheiten, die mit einem Defizit in diesen Funktionen einhergehen, wie z. B. die bipolare Störung[13] oder Aufmerksamkeitsdefizitstörungen.[14]

Emotionsregulation

Emotionen sind ein wesentliches Element in unserem Leben. Sie liefern die Würze für unser Erleben und motivieren uns zu handeln. Für ein gesundes und zufriedenes Zurechtkommen in der Welt ist es wichtig, dass wir angemessen auf unsere Emotionen reagieren und diese auch regulieren können. Für eine gute psychische Gesundheit ist daher die Fähigkeit zur Emotionsregulation zentral. Psychische Erkrankungen gehen häufig mit Schwierigkeiten in der Emotionsregulation einher. Auf der anderen Seite zeigen Studien, dass Meditationspraxis zu einer Verbesserung der Emotionsregulation führen kann. Und verschiedene Theorien gehen davon aus, dass viele der positiven Effekte der Meditationspraxis dadurch vermittelt werden, dass Meditation dabei hilft, die Emotionsregulation zu verbessern. Der Begriff »Emotionsregulation« umfasst verschiedene Strategien, die beeinflussen, wie und welche Gefühle auftreten, wie lange sie andauern und wie diese Gefühle erfahren und ausgedrückt werden. Die Forschung hat eine Reihe verschiedener Emotionsregulationsprozesse beschrieben, die von einer Person zum Teil bewusst und zum Teil unbewusst eingesetzt werden.[15] (Für eine Veranschaulichung, wie schwierigen Emotionen in der Achtsamkeitsmeditation begegnet werden kann, vgl. die Meditationsanleitung im Beitrag »Ruhe in der Veränderung,

Veränderung in der Ruhe: Achtsamkeit im Umgang mit schwierigen Emotionen« von Thorsten Barnhofer.)

Achtsamkeitspraxis kann die Emotionsregulation verbessern

Verschiedene Studien haben die Verbesserung in der Emotionsregulation durch Achtsamkeit untersucht. Diese Studien zeigen vielfältige positive Effekte; z.B. berichten Teilnehmer von Achtsamkeitstrainings anschließend von einer Verringerung der Schwierigkeiten mit der Emotionsregulation[16], von einer verminderten Intensität und Häufigkeit negativer Gefühle[17] und von verbesserten positiven Gefühlszuständen[18,19]. In einer experimentellen Studie wurde der Effekt von Achtsamkeitspraxis auf die sogenannte emotionale Interferenz untersucht. »Emotionale Interferenz« bezeichnet das Phänomen, dass intensive emotionale Reize die Leistung bei einer anderen, davon unabhängigen Aufgabe, z.B. einer Reaktionszeitaufgabe, beeinträchtigen. Im Anschluss an ein Achtsamkeitstraining ist die Beeinträchtigung durch solche ablenkenden emotionalen Reize vermindert[20], das heißt, die Meditierenden sind besser in der Lage, ablenkende emotionale Reize auszublenden und sich ganz auf die zu bewältigende Aufgabe zu konzentrieren. In einer anderen Studie, die Daniel Goleman bereits in den 70er Jahren durchführte[21], wurde den Versuchspersonen – Meditierenden der Transzendentalen Meditation TM und Nicht-Meditierenden – ein stresserzeugender Film (mit Unfällen bei Holzarbeiten) gezeigt. Die Meditierenden zeigten in Erwartung der stressigen Reize eine stärkere antizipatorische autonome Antwort (einen Anstieg der Hautleitfähigkeit, ein typisches Stressmaß) sowie ein schnelleres Abklingen dieser autonomen Reaktion. Das heißt, sie waren offenbar einerseits mitfühlender, erholten sich aber andererseits auch schneller wieder von der Stressreaktion, die der Körper auf die Filme zeigte.

Wie sieht eine verbesserte Emotionsregulation durch Achtsamkeitspraxis aus?

Es stellt sich nun die Frage, durch welche Mechanismen die Emotionsregulation durch Achtsamkeitspraxis verbessert wird. Manche Forscher gehen davon aus, dass die Achtsamkeitspraxis das sogenannte *Reappraisal* (Umbewertung bzw. Umdeutung) verbessert.[22] Das würde bedeuten, dass Achtsamkeitsmeditation eine positive Umdeutung von emotionalen Situationen erleichtert. So werden stressauslösende Ereignisse z. B. als bedeutungsvoll, zuträglich oder unwesentlich umgedeutet. Wenn ich z. B. meine Arbeitsstelle verliere, so kann ich mir sagen, dass diese Situation ein gemeiner Schicksalsschlag ist, den das Leben mir beschert hat, weil es mir immer Böses zu bringen scheint – oder aber ich kann es so interpretieren, dass dieser Verlust auch eine Lern- und Wachstumschance mit sich bringt und sich letztendlich alles zum Guten wenden kann. Das heißt, ich kann die Situation für mich so (um)deuten, dass ich ihr auch etwas Gutes abgewinnen kann. Es gibt eine Reihe von Hinweisen, dass Achtsamkeitspraxis die Fähigkeit zum positiven *Reappraisal* stärkt. Andere Wissenschaftler halten dem entgegen, dass es bei der Achtsamkeit nicht um eine Umdeutung gehe, sondern um die Akzeptanz bzw. Nicht-Bewertung (*»non-appraisal«*) des emotionalen Erlebens. Vermutlich erfordert es aber gerade in den Anfangsstadien der Meditationspraxis etwas Anstrengung und eine aktive Umdeutung, um zu der neuen Haltung der Akzeptanz zu gelangen. Wie wir später sehen werden, unterscheiden sich dementsprechend auch die Hirnaktivierungen von Anfängern und erfahrenen Meditierenden während der Emotionsregulation. Eine zusätzliche Möglichkeit, wie Achtsamkeit das Gefühlsleben beeinflusst, ist, dass sie hilft, Konditionierungen zu lösen, und somit neue, flexiblere Gefühlsreaktionen ermöglicht. Diese Überlegung soll später weiter ausgeführt werden.

Welche neuronalen Mechanismen stehen hinter der veränderten Emotionsregulation?

Neuroimaging-Studien sind der Frage nachgegangen, welche Hirnaktivierungsmuster dieser veränderten Emotionsregulation zugrundeliegen. Derartige Studien zeigen den Versuchspersonen zum Beispiel emotional aufgeladene Bilder (z. B. Fotos von traurigen, ängstlichen oder freudig strahlenden Menschen), Worte (wie »Liebe« oder »Hass«) oder komplette Sätze (wie »Du bist ein Versager«) und bitten sie, diesen Reizen entweder mit einer Haltung der Achtsamkeit oder aber in einem alltagsüblichen Zustand zu begegnen. Mit dem Kernspintomographen werden währenddessen Aufnahmen gemacht, die die Durchblutung des Gehirns veranschaulichen.

Einige dieser Studien untersuchten die Frage, ob achtsame Emotionsregulation wirkt, indem kognitive Kontrollmechanismen gestärkt werden; das sind z. B. Strategien zur Regulation von Gefühlen, die auf gedanklicher Veränderung oder einer Veränderung der Aufmerksamkeitsrichtung beruhen. Von verschiedenen kognitiven Emotionsregulationsstrategien weiß man, dass sie mit einer erhöhten Aktivierung in bestimmten Regionen des präfrontalen Kortex einhergehen. Diese präfrontalen Regionen wiederum üben einen regulierenden Effekt auf sogenannte limbische Regionen wie z. B. die Amygdala aus, die typischerweise aktiviert werden, wenn neuartige emotionale Reize verarbeitet werden oder wenn jemand mit einem angstauslösenden Reiz konfrontiert wird, wodurch Angstreaktionen in unserem Körper ausgelöst werden.

Veränderte Aktivierung der Amygdala und des präfrontalen Kortex im Zusammenhang mit Achtsamkeitspraxis

Ein häufig dokumentierter Befund ist, dass Achtsamkeitspraxis, als Reaktion auf die oben genannten emotionalen Reize, zu einer verminderten Amygdala-Aktivierung führt.[23,24,25] Dies ist sowohl für achtsame Zustände als auch für nicht-meditative Zustände bei Meditierenden gezeigt worden.[26] Diese Befunde legen nahe, dass Achtsamkeit zu einer verminderten emotionalen Reaktivität führt. Während derartige Ergebnisse für Anfänger der Meditationspraxis festgestellt wurden (z. B. nach einem achtwöchigen *MBSR*-Kurs), werden sie, weniger konsistent, bei sehr erfahrenen Meditierenden beschrieben.[24] Dies mag daran liegen, dass – vor allem zu Beginn der Praxis – der entstressende Effekt im Vordergrund steht, so dass die emotionale Reaktivität deutlich abnimmt. Erfahrenere Meditierende zeigen demgegenüber dann wieder ein stärkeres Mitgehen mit den Emotionen, so dass Hirnregionen, die emotionale Erregungen vermitteln, wieder stärker aktiviert sind. Vermutlich sind die erfahreneren Meditierenden mit diesen emotionalen Reaktionen aber weniger stark identifiziert, bzw. haften nicht an ihnen an, wie subjektive Berichte von erfahrenen Meditierenden nahelegen.

Aktivierungen im präfrontalen Kortex sind bei Aufgaben, die Emotionsregulation erfordern, bei Meditationsanfängern häufig erhöht[25,27,28] – vermutlich ein Zeichen erhöhter kognitiver Kontrolle über emotionale Zustände bei den Anfängern; d. h., diese regulieren aktiv ihre emotionalen Reaktionen stärker, weil sie zunächst die gewohnten Reaktionsmuster überwinden müssen. Erfahrenere Meditierende zeigen hingegen bei der Regulation von Emotionen eher eine verringerte Aktivierung in Regionen des präfrontalen Kortex – interpretierbar als reduzierte Kontrolle bzw. als Abnahme der Neigung zur Bewertung des emotionalen Erlebens und größerer Akzeptanz des emotionalen Zustandes.[24] Es sei allerdings darauf hingewiesen, dass die Befunde hier stark vereinfacht dargestellt sind. Der präfrontale Kortex ist groß, und verschiedene Subregionen unterstützen verschiedene Funktionen. Eine differenziertere Darstellung würde aber den Rahmen dieses Beitrages sprengen.

Die »Zusammenarbeit« verschiedener Hirnregionen wird durch Konnektivitätsanalysen erfasst

Mit bestimmten statistischen Verfahren, sogenannten funktionellen Konnektivitätsanalysen, kann man untersuchen, wie verschiedene Hirnregionen zusammenarbeiten. Man kann damit erfassen, ob die Aktivität in einer Hirnregion mit der Aktivität in einer anderen Region zusammenhängt. Manchmal wird z. B. die Aktivierung in zwei verschiedenen Hirnregionen gleichzeitig stärker bzw. schwächer – dann spricht man von positiver Konnektivität. Erhöht sich die Aktivierung in einer Region, während sie sich gleichzeitig in einer anderen Region reduziert (oder umgekehrt), spricht man von negativer Konnektivität. Bisher haben nur wenige Studien aus der Achtsamkeitsforschung erkundet, wie die Konnektivität zwischen Regionen des Frontalkortex und solchen des limbischen Systems aussieht, um genauere Aufschlüsse über die Emotionsverarbeitung zu bekommen.

Die »neuronale Signatur der Akzeptanz«?: Positive Konnektivität zwischen präfrontalem Kortex und Amygdala

Unsere Arbeitsgruppe hat in einer Studie mit Patienten mit einer generalisierten Angststörung die funktionelle Konnektivität zwischen der Amygdala und dem präfrontalen Kortex vor und nach einem *MBSR*-Kurs verglichen.[28] Den Patienten wurden dafür Fotos mit emotional geprägten Gesichtsausdrücken gezeigt (fröhlich, wütend und neutral), und sie wurden gebeten, zu bestimmen, um welche Emotion es sich jeweils handle. Vor dem *MBSR*-Kurs zeigte sich in den Gehirnen der Patienten ein Muster, wie es bei solchen Emotionsaufgaben typisch ist: Die Amygdala und der präfrontale Kortex waren negativ miteinander gekoppelt – wenn z. B. die Aktivität im präfrontalen Kortex stieg, nahm sie in der Amygdala ab. Dies wird damit erklärt, dass dabei der präfrontale Kortex die Amygdala, die sonst auf emotionale Reize reagiert und die entsprechenden Reaktionen im Körper veranlasst, herunterreguliert. Nach dem Kurs sahen wir jedoch ein entgegengesetztes Muster: Die Konnektivität veränderte sich in den positiven Bereich, d. h., die Aktivierungen in der Amygdala und im präfrontalen Kortex waren gleichgerichtet. Dennoch nahm die Aktivierung der Amygdala insgesamt ab, was auf eine verminderte emotionale Reaktivität schließen lässt. Diese Verminderung war jedoch nicht dadurch verursacht, dass der präfrontale Kortex die Aktivierung unterdrückte; eine Kontrollgruppe, die in der gleichen Zeit ein anderes, nicht-achtsamkeitsbasiertes Stressreduktionsprogramm durchlief, zeigte diese Veränderung hin zu einer positiven Konnektivität nicht. Wir vermuten daher, dass dieses Muster der Konnektivität eine typische Signatur von Achtsamkeit ist: Hierbei wird die Hirnaktivierung nicht unterdrückt, indem der präfrontale Kortex die Amygdala herunterreguliert, sondern der präfrontale Kortex scheint die Aktivierung in der Amygdala zu registrieren, greift aber nicht unterdrückend ein. Möglicherweise handelt es sich hierbei um die neuronale Signatur von Akzeptanz: Aktivierungsmuster der Amygdala, bzw. emotionale Erregung, werden vom präfrontalen Kortex verarbeitet, sie werden aber nicht aktiv verändert bzw. unterdrückt. Weitere Studien werden diese Hypothese nun untersuchen – und sie werden sie kritisch prüfen müssen, um sie zu bestätigen oder zu widerlegen.

Könnte Achtsamkeit die Überschreibung alter Konditionierungen fördern?

Es gibt Hinweise darauf, dass Achtsamkeit dabei hilft, konditionierte Reaktionen zu überschreiben. Konditionierung bezeichnet den Vorgang, wenn eine Reaktion, die auf einen ersten Reiz (sog. unkonditionierter Reiz) natürlicherweise folgt, sich auch auf einen zweiten Reiz (sog. konditionierter Reiz) überträgt, weil beide Reize zusammen dargeboten wurden. Ein typisches Beispiel ist der Pawlowsche Hund, der auf den Ton einer Glocke anfing, Speichel abzusondern, weil die Glocke häufig gemeinsam mit seinem Futter dargeboten wurde. Viele unserer Lerninhalte erwerben wir auf diese Weise. Wird der konditionierte Reiz dann wiederholt ohne den unkonditionierten dargeboten, findet nach einiger Zeit keine Reaktion mehr statt. Man spricht von Löschung* oder Extinktion. Hört der Hund also wiederholt die Glocke, ohne dabei sein Futter zu bekommen, wird er nach einiger Zeit keinen Speichel mehr produzieren, wenn die Glocke ertönt. Verschiedene Theorien vermuten, dass Achtsamkeit Extinktionsprozesse begünstigen kann und dass einige der positiven Effekte der Achtsamkeitspraxis auf diese Weise vermittelt werden.

Wenn wir uns in Achtsamkeit üben, wenden wir uns den Empfindungen des gegenwärtigen Moments mit voller Offenheit und Akzeptanz zu. Wir verzichten darauf, in unsere typischen, gewohnten Reaktionsmuster zu verfallen, sondern betrachten die Dinge offen und neugierig so, wie sie sind. Damit setzen wir uns den Reizen aus, ohne gleich auf sie zu reagieren. Wir spüren einfach die Impulse in unserem Körper in Bezug auf emotionale Situationen, ohne an ihnen anzuhaften oder zu versuchen, sie zu vermeiden. Damit schaffen wir eine Situation, die dem *exposure* ähnlich ist, wie es in der Verhaltenstherapie eingesetzt wird: Dabei werden Patienten dazu angehalten, sich angstbesetzten Situationen auszusetzen, anstatt sie zu vermeiden, damit die Furchtreaktionen natürlicherweise vergehen können.[29] Wenn wir auf diese Art erleben, dass die Furchtreaktionen auf natürliche Weise verebben, dann schieben wir dieses Verebben nicht fälschlicherweise unseren Vermeidungsstrategien zu (und verstärken diese damit). Haben wir also eine Angst erworben, z. B. Angst vor Hunden, weil wir einmal von einem Hund gebissen wurden, dann ist es hilfreich, uns mit der Gegenwart von Hunden zu konfrontieren, damit die Angst abebben kann, wir also die Erfahrung machen können, dass andere

Hunde ungefährlich sind, und unsere Angst verlieren können. Dies gelingt am besten, wenn wir mit unserer Aufmerksamkeit im gegenwärtigen Moment bleiben, wenn ein Hund anwesend ist, anstatt uns innerlich abzulenken und mit angenehmeren Gedanken zu beschäftigen. Aus der Verhaltenstherapie ist bekannt, dass Vermeidungsverhalten die Löschung verhindert.[30] Dies gilt sowohl für »offenes« Verhalten als auch für innere, gedankliche Vermeidungsstrategien. Wenn ich also jedes Mal, wenn ein Hund zu sehen ist, einen weiten Bogen um ihn mache (offenes Verhalten) oder mich ablenke und an etwas anderes denke, während ich an ihm vorbeilaufe (innere Ablenkungsstrategie), verhindere ich, dass meine Angst vor Hunden abnimmt und ich stattdessen andere emotionale Reaktionen erleben kann – mich z. B. über die Begegnung mit dem Hund freue. Wenn wir uns in Achtsamkeit üben, lassen wir ganz bewusst von Vermeidungsstrategien – auch von den inneren – ab und spüren stattdessen deutlich unsere eigenen inneren Reaktionen, ohne sie zu verstärken oder zu ignorieren. Damit schaffen wir die besten Voraussetzungen dafür, dass überholte konditionierte Reaktionen abgebaut werden können. An der Stelle, wo wir zuvor die alten, gewohnheitsmäßigen Gefühle und Verhaltensweisen gezeigt haben, sind wir nun frei, andere, aktuellere und angemessenere Emotionen empfinden zu können.

Interessanterweise hat sich gezeigt, dass sich die Hirnregionen, die für das Umlernen von konditionierten Reaktionen zuständig sind, durch Achtsamkeitspraxis verändern. Neurowissenschaftliche Untersuchungen der Angstkonditionierung und -löschung haben gezeigt, dass die Amygdala, der Hippocampus und der ventromediale präfrontale Kortex für das Umlernen von emotionalen Reaktionen wichtig sind.[31] Alle drei Hirnregionen zeigen eine Veränderung durch Achtsamkeitspraxis: In der Amygdala wird häufig eine geringere Aktivierung nach Achtsamkeitstraining gefunden[32] – wie oben besprochen. Der Hippocampus zeigt infolge von Achtsamkeitspraxis eine Zunahme der Dichte der grauen Substanz – dies stellte sich bereits nach einem achtwöchigen *MBSR*-Training heraus.[33] Und auch im ventromedialen präfrontalen Kortex zeigten sich Veränderungen im Zusammenhang mit Achtsamkeitspraxis.[34] Diese Überschneidung ist interessant und könnte vermuten lassen, dass Achtsamkeitspraxis auch dadurch funktioniert, dass emotionales Umlernen begünstigt wird. Die Überschneidung der beteiligten Hirnregionen sollte allerdings auch nicht überbewertet werden, denn natürlich sind diese Hirnregionen an einer Vielzahl von Prozessen beteiligt; somit ist es auch nicht verwunderlich, dass sie in unterschiedlichen Studien eine Rolle spielen.

Abschließend lässt sich zusammenfassen, dass vieles darauf hindeutet, dass Achtsamkeitspraxis die Fähigkeit fördert, die eigenen Emotionen zu regulieren. Es wird spekuliert, dass Achtsamkeitspraxis zunächst bewirkt, dass eine positive Umdeutung emotionaler Reize ermöglicht wird; bei fortgeschrittenen Praktizierenden spielt dann das Nicht-Bewerten eine größere Rolle. Die neurowissenschaftliche Forschung hat gezeigt, dass Hirnregionen, die an der Emotionsregulation beteiligt sind – wie z.B. die Amygdala und der präfrontale Kortex –, eine Veränderung durch Achtsamkeitspraxis zeigen. Es gibt zudem Hinweise darauf, dass Umlernen von konditionierten emotionalen Reaktionen eine Ähnlichkeit mit Achtsamkeit aufweist, sowohl was die innere Haltung angeht als auch bezüglich der beteiligten Hirnregionen. Die verbesserte Emotionsregulation ist vermutlich ein zentraler Mechanismus, über den die Achtsamkeitspraxis die psychische Gesundheit und das Wohlbefinden erhöht.

Veränderungen im Selbsterleben

Die dritte, zentrale Komponente der Achtsamkeit ist eine Veränderung im Selbsterleben. Damit meine ich die Art und Weise, wie wir uns selbst wahrnehmen, wie wir mit uns selbst in Beziehung treten, womit wir uns identifizieren. Mit größerer Meditationserfahrung beginnen wir, uns von unserem starren Selbstbild zu lösen. Wir identifizieren uns weniger starr mit uns und den Dingen in unserem Leben – mit unseren Besitztümern, unserem Äußeren, aber auch mit Gedanken, Gefühlen, mit unserer Persönlichkeit, Gewohnheiten und Eigenarten. An die Stelle, wo vorher eine feste Identifikation mit einer Persönlichkeit stand, tritt ein Empfinden, dass wir alle in unserer menschlichen Erfahrung miteinander – mit einem größeren Ganzen – verbunden sind. Das Erleben ist dann weniger durch Bewertungen geprägt, die uns die Dinge als »gut« oder »schlecht« für uns selbst erleben lassen, und es tritt zunehmend ein reines, unmittelbares Erleben in den Vordergrund. Bereits zu Beginn der Praxis wird eine deutlichere und bewusstere Wahrnehmung von Empfindungen berichtet: Körperempfindungen, aber auch Gedanken und Gefühle, werden mit mehr Bewusstheit wahrgenommen, deutlicher gespürt und klarer interpretiert. Die Forschung steht in diesen Bereichen noch ganz am Anfang – auch, weil diese Veränderungen im Selbsterleben nur sehr schwer objektiv messbar sind. Ich möchte in den folgenden Abschnitten dennoch einige Studienergebnisse darstellen. Zum einen gibt es Befunde, die ein vergrößertes Körpergewahrsein aufzeigen, zum anderen Hinweise auf eine veränderte Perspektive auf das Selbst.

Körpergewahrsein

»Körpergewahrsein« bezeichnet die Fähigkeit, subtile Körperempfindungen zu bemerken. Ein häufiges Objekt der Aufmerksamkeit in der Achtsamkeitsmeditation sind die Körperempfindungen, z.B. die Empfindungen des Atems, die sensorische Komponente von Gefühlen oder andere Körperempfindungen. Gemäß dem *Satipatthana Sutta,* der buddhistischen Lehrrede von den Grundlagen der Achtsamkeit, ist der

Körper der erste von vier Bezugsrahmen der Achtsamkeit in den von Buddha beschriebenen Übungen. Dort wird der Übende (der Mönch) angewiesen, dass er sich – was immer er auch gerade tut – des Körpers bewusst sein soll. So heißt es: »Da weilt, o Mönche, der Mönch beim Körper in Betrachtung des Körpers, eifrig, wissensklar und achtsam …«[35] Ein Beispiel für eine Meditation, in der die Körperempfindungen im Fokus der Aufmerksamkeit stehen, ist der sogenannte *Bodyscan*.

Meditierende berichten über ein höheres Körpergewahrsein

Meditierende berichten typischerweise, dass sie als Folge der Achtsamkeitspraxis ein größeres Gewahrsein für die Empfindungen im eigenen Körper haben und Körperempfindungen deutlicher und akkurater spüren können.[36] Es gibt jedoch zum jetzigen Zeitpunkt nur wenige wissenschaftliche Belege für diese empfundene Verbesserung im Körpergewahrsein bei Meditierenden. Studien bei Meditierenden setzen in der Regel einen Test ein, der das Gewahrsein innerhalb des Körpers erfasst, den »heart beat detection«-Test, der die Fähigkeit erfasst, den eigenen Herzschlag zu erspüren. Obwohl die Meditierenden erwarteten, ihren Herzschlag besser spüren zu können, fanden sich objektiv keine besseren Ergebnisse im Vergleich zu Nicht-Meditierenden.[36,37] In der Meditation wird ein Gewahrsein des Herzschlages allerdings meist nicht betont, so dass dieser Test kein guter Indikator für die Art des Gewahrseins zu sein scheint, das durch Meditation geübt wird. Es sind daher weitere Studien erforderlich, die das Körpergewahrsein bei Meditierenden auf andere Art und Weise untersuchen.

Hirnregionen, die am (Körper-)Gewahrsein beteiligt sind, zeigen nach einer Achtsamkeitspraxis eine Veränderung

Die Ergebnisse der neurowissenschaftlichen Achtsamkeitsforschung der letzten Jahre legen nahe, dass sich Hirnregionen, die für das Körpergewahrsein eine wichtige Rolle spielen, als Folge von Achtsamkeitspraxis sowohl in der Aktivierung als auch strukturell verändern. Es ist bekannt, dass die sogenannte Insula, eine Hirnregion, die zwischen dem frontalen und dem temporalen Kortex eingefaltet liegt, wichtig für die Verarbeitung interozeptiver Wahrnehmung ist[38], also für die Verarbeitung von Empfindungen aus dem Körperinneren. Das beinhaltet z. B. das Spüren von Empfindungen im Bauch- und im Brustraum. Sie ist auch wichtig für das Erleben von Emotionen. Noch weitergehend ist die Insula mit dem bewussten Erleben von Erfahrungen im Allgemeinen in Zusammenhang gebracht worden. Sie zeigte wiederholt Veränderungen als Folge von Meditationspraxis bzw. bei erfahrenen Meditierenden; so fand sich – im Vergleich zu Personen, die nicht an dem Kurs teilgenommen hatten – eine erhöhte Aktivierung in einer Studie mit Teilnehmern eines achtwöchigen *MBSR*-Kurses, wenn diese ihre Aufmerksamkeit auf die momentane Erfahrung richteten.[39] In derselben Studie zeigte sich zudem eine erhöhte Aktivierung sekundärer sensorischer Areale; das sind Regionen, die für die Verarbeitung von sensorischen Empfindungen wichtig sind, die von äußeren Reizen herrühren. In einer anderen Studie fand sich bei Teilnehmern des Achtsamkeitskurses eine stärkere Aktivierung der Insula, wenn sie Videoclips mit traurig stimmenden Inhalten ansahen.[40]

In zwei anderen Studien wurde die Struktur der grauen Substanz im Gehirn erfahrener Meditierender und von Kontrollpersonen miteinander verglichen. (Die graue Substanz ist das Gewebe an der Oberfläche beider Hemisphären sowie in einigen tiefer liegenden Kerngebieten, in denen sich unter anderen die Zellkörper der Nervenzellen befinden und die aktiv sind, wenn wir denken, fühlen und handeln.) Es zeigte sich eine größere kortikale Dicke[41] und eine höhere Konzentration grauer Substanz[34] bei den Meditierenden in der rechten anterioren Insula. Das heißt, in der Insula wurde auch strukturell eine Besonderheit im Zusammenhang mit Meditation gefunden.

Körpergewahrsein ist wichtig für die Emotionsregulation

Körperempfindungen spielen eine wichtige Rolle beim bewussten Erleben von Gefühlen.[42–45] Gefühle spielen sich maßgeblich im Körper ab: Angst drückt sich vielleicht durch ein mulmiges Gefühl im Bauch und zittrige Knie aus, Traurigkeit durch ein Schweregefühl in der Brust, Freude durch ein Gefühl der Leichtigkeit im Oberkörper, und Zufriedenheit durch ein Empfinden von Erfülltheit in der Herzgegend. Ein gutes Gewahrsein für die Empfindungen im Körper zu haben ist dementsprechend eine wichtige Voraussetzung, um die eigenen Gefühle klar erkennen und deuten zu können. Ein klares Verständnis der eigenen Gefühle wiederum ist eine entscheidende Voraussetzung dafür, angemessen auf sie zu reagieren bzw. sie regulieren zu können. Die Förderung des Körpergewahrseins kann daher auch ein wichtiges Element für die Behandlung psychischer Erkrankungen sein.

Körpergewahrsein spielt eine wichtige Rolle für die Empathie

Das innere Gewahrsein des eigenen Erlebens ist vermutlich auch eine wichtige Voraussetzung für Empathie. Je differenzierter mein Gewahrsein meines eigenen emotionalen Erlebens ist, desto besser kann ich mich in andere Menschen hineinversetzen und ihre Gefühle verstehen. Wissenschaftliche Studien stützen diesen Zusammenhang: Menschen, die in Fragebogenstudien ein hohes Ausmaß achtsamen Beobachtens zeigen, berichten auch über ein höheres Ausmaß an empathischem Mitfühlen.[46] Neurowissenschaftliche Studien (z.B. Studien der bekannten Forscherin Tania Singer) zeigen, dass dieselben Hirnregionen (die Insula und die temporo-parietale Verbindungsregion[47]) sowohl am Gewahrsein der eigenen Körperempfindungen als auch beim empathischen Mitfühlen beteiligt sind. Und sehr erfahrene Meditierende, die regelmäßig ihr Mitgefühl für andere Wesen trainieren (tibetische Mönche mit über 10 000 Stunden Meditationserfahrung), zeigen in diesen Hirnregionen eine stärkere Aktivierung, wenn ihnen während der Mitgefühlsmeditation Klänge leidender Menschen vorgespielt werden.[48] Es liegt daher nahe, dass ein verbessertes Sicheinfühlen in die eigenen Gefühle und eine damit einhergehende erhöhte Funktion der zugrundeliegenden Hirnstrukturen als Folge von Achtsamkeitstraining auch die Empathie stärkt.

Zusammenfassend lässt sich festhalten, dass Körperempfindungen ein typisches Aufmerksamkeitsobjekt bei der Achtsamkeitsmeditation sind. Meditierende berichten über eine verbesserte Körperwahrnehmung. Während es kaum Studien gibt, die dies objektiv belegen, zeigen jedoch neurowissenschaftliche Untersuchungen Veränderungen in Regionen des Gehirns, die für das bewusste Erleben von Körperempfindungen wesentlich sind. Erhöhtes Körpererleben ist sowohl für die Affektregulation als auch für empathische Prozesse relevant.

Perspektive auf das Selbst

Der Kern der buddhistischen Psychologie liegt in der Lehre, dass das Festhalten an einem essentiellen, unveränderten Selbst als einer eigenständigen Entität zu Leiden, das Loslassen der Identifikation mit dem Selbst hingegen zur Befreiung führt.

»Kein Ding bleibt immer gleich«, »Kein Ding befriedigt ganz«, und »Kein Ding ist mein Ich«; »Wer's eingesehen hat, kehrt sich vom Leiden ab. Dies ist der Reinheitspfad.«[49]

Es wird auch gesagt, der Buddha habe es verweigert, eine Aussage darüber zu treffen, ob ein Selbst tatsächlich existiere.[50] Anstatt zu ergründen, ob es ein Selbst gebe oder nicht, habe er geraten, der Frage nachzugehen, wie die Wahrnehmung des Selbst entstehe. Wenn das Gewahrsein durch die Meditation differenzierter wird, können mentale Prozesse mit größerer Klarheit beobachtet werden. In dieser Klarheit kann der Prozess der ständig ablaufenden Konstruktion des Selbst für den Meditierenden wahrnehmbar werden, so die Selbstbeschreibungen erfahrener Meditierender. Dies ermöglicht das Loslassen von der Identifikation mit einem statischen Selbst, und statt als starre Entität kann das Selbst als Prozess erkannt werden. Anstatt der Identifikation mit dem Selbst beginnt der Meditierende, sich mit dem Gewahrsein zu identifizieren, in dem all diese Phänomene auftreten.

Der zentrale Punkt der »Advaita Vedanta«-Tradition besagt, dass es zu realisieren gilt, dass das eigene Selbst *(Atman)* nicht getrennt vom Göttlichen *(Brahman) sei.* Ramana Maharshi, ein bedeutender Lehrer dieser Tradition, lehrt, zur Erforschung des Selbst *(Atma vichara)* der Frage »Wer bin ich?« nachzugehen, um die bestehenden Identifikationen zu hinterfragen. Ramana Maharshi verweist dabei auf die Existenz eines Selbst, das er als grundlegendes Gewahrsein jenseits jeglicher Identifikationsprozesse versteht.

Es gibt zahlreiche Debatten darüber, inwiefern sich die Leere des Selbst, wie sie vom Buddha beschrieben wird, von der Nondualität der »Advaita Vedanta« Tradition unterscheidet. Verschiedene Betrachtungen argumentieren, dass sich diese Lehren grundlegend unterscheiden bzw. widersprechen. Es gibt jedoch auch Argumentationen, dass die Unterschiede durch konzeptuelle Verschiedenheiten bedingt seien. Solche Argumentationen werden durch empirische Untersuchungen untermauert, die zeigen, dass sich die subjektiven Erfahrungen des Zustandes der Selbstlosigkeit traditionsübergreifend stark ähneln.[51] Für Beschreibungen der Berichte von Menschen, die eine Realisierung der Substanzlosigkeit des Selbst beschreiben, sei auf das Kapitel von Gisela Full verwiesen.

Am Rande sei bemerkt, dass in der Forschung in der letzten Zeit das Augenmerk auch auf dysfunktionale Veränderungen durch Meditation gerichtet worden ist. Wenn z. B. die Erfahrung der Substanzlosigkeit des Selbst nicht gesund in das Erleben des Meditierenden integriert ist, wird sie nicht als Befreiung, Einsicht und Erweiterung erlebt, sondern kann massive Angst auslösen und als lähmend erlebt werden (vgl. dazu die noch nicht abgeschlossenen Arbeiten von Willoughby Britton[52]).

Meist wird die vollständige Erfahrung der Ungetrenntheit bzw. der Substanzlosigkeit des Selbst erst mit sehr fortgeschrittener Meditationspraxis gemacht. Sie kann in Einzelfällen aber auch spontan und unabhängig von spiritueller Praxis auftreten (vgl. den Beitrag von Gisela Full). Bereits Anfänger der Meditationspraxis erleben jedoch eine verminderte Identifikation mit Anteilen der mentalen Prozesse. In der Meditation wird das Kommen und Gehen der Erfahrungen betrachtet. In diesem genauen Schauen wird deutlich, dass die Inhalte des Bewusstseins ständig in Veränderung und daher vergänglich sind. Das nicht-wertende Betrachten ermöglicht es, von der Identifikation mit den Inhalten des Bewusstseins zurückzutreten. Während diese Erfahrung eine noch unvollständige Disidentifikation mit dem statischen Selbsterleben darstellt, ist sie bereits eine beginnende Veränderung bezüglich der Perspektive auf das Erlebte.

Erfahrungsberichte, theoretische Abhandlungen und philosophische Betrachtungen schreiben den Veränderungen im Selbsterleben die zentrale Rolle auf dem meditativen Weg zu. Diese Art der Veränderungen im Selbsterleben ist jedoch schwer zu operationalisieren und in ihrer vollen Ausprägung auch nicht sehr häufig. Dementsprechend gibt es kaum empirische Forschung, die sich damit beschäftigt hat. Die Interpretation der wenigen existierenden Studien wird dadurch verkompliziert, dass die Begrifflichkeiten nicht klar definiert sind. Während eine umfassende Darstellung der vielfältigen Definitionen und Theorien des Selbst- (bzw. des Nicht-Selbst-)Erlebens im Rahmen dieses Beitrages nicht möglich ist, möchte ich dennoch einige der existierenden empirischen Arbeiten aus dem Bereich der Meditationsforschung zusammenfassen. Die Forschung befindet sich allerdings vor allem in diesem Bereich noch ganz am Anfang, und sämtliche vorgeschlagenen Interpretationen haben derzeit nur stark vorläufigen Charakter.

Selbstbeschreibungsstudien berichten über ein positiveres Selbstkonzept und die Entstehung einer Beobachterperspektive

Mit Fragebogenstudien und qualitativen Interviews hat die Forschung begonnen, die erlebten Veränderungen in der Perspektive auf das Selbst zu erfassen. Mehrere Fragebogenstudien haben Veränderungen im Selbstkonzept infolge von Meditationspraxis beschrieben. So wurden zum Beispiel im Anschluss an ein siebentägiges Achtsamkeitsretreat starke Veränderungen auf fast allen Subskalen eines Fragebogens gefunden, der das Selbstkonzept erfasst *(Tennessee Self Concept Scale).*[53] Die Veränderungen gingen in Richtung einer positiveren Selbstrepräsentation, einer höheren Selbst-Wertschätzung und einer höheren Selbstakzeptanz. In ähnlichem Sinne erfasste eine weitere Studie die Selbstkonzeptskalen des *Temperament and Character Inventory* bei buddhistischen Meditierenden mit unterschiedlichen Graden von Meditationserfahrung.[54] Dort zeigte sich, dass eine längere Meditationserfahrung mit einer positiveren Entwicklung auf allen drei Skalen einherging. Erfahrenere Meditierende zeigten demnach Selbstkonzeptstile, die typischerweise mit größerer psychischer Gesundheit einhergehen. Obwohl diese Studien nicht die oben angesprochenen drastischen Veränderungen im Selbsterleben abbilden, legen sie nahe, dass als Folge der Meditation positive Veränderungen in der Art und Weise auftreten, wie ein Individuum die eigene Person wahrnimmt. Des Weiteren beschreiben Catherine Kerr et al. in einer qualitativen Interviewstudie, wie sich bei Meditationsanfängern eine »innere Beobachterperspektive« zu entwickeln beginnt[55],

d. h., die Meditierenden fangen an, sich als der Beobachter ihres inneren Geschehens zu erleben, anstatt unmittelbar damit identifiziert zu sein.

Neurowissenschaftliche Studien untersuchen Veränderungen in Hirnregionen, die mit selbstrelevanter Verarbeitung gekoppelt sind

Neurowissenschaftler haben sich die Frage gestellt, was im Gehirn passiert, wenn ein Mensch gerade keiner gezielten Tätigkeit nachgeht, wenn er also keine Aufgabe löst, sondern einfach im Ruhezustand ist.[56] In dieser Zeit ist das Gehirn keineswegs inaktiv, sondern es sind im Gegenteil einige Regionen des Gehirns deutlich aktiviert. Dieses Netzwerk an Hirnregionen, die im Ruhezustand aktiv sind, wird als *»default mode«*-Netzwerk (dt. etwa »Ruhezustandsnetzwerk«) bezeichnet[57,58] und umfasst u. a. Regionen des medialen präfrontalen und des posterioren cingulären Kortex und den Precuneus (Regionen, die auf der Mittelebene des Gehirns liegen) sowie den im Temporallappen gelegenen Hippocampus und auch die temporo-parietale Verbindungsregion (Northoff et al., 2006; Sajonz et al., 2010).[59] In den letzten Jahren ist man verstärkt der Frage nachgegangen, welche Funktion diese Regionen im Ruhezustand haben. Es wurde vermutet, dass sie es uns ermöglichen, einzuschätzen, welche Bedeutung bestimmte Situationen für uns haben[60], und dass sie uns dabei helfen, andere Perspektiven einzunehmen[61]. Wenn wir uns also überlegen, welche Relevanz bestimmte Ereignisse für uns selbst haben, oder wenn wir uns uns selbst in einem anderen räumlichen oder zeitlichen Kontext vorstellen – uns also in die Zukunft versetzen oder uns an Vergangenes erinnern –, dann werden diese Vorgänge vom *»default mode«*-Netzwerk ermöglicht. Wenn eine Versuchsperson im Kernspintomographen liegt und ihr gerade keine Aufgabe gestellt wird, dann beginnt sie, »vor sich hin zu träumen« – sie erinnert sich vielleicht an Geschehnisse in der Vergangenheit oder stellt sich vor, was sie in der Zukunft unternehmen wird; und in den Bildern der Hirnaktivität ist zu sehen, dass das *»default mode«*-Netzwerk aktiviert ist.

Da wir durch Meditationspraxis versuchen, weniger gedankenverloren zu zukünftigen oder vergangenen Ereignissen abzudriften oder darüber nachzugrübeln, welche Bedeutung sie für uns selbst haben, und stattdessen bewusst im gegenwärtigen Moment zu sein, sollte Meditation auch den Ruhezustand des Gehirns verändern. Die Meditationsforschung ist deshalb der Frage nachgegangen, ob sich durch die Meditationspraxis die Aktivierung in diesen Regionen verändert. Eine Studie, die die Aktivierung in den *»default mode«*-Strukturen während verschiedener Meditationen untersuchte, fand heraus, dass der mediale präfrontale und der posteriore cinguläre Kortex bei erfahrenen Meditierenden im Vergleich zu nicht-meditationserfahrenen Kontrollpersonen weniger stark aktiviert waren.[62] Das lässt darauf schließen, dass die Meditierenden während der Meditation weniger mit selbstbezogener Verarbeitung beschäftigt waren, dass sie also weniger über die Relevanz von Ereignissen für die eigene Person nachgrübelten.

Des Weiteren wurden funktionelle Konnektivitätsanalysen durchgeführt. Diese zeigten, dass Strukturen des *»default mode«*-Netzwerks stärker mit dem ventromedialen präfrontalen Kortex gekoppelt waren – zum einen bei erfahrenen, im Vergleich mit weniger erfahrenen Meditierenden[63] als auch bei Meditierenden im Vergleich zu Meditationsunerfahrenen[64]. Die Autoren spekulieren, dass diese erhöhte Konnektivität einen stärkeren Zugang von *»default mode«*-Strukturen zu Informationen über den inneren Zustand des Individuums ermöglicht, da der ventromediale präfrontale Kortex viele Verbindungen zu limbischen Regionen hat, in denen die inneren Zustände verarbeitet werden.[63]

Das heißt, es wird davon ausgegangen – und die neurowissenschaftlichen Studien scheinen diese Annahmen zu stützen –,

dass durch die Achtsamkeitsmeditation die urteilende, selbstbezogene Verarbeitung abnimmt, während das Gewahrsein
der gegenwärtigen Erfahrungen sich verstärkt. Entsprechend
wurde oben bereits angesprochen, dass Achtsamkeit mit einer
stärkeren Aktivierung der Insula einhergeht, der eine wichtige
Rolle für das bewusste Erleben zukommt.[65]

Zusammenfassend lässt sich also festhalten, dass die Befunde
der genannten Studien darauf hindeuten, dass Achtsamkeitsmeditation selbstbezogene Prozesse eventuell so verändert, dass
eine vorherige, eher narrative, evaluierende Form der selbst-
bezogenen Verarbeitung durch ein erhöhtes Gewahrsein ersetzt
wird. Es liegt nahe, zu vermuten, dass diese Veränderung im
Selbst-Bewusstsein einer der zentralen Mechanismen der positiven Effekte der Achtsamkeitsmeditation ist. Diese Veränderung des Selbstgewahrseins ist von Mystikern umfangreich
beschrieben worden, muss aber durch empirische Forschung
weiter untersucht werden. Weitere Studien sind daher von-
nöten, um die bisherigen Vermutungen zu überprüfen. Die hier
referierten Befunde stellen nur erste Schritte auf diesem Weg
dar.

Ausblick

Obwohl die Achtsamkeitsmeditation in der letzten Zeit viel
Aufmerksamkeit durch die Forschung erfahren hat, wissen wir
insgesamt noch sehr wenig über die Wirkmechanismen, die der
Meditation zugrundeliegen. Die bisherigen Studien müssen mit
methodisch besseren Versuchsplänen repliziert werden. Weiterführende Studien sollten dann vor allem die neurowissenschaftlichen Befunde noch stärker mit den Veränderungen im Empfinden und im Verhalten der Meditierenden in Zusammenhang
bringen, um die bisherigen vagen Vermutungen bezüglich der
Wirkmechanismen evaluieren zu können. Die Erforschung der

Wirkmechanismen der Achtsamkeit bringt uns zu einem besseren Verständnis der Praktiken, die uns dabei helfen können, einen gesunden Geist zu kultivieren und ein zufriedenes und erfülltes Leben zu führen.

Literatur

1. Hölzel BK, Lazar SW, Gard T, Schuman-Olivier Z, Vago DR, Ott U. How Does Mindfulness Meditation Work? Proposing Mechanisms of Action From a Conceptual and Neural Perspective. *Perspect Psychol Sci.* 2011;6(6):537–559. doi: 10.1177/1745691611419671

2. Dhammapada, Kapitel 6: Der Weise, Vers 80. Siehe auch unter www.dhammapada.de.

3. Posner MI, Petersen SE. The attention system of the human brain. *Annu Rev Neurosci.* 1990;13:25–42.

4. Posner MI, Rothbart MK. Research on attention networks as a model for the integration of psychological science. *Annu Rev Psychol.* 2007;58:1–23. doi: 10.1146/annurev.psych.58.110405.085516

5. Raz A, Buhle J. Typologies of attentional networks. *Nat Rev Neurosci.* 2006;7:367–379.

6. Chiesa A, Calati R, Serretti A. Does mindfulness training improve cognitive abilities? A systematic review of neuropsychological findings. *Clin Psychol Rev.* 2011;31(3):449–464.

7. Cahn BR, Polich J. Meditation states and traits: EEG, ERP, and neuroimaging studies. *Psychol Bull.* 2006;132(2):180–211. doi: 2006-03023-002 [pii] 10.1037/0033-2909.132.2.180

8. Van Veen V, Carter CS. The anterior cingulate as a conflict monitor: fMRI and ERP studies. *Physiol Behav.* 2002;77(4–5):477–482. doi: S0031938402009307 [pii]

9. Hölzel BK, Ott U, Hempel H, et al. Differential engagement of anterior cingulate and adjacent medial frontal cortex in adept meditators and non-meditators. *Neurosci Lett.* 2007;421(1):16–21. doi: S0304-3940(07)00451-X [pii] 10.1016/j.neulet.2007.04.074

10. Grant JA, Courtemanche J, Duerden EG, Duncan GH, Rainville P. Cortical thickness and pain sensitivity in Zen meditators. *Emotion.* 2010;10(1):43–53. doi: 2010-01983-010 [pii] 10.1037/a0018334

11. Tang YY, Lu Q, Geng X, Stein EA, Yang Y, Posner MI. Short-term meditation induces white matter changes in the anterior cingulate. *Proc Natl Acad Sci USA.* 107(35):15649–15652. doi: 1011043107 [pii] 10.1073/pnas.1011043107

12. Slagter HA, Lutz A, Greischar LL, et al. Mental training affects distribution of limited brain resources. *PLoS Biol.* 2007;5(6):e138. doi: 10.1371/journal.pbio.0050138

13. Deckersbach T, Hölzel BK, Eisner LR, Lazar SW, Nierenberg AA. *Mindfulness-Based Cognitive Therapy for Bipolar Disorder.* New York, NY: Guilford Press.

14. Passarotti AM, Sweeney JA, Pavuluri MN. Emotion processing influences working memory circuits in pediatric bipolar disorder and attention-deficit/hyperactivity disorder. *J Am Acad Child Adolesc Psychiatry.* 49(10):1064–1080. doi: S0890-8567(10)00563-0 [pii] 10.1016/j.jaac.2010.07.009

15. Gross JJ. Emotion regulation: Conceptual and empirical foundations. In: Gross JJ (editor). *Handbook of Emotion Regulation (2nd ed.).* New York, NY: Guilford Press; 2014: S. 3–20.

16. Robins CJ, Keng S-L, Ekblad AG, Brantley JG. Effects of mind-fulness-based stress reduction on emotional experience and ex-pression: a randomized controlled trial. *J Clin Psychol.* 2012;(68):117–131.

17. Chambers R, Lo BCY, Allen NB. The impact of intensive mindful-ness training on attentional control, cognitive style, and affect. *CognTherRes.* 2008;32:303–322.

18. Jain S, Shapiro SL, Swanick S, et al. A randomized controlled trial of mindfulness meditation versus relaxation training: effects on distress, positive states of mind, rumination, and distraction. *Ann Behav Med.* 2007;33(1):11–21. doi: 10.1207/s15324796abm3301_2

19. Tang YY, Ma Y, Wang J, et al. Short-term meditation training improves attention and self-regulation. *Proc Natl Acad Sci USA.*

2007;104(43):17152–17156. doi: 0707678104 [pii] 10.1073/pnas.0707678104

20. Ortner CNM, Kilner SJ, Zelazo PD. Mindfulness meditation and reduced emotional interference on a cognitive task. *Motiv Emot.* 2007;31(4):271–283.

21. Goleman DJ, Schwartz GE. Meditation as an intervention in stress reactivity. *J Consult Clin Psychol.* 1976;44(3):456–466.

22. Garland EL, Gaylord SA, Fredrickson BL. Positive Reappraisal Mediates the Stress-Reductive Effects of Mindfulness: An Upward Spiral Process. *Mindfulness (N Y).* 2011;2(1):59–67. doi: 10.1007/s12671-011-0043-8

23. Goldin PR, Gross JJ. Effects of mindfulness-based stress reduction (MBSR) on emotion regulation in social anxiety disorder. *Emotion.* 2010;10(1):83–91. doi: 2010-01983-016 [pii] 10.1037/a0018441

24. Taylor VA, Grant J, Daneault V, et al. Impact of mindfulness on the neural responses to emotional pictures in experienced and beginner meditators. *Neuroimage.* 2011;57(4):1524–1533. doi: 10.1016/j.neuroimage.2011.06.001

25. Lutz J, Herwig U, Opialla S, et al. Mindfulness and emotion regulation – an fMRI study. *Soc Cogn Affect Neurosci.* 2014;9(6):776–785. doi: 10.1093/scan/nst043

26. Desbordes G, Negi, LT, Pace TWW, Wallace BA, Raison CL, Schwartz EL. Effects of mindful-attention and compassion meditation training on amygdala response to emotional stimuli in an ordinary, non-meditative state. *Front Hum Neurosci.* 2012;6. doi: 10.3389/fnhum.2012.00292

27. Allen M, Dietz M, Blair KS, et al. Cognitive-affective neural plasticity following active-controlled mindfulness intervention. *J Neurosci.* 2012;32(44):15601–15610. doi: 10.1523/JNEUROSCI.2957-12.2012

28. Hölzel BK, Hoge EA, Greve DN, et al. Neural mechanisms of symptom improvements in generalized anxiety disorder following mindfulness training. *NeuroImage Clin.* 2013;2:448–458. doi: 10.1016/j.nicl.2013.03.011

29. Öst LG. Rapid treatment of specific phobias. In: Davey GCL (editor).

Phobias: A Handbook of Theory, Research, and Treatment. Chichester: John Wiley; 1997, S. XVI, 451.

30. Lovibond PF, Mitchell CJ, Minard E, Brady A, Menzies RG. Safety behaviours preserve threat beliefs: Protection from extinction of human fear conditioning by an avoidance response. *Behav Res Ther.* 2009;47(8):716–720. doi: S0005-7967(09)00120-X [pii] 10.1016/j. brat.2009.04.013

31. Milad MR, Quirk GJ. Fear extinction as a model for translational neuroscience: Ten years of progress. *Annu Rev Psychol.* 2012;63:129–151. doi: 10.1146/annurev.psych.121208.131631

32. Hölzel BK, Carmody J, Evans KC, et al. Stress reduction correlates with structural changes in the amygdala. *Soc Cogn Affect Neurosci.* 2010;5(1):11–17. doi: 10.1093/scan/nsp034

33. Hölzel BK, Carmody J, Vangel M, et al. Mindfulness practice leads to increases in regional brain gray matter density. *Psychiatry Res.* 2011;191(1):36–43. doi: S0925-4927(10)00288-X [pii] 10.1016/j. pscychresns.2010.08.006

34. Hölzel BK, Ott U, Gard T, et al. Investigation of mindfulness meditation practitioners with voxel-based morphometry. *Soc Cogn Affect Neurosci.* 2008;3(1):55–61. doi: 10.1093/scan/nsm038

35. Maha satipatthana sutta (Digha Nikaya 22). http://www.palikanon. com/diverses/satipatthana/satipatt_10.html (abgerufen am 30.11.2014)

36. Khalsa SS, Rudrauf D, Damasio AR, Davidson RJ, Lutz A, Tranel D. Interoceptive awareness in experienced meditators. *Psychophysiology.* 2008;45(4):671–677. doi: 10.1111/j.1469-8986.2008.00666.x

37. Nielsen L, Kaszniak AW. Awareness of subtle emotional feelings: A comparison of long-term meditators and non-meditators. *Emotion.* 2006;6(3):392–405. doi: 2006-10747-005 [pii] 10.1037/1528-3542.6.3.392

38. Craig AD. Interoception: The sense of the physiological condition of the body. *Curr Opin Neurobiol.* 2003;13:500–505.

39. Farb NAS, Segal ZV, Mayberg H, et al. Attending to the present: Mindfulness meditation reveals distinct neural modes of self-refe-

rence. *Soc Cogn Affect Neurosci.* 2007;2(4):313–322. doi: 10.1093/scan/nsm030

40. Farb NAS, Anderson AK, Mayberg H, Bean J, McKeon D, Segal ZV. Minding one's emotions: Mindfulness training alters the neural expression of sadness. *Emotion.* 2010;10(1):25–33. doi: 2010-01983-008 [pii] 10.1037/a0017151

41. Lazar SW, Kerr CE, Wasserman RH, et al. Meditation experience is associated with increased cortical thickness. *Neuroreport.* 2005;16(17):1893–1897. http://www.pubmedcentral.nih.gov/articlerender.fcgi?artid=1361002&tool=pmcentrez&rendertype=abstract (abgerufen am 30. 11. 2014)

42. James W. What is an Emotion? *Mind.* 1884;9:188–205.

43. Bechara A, Naqvi N. Listening to your heart: interoceptive awareness as a gateway to feeling. *Nat Neurosci.* 2004;7(2):102–103. doi: 10.1038/nn0204-102 nn0204-102 [pii]

44. Damasio AR. *The Feeling of What Happens: Body and Emotion in the Making of Consciousness.* New York, N. Y.: Harcourt Brace; 1999.

45. Damasio AR. *Looking for Spinoza: Joy, Sorrow, and the Feeling Brain.* New York, NY: Harcourt; 2003.

46. Dekeyser M, Raes F, Leijssen M, Leysen S, Dewulf D. Mindfulness skills and interpersonal behaviour. *Pers Individ Dif.* 2008;44(5):1235–1245. doi: 10.1016/j.paid.2007.11.018

47. Singer T, Seymour B, O'Doherty J, Kaube H, Dolan RJ, Frith CD. Empathy for pain involves the affective but not sensory components of pain. *Science.* 2004;303(5661):1157–1162. doi: 10.1126/science.1093535 303/5661/1157 [pii]

48. Lutz A, Brefczynski-Lewis J, Johnstone T, Davidson RJ. Regulation of the neural circuitry of emotion by compassion meditation: Effects of meditative expertise. *PLoS One.* 2008;3(3):e1897. doi: 10.1371/journal.pone.0001897

49. Tipitaka, Sutta Pitaka, Dhammapada. 20. Magga – Der Pfad, Verse 277–279. http://www.palikanon.com/khuddaka/dhp/dhp4.htm#Mag (abgerufen am 30. 11. 2014)

50. Thanissaro Bhikkhu. *Selves & Not-Self. The Buddhist Teaching on Anatta.* Valley Center, CA; 2011.

51. Piron H. The Meditation Depth Index (MEDI) and the Meditation Depth Questionnaire (MEDEQ). *J Medit Medit Res.* 2001;1:69–92.

52. Siehe unter www.brittonlab.com.

53. Emavardhana T, Tori CD. Changes in self-concept, ego defense mechanisms, and religiosity following seven-day Vipassana meditation retreats. *J Sci Study Relig.* 1997;36(2):194–206.

54. Haimerl CJ, Valentine ER. The effect of contemplative practice on intrapersonal, interpersonal, and transpersonal dimensions of the self-concept. *J Transpers Psychol.* 2001;33(1):37–52.

55. Kerr CE, Josyula K, Littenberg R. Developing an observing attitude: an analysis of meditation diaries in an MBSR clinical trial. *Clin Psychol Psychother.* 2011;18(1):80–93. doi: 10.1002/cpp.700

56. Northoff G, Heinzel A, de Greck M, Bermpohl F, Dobrowolny H, Panksepp J. Self-referential processing in our brain – a meta-analysis of imaging studies on the self. *Neuroimage.* 2006;31(1):440–57. doi: 10.1016/j.neuroimage.2005.12.002

57. Buckner RL, Andrews-Hanna JR, Schacter DL. The brain's default network: Anatomy, function, and relevance to disease. *Ann N Y Acad Sci.* 2008;1124:1–38. doi: 1124/1/1 [pii] 10.1196/annals.1440.011

58. Raichle ME, MacLeod AM, Snyder AZ, Powers WJ, Gusnard DA, Shulman GL. A default mode of brain function. *PNAS.* 2001;98(2):676–682.

59. Sajonz B, Kahnt T, Margulies DS, et al. Delineating self-referential processing from episodic memory retrieval: common and dissociable networks. *Neuroimage.* 2010;50(4):1606–1617. doi: S1053-8119(10)00110-2 [pii] 10.1016/j.neuroimage.2010.01.087

60. Northoff G, Bermpohl F. Cortical midline structures and the self. *Trends Cogn Sci.* 2004;8(3):102–107. doi: 10.1016/j.tics.2004.01.004

61. Buckner RL, Carroll DC. Self-projection and the brain. *Trends Cogn Sci.* 2007;11(2):49–57. doi: S1364-6613(06)00327-5 [pii] 10.1016/j.tics.2006.11.004

62. Brewer JA, Worhunsky PD, Gray JR, Tang Y-Y, Weber J, Kober H. Meditation experience is associated with differences in default mode network activity and connectivity. *Proc Natl Acad Sci USA.* 2011;108(50):20254–20259. doi: 10.1073/pnas.1112029108

63. Hasenkamp W, Barsalou LW. Effects of meditation experience on functional connectivity of distributed brain networks. *Front Hum Neurosci.* 2012;6(March):38. doi: 10.3389/fnhum.2012.00038

64. Jang JH, Jung WH, Kang D-H, et al. Increased default mode network connectivity associated with meditation. *Neurosci Lett.* 2011;487(3):358–362. doi: 10.1016/j.neulet.2010.10.056

65. Craig AD. How do you feel – now? The anterior insula and human awareness. *Nat Rev Neurosci.* 2009;10(1):59–70. doi: 10.1038/nrn2555

66. Rescorla RA. Retraining of extinguished Pavlovian stimuli. *J Exp Psychol Anim Behav Process.* 2001;27(2):115–124. http://www.ncbi. nlm.nih.gov/entrez/query.fcgi?cmd=Retrieve&db=PubMed&dopt= Citation&list_uids=11296487 (abgerufen am 30.11.2014)

67. Quirk GJ. Memory for extinction of conditioned fear is long-lasting and persists following spontaneous recovery. *Learn Mem.* 2002;9(6):402–407. doi: 10.1101/lm.49602

* Der Begriff »Löschung« ist in diesem Zusammenhang eigentlich nicht korrekt, weil man inzwischen weiß, dass die Gedächtnisinhalte nicht gelöscht, sondern durch eine andere Reaktion ersetzt werden. Der ursprüngliche Gedächtnisinhalt bleibt dabei jedoch erhalten.[66,67]

Achtsamer Umgang
mit Schmerz

Tim Gard und Britta Hölzel

Wir alle haben hin und wieder Schmerzen. Wer kennt es nicht: Man stößt sich den Fuß am Türpfosten oder verbrennt sich die Lippen an einem zu heißen Tee, und »Autsch!« – da ist er, der Schmerz. Diese sogenannten akuten Schmerzen haben eine wichtige Warnfunktion: Sie signalisieren, dass irgendetwas im Körper nicht stimmt, und so können weitere Gewebeschäden vermieden werden.[1] Wenn wir uns zum Beispiel die Lippen an zu heißem Tee verbrennen, warnt der Schmerz uns vor der Gefahr, und wir schlucken ihn nicht herunter und vermeiden so weitere Verbrennungen in Mund und Rachen. Diese akuten Schmerzen sind nur von relativ kurzer Dauer; sie klingen von selbst wieder ab, sobald die Ursache nicht mehr vorhanden beziehungsweise die Verletzung geheilt ist.

Wenn die Schmerzen jedoch anhalten und keine Warnfunktion vor Gewebeschäden haben, ist die Rede von chronischen Schmerzen.[1] Chronische Schmerzen kommen sehr häufig vor: ca. 20 Prozent der Weltbevölkerung leiden an chronischen Schmerzen.[2] In Deutschland sind die Schätzungen ähnlich und variieren von 17 bis 40 Prozent, sprich: in Deutschland leiden 13 bis 32 Millionen Menschen an chronischen Schmerzen.[3,4] Rückenschmerzen kommen besonders häufig vor: Über 70 Prozent aller Erwachsenen in Deutschland haben innerhalb von zwölf Monaten mindestens einmal Rückenschmerzen.[4]

Chronische Schmerzen gehen mit hohem Leidensdruck einher; Patienten mit chronischen Schmerzen sind oftmals in ihrem Arbeits- und Sozialleben eingeschränkt und leiden häufig zudem unter Schlaf- und Konzentrationsproblemen, Reizbarkeit, Ängsten und Depressionen. Chronische Schmerzen sind nicht nur für die Patienten selbst eine Belastung, sondern auch für ihre direkte Umgebung und die Gesellschaft.[5] Allein die Kosten in Zusammenhang mit Rückenschmerzen werden in Deutschland auf jährlich 45 Milliarden Euro beziffert. Ungefähr die Hälfte davon entfallen auf direkte Kosten für die Behandlung, die andere Hälfte sind indirekte Kosten durch Arbeitsausfall.[4] Leider ist die Behandlung von chronischen Schmerzen komplex und führt trotz aufwendiger und multidisziplinärer Behandlungen, in denen invasive, medikamentöse, physiologische und psychologische Verfahren kombiniert werden, oftmals nicht zum gewünschten Ergebnis. Laut einem wichtigen Übersichtsartikel betrug die durchschnittliche Schmerzlinderung jeglicher Behandlungsverfahren lediglich 30 Prozent – und dies nur in der Hälfte aller Fälle. Des Weiteren ging die Schmerzlinderung oftmals ohne Funktionsverbesserung einher.[5]

Das am häufigsten angewendete psychologische Verfahren bei chronischen Schmerzen ist die kognitive Verhaltenstherapie, in der unter anderem geübt wird, Denk- und Verhaltensweisen zu verändern.[6] Das Ziel ist, die Schmerzen durch verändertes Verhalten zu lindern und auch trotz verbleibender Schmerzen ein erfülltes und weniger eingeschränktes Leben zu führen. Eine neuere Form psychologischer Verfahren sind die achtsamkeitsbasierten Methoden, die Gegenstand dieses Beitrages sind. In Ansätzen werden diese mittlerweile auch in verhaltenstherapeutische Behandlungskonzepte integriert.

Der achtsame Umgang mit Schmerzen ist natürlich nicht nur für Menschen interessant, die unter chronischen Schmerzen leiden. Es gibt im Alltag genügend Möglichkeiten für den achtsamen Umgang mit akuten Schmerzen, zum Beispiel beim Zahnarzt. Neben der Anwendung auf körperliche Schmerzen lassen sich die Prinzipien im weiteren Sinne auch auf den Umgang mit emotionalem Schmerz übertragen.

Das Prinzip eines achtsamen Umgangs mit Schmerzen

Achtsamkeitsansätze, die darauf abzielen, einen anderen Umgang mit Schmerzen zu entwickeln, basieren auf dem akzeptierenden Gewahrwerden der Empfindungen und gründen ursprünglich in der buddhistischen Lehre. Wir wollen im Folgenden das Prinzip erläutern, das diesem Ansatz zugrundeliegt.

Schmerz hat zum einen eine sensorische Komponente: Der Schmerz vom gestoßenen Zeh zum Beispiel fühlt sich vielleicht eher pochend an, während der Schmerz vom zu heißen Tee sich eher brennend anfühlt. Zum anderen hat Schmerz eine emotionale Komponente. Diese wird durch unsere innere Haltung dem Schmerz gegenüber mitbeeinflusst. Wie stark wir unter einem Schmerz leiden, hängt zum Teil davon ab, wie wir mit ihm in Beziehung treten. Und oft machen wir es uns durch unsere inneren Reaktionen selbst schwer.[7]

In buddhistischen Schriften finden wir eine ganz ähnliche Beschreibung des Schmerzempfindens; hier wird für die Schmerzempfindung die Metapher eines Pfeils verwendet, der uns trifft. Nun haben wir üblicherweise die Tendenz, auf diesen Schmerzreiz innerlich zu reagieren, ihn abzulehnen, uns zu sträuben und Widerstand dagegen aufzubauen. Die Metapher spricht hier von einem zweiten Pfeil, der noch hinterhergeschossen wird. Es heißt, der Buddha habe folgende Worte der Lehre an die Mönche gerichtet: »Wird da, ihr Mönche, der unbelehrte gewöhnliche Mensch von einem Wehgefühl getroffen, dann ist er traurig, beklommen, er jammert, schlägt sich stöhnend an die Brust, gerät in Verwirrung. So empfindet er zwei Gefühle: ein körperliches und ein gemüthaftes. Gleichwie, ihr Mönche, wenn da ein Mann von einem Pfeil angeschossen würde, und er würde dann noch von einem zweiten Pfeil angeschossen. Da würde dieser Mensch, ihr Mönche, die Gefühle von zwei Pfeilen empfinden.«[8]

81

Diese Lehrsätze weisen darauf hin, dass wir diese beiden Schmerzkomponenten (die beiden Pfeile) in unserem Erleben vermischt wahrnehmen. Durch Achtsamkeitspraxis können wir lernen, die sensorische und die emotionale Komponente – die Beurteilung des bzw. den Widerstand gegen den Schmerz – zu unterscheiden. Weiterhin können wir lernen, unseren Widerstand gegen die Schmerzempfindung zu verringern und uns der schmerzhaften Erfahrung stattdessen in einer achtsamen Haltung zuzuwenden. Das heißt, ihr mit offener Neugier zu begegnen, sie aufmerksam zu betrachten und zu erkunden und sie dabei so anzunehmen, wie sie ist.

In den buddhistischen Schriften ist diese Logik in den Kernaussagen des Buddha, den *Vier Edlen Wahrheiten,* beinhaltet. Demnach gehört zum Leben auch Leiden *(Erste Edle Wahrheit).* Schmerz kann mit Leiden einhergehen. Die Ursache dafür, dass wir leiden, liegt darin, dass wir an Dingen anhaften oder ihnen Widerstand leisten *(Zweite Edle Wahrheit).* Es ist jedoch möglich, das Leiden zu überwinden *(Dritte Edle Wahrheit).* Der Weg zur Überwindung des Leidens ist der *Edle Achtfache Pfad,* und eines seiner Glieder ist die rechte Achtsamkeit.[8]

Es ist interessant, dass die Unterscheidung zwischen dem sensorischen Aspekt einer Schmerzempfindung auf der einen Seite und der Bewertung bzw. dem affektiven (gemüthaften) Aspekt der Empfindung auf der anderen Seite eine neurophysiologische Entsprechung hat; beide Aspekte werden nämlich in verschiedenen Hirnregionen repräsentiert. Wir haben in einer Studie mit bildgebenden Verfahren entdeckt, dass eine Schmerzbewältigung durch Achtsamkeit mit einem besonderen Veränderungsmuster in der Aktivierung der betreffenden Hirnregionen einhergeht (siehe dazu die Beschreibung der Studie von Tim Gard et al. im Abschnitt »Neuronale Mechanismen der Schmerzmodulation«).

Achtsam dem Schmerz begegnen

Achtsam dem Schmerz zu begegnen bedeutet, sich dem Schmerz urteilsfrei zuzuwenden, anstatt – wie wir es sonst meist ganz automatisch tun – sich von ihm abzuwenden. Das betrifft selbstverständlich nicht nur den körperlichen, sondern auch den seelischen Schmerz. Es geht dabei darum, sich den Empfindungen liebevoll, sanft und im eigenen Tempo anzunähern. Sich ihnen sachte zuzuwenden und sich dabei innerlich offen und weich werden zu lassen. Dazu bedarf es einer liebevollen inneren Begleitung unserer selbst, so, als würden wir uns selbst bei der Hand nehmen und dabei begleiten, uns den Dingen zu stellen, die da sind. Wir öffnen uns der Realität dieses Moments – wie sie eben gerade ist. Dafür kann es hilfreich sein, im rückversichernden Kontakt mit dem Atem zu bleiben und ein leichtes Gefühl inneren Loslassens einzuladen.

Wir nähern uns also auf diese Weise innerlich mit unserer Aufmerksamkeit dem Schmerz an und spüren zum Beispiel: In welchen Bereichen des Körpers ist die Schmerzempfindung anwesend? In welchen Bereichen ist sie nicht zu spüren? Fühlt sich der Schmerz in verschiedenen Bereichen unterschiedlich an? Welche Qualität haben die Empfindungen? Sind sie eher dumpf, stechend, pochend, brennend, oder haben sie eine ganz andere Qualität? Auf diese Weise bringen wir unserem Erleben eine Qualität der Neugier und Offenheit entgegen.

Der Atem kann ein wichtiger Begleiter sein, wenn wir uns dem Schmerz zuwenden. Er kann uns als Stütze dienen, während wir uns zu den schwierigen Empfindungen vortasten; und zu der wir zurückkehren können, wenn die Schmerzempfindungen uns zu überwältigen scheinen. Manchmal kann es helfen, sich vorzustellen, dass wir in die schmerzende Körperstelle »hineinatmen« bzw. dass wir innerlich mit dem Atem einen weiten Raum um die Schmerzen herum schaffen. So kann es leichter fallen, die Aufmerksamkeit auf die Schmerzempfindung zu lenken, und zugleich werden Weichheit und Entspannung in die Gegend der Schmerzen eingeladen.

Durch das neugierige, offene Wahrnehmen kann die Erfahrung von *anicca,* von Vergänglichkeit, gemacht werden. Unsere Wahrnehmung tendiert manches Mal dazu, Dinge als beständig, als statisch wahrzunehmen, wo sie doch eigentlich in dauernder Veränderung sind. Durch das geduldige, achtsame Betrachten der Schmerzempfindung erkennen wir, dass der Schmerz – von dem wir vielleicht dachten, er sei immer auf die gleiche Art und Weise und im gleichen Maße anwesend – sich permanent wandelt: Mal ist er dumpfer, mal spitzer, mal brennender; mal ist er stärker, mal schwächer. So kann die Erfahrung gemacht werden, dass alles – das Leidvolle ebenso wie das Freudvolle – kommt und geht.

Wenn wir beginnen, uns nicht länger vom Erleben abzuwenden, sondern uns ihm zu stellen und zuzuwenden, können wir nun in eine andere, dynamischere Beziehung mit dem Schmerz treten, wo wir uns früher von ihm haben beherrschen lassen. Wir müssen uns nicht länger vom Schmerz mitreißen lassen oder aus dem Schmerz heraus reagieren, sondern kommen in eine Beziehung, die durch mehr Selbstbestimmtheit gekennzeichnet ist.

Dabei werden wir auch der Reaktionen des eigenen Geistes gewahr. Dort kommt sicherlich früher oder später innerer Widerstand auf: Die Empfindungen werden – meist unbewusst – abgelehnt, die Tendenz, sich abzulenken und mit anderen, als angenehmer empfundenen Dingen zu beschäftigen, wird stärker. Oder aber der Geist kreist um die negativen Aspekte der Empfindung und brütet darüber, »suhlt« sich vielleicht in seinem Leid. Dieser Reaktionen des Geistes versucht man sich bei der Achtsamkeitsübung gewahr zu werden, ohne ihnen weiter nachzugehen. Es geht auch darum, die eigenen inneren Widerstände wertfrei zu betrachten und sich selbst und dem eigenen Erleben im Angesicht dieser Widerstände mit Mitgefühl zu begegnen, anstatt sich dafür zu verurteilen.

Wichtig bei den Achtsamkeitsübungen im Umgang mit Schmerz ist immer auch, sich ausgiebig in freundlichem Selbstmitgefühl zu üben. Das bezieht sich zum einen darauf, sich angesichts des Schmerzes mit liebevoller Zuwendung zu begegnen. Zum anderen bedeutet es, sich innerlich immer nur so viel Schmerz auszusetzen, wie es sich im gegebenen Moment richtig anfühlt. Es ist meist möglich, sich vom Schmerz innerlich auch wieder zu distanzieren, wenn man merkt, dass er einen überwältigt, und auf andere Umgangsweisen zurückzugreifen: sich vielleicht abzulenken und anderen Empfindungen, z. B. dem Atem, zuzuwenden. Oder aber, bewusst Verhaltensweisen zu wählen, die die Schmerzen geringer werden lassen, wie z. B. die Körperhaltung zu verändern. Wichtig ist hier aber, dass diese anderen Strategien bewusst gewählt werden und nicht automatisch, da wir hier einen anderen Umgang mit Schmerz einüben wollen.

Sich mit Achtsamkeit dem Erleben zuzuwenden bedeutet nicht nur, dass wir uns dessen bewusst werden, *was* wir spüren, sondern auch der Tatsache, *dass* wir spüren. So entsteht ein präsentes Gewahrsein aller Empfindungen. Das Gewahrsein ist der Teil in uns, der schaut, der wahrnimmt. Das Erleben des Schmerzes taucht im Raum des Gewahrseins auf. Und manchmal gelingt es – meist mit fortgeschrittener Achtsamkeitspraxis –, in diesem Gewahrsein zu ruhen. In der Achtsamkeitspraxis versuchen wir, das Erleben des Schmerzes in dem weiten, offenen Raum des Gewahrseins liebevoll und geduldig zu halten. Dann entsteht vielleicht auch ein Erleben, dass das Gewahrsein an sich keine Schmerzen hat. Und wir können spüren, dass wir nicht mit dem Schmerz identisch sind – sondern dass die Erfahrung des Schmerzes kommen und gehen kann, während das Gewahrsein fortbesteht. Wichtig ist dabei jedoch, dass wir uns durch diese De-Identifikation nicht vom Erleben des Schmerzes abspalten. Es geht nicht darum, den Schmerz zu verdrängen, sondern darum, ihn innerhalb eines größeren Gewahrseins zu halten.

Mindfulness-Based Stress Reduction (MBSR)

Das inzwischen weitverbreitete *»Mindfulness-Based Stress Reduction«*-Programm (*MBSR;* dt.: achtsamkeitsbasierte Stressbewältigung) wurde Ende der 70er Jahre von Jon Kabat-Zinn an der University of Massachusetts Medical School unter anderem zur Bewältigung von Schmerzen bei Patienten entwickelt, bei denen andere Therapiemethoden keine Wirkung gezeigt hatten.[9]

Dabei handelt es sich um ein über acht Wochen laufendes Gruppenprogramm. Die Gruppe kommt einmal pro Woche für eine ca. zweieinhalbstündige Sitzung zusammen und trifft sich zusätzlich am Wochenende in der sechsten Kurswoche zu einem ca. sechsstündigen Übungstag. Während der Sitzungen werden verschiedene Praktiken vermittelt, die darauf abzielen, Achtsamkeit zu entwickeln. So enthält der Kurs Sitzmeditationen, bei denen der Fokus der Konzentration zunächst auf die Atemempfindung gerichtet wird, in späteren Wochen auch auf andere Empfindungen wie körperliche Empfindungen, Hören und Sehen sowie auf Emotionen und Gedanken. Zum Ende der Meditationen im weiter fortgeschrittenen Kursverlauf wird die Aufmerksamkeit auch zum Bewusstsein bzw. Gewahrsein an sich gebracht, ohne dass ein bestimmtes Objekt in den Mittelpunkt gestellt wird. Neben den Sitzmeditationen wird im Kurs auch der sogenannte *Bodyscan* vermittelt (eine Übung, bei der die Aufmerksamkeit systematisch durch den ganzen Körper geführt wird), achtsame Bewegungs- und Dehnungsübungen (sehr einfache Yogaübungen) sowie eine Gehmeditation. Die verschiedenen Übungen dauern bis zu 45 Minuten und werden von den Kursteilnehmern auch mittels geführter Audioaufnahmen täglich zu Hause praktiziert. Neben diesen eher formalen Übungen wird auch der Alltag miteinbezogen, um die Achtsamkeit ins tägliche Leben zu integrieren. So nehmen die Kursteilnehmer zum Beispiel eine Mahlzeit achtsam ein, bringen Achtsamkeit zu täglichen Aktivitäten (wie dem Abwasch, Duschen oder Zähneputzen) und versuchen, ihr typisches eigenes Stressverhalten zu erkennen und auf stressauslösende Situationen mit Achtsamkeit zu reagieren.

In jeder Gruppensitzung werden die Erfahrungen der Kursteilnehmer reflektiert, Fragen geklärt und Hinweise zum Üben gegeben. Daneben werden im Kurs weitere Themen behandelt, wie z. B. der aktive Umgang mit Krankheit und Heilung, Stress-Physiologie und das Durchbrechen der Stress-Spirale mittels Achtsamkeit, achtsame Kommunikation oder der Einfluss von Ernährung und verschiedenen Aktivitäten (Fernsehen, Mediennutzung) auf das Wohlbefinden. Das alles dient dazu, den Blick auf das Erleben und das Verhalten zu erweitern und den Teilnehmern Anstöße zu geben, solche Verhaltensweisen zu wählen, die ihr Wohlbefinden fördern.

Die verschiedenen Elemente von *MBSR* sind also wichtig für den Umgang mit Schmerzen: Bei den Meditationen können die Teilnehmer Muster innerer Reaktionsweisen auf unangenehme Empfindungen beobachten und lernen, von inneren Widerständen oder Reaktionen abzulassen. Stattdessen wird ein neugieriger und liebevoll-freundlicher Umgang mit den eigenen Erfahrungen geübt. Beim *Bodyscan* wird diese innere Haltung bezüglich der Empfindungen im gesamten Körper eingeübt; er dient außerdem dazu, das Körpergewahrsein zu stärken und somit achtsamer für körperliche Empfindungen zu werden. Die achtsam praktizierten Yoga-Körperübungen können den Teilnehmern helfen, Bewegungen zu finden, die ihnen guttun und Schmerzen oder Verspannungen lindern.

Ein Repertoire an verschiedenen Strategien

In achtsamkeitsbasierten Verfahren wird auch vermittelt, dass es nicht nur eine einzige, »richtige« Art gibt, mit Schmerzen umzugehen, sondern ganz verschiedene Möglichkeiten. Es kann hilfreich sein, sich ein Repertoire an unterschiedlichen Strategien anzueignen, um dann je nach Situation und Schmerzempfinden flexibel eine davon auswählen zu können. Sich dem Schmerz achtsam zuzuwenden, neugierig, offen und mit Selbstmitgefühl, ist eine Möglichkeit, Ablenkung eine andere: Man atmet z. B. konzentriert ein und aus und lenkt die volle Aufmerksamkeit auf die Atemempfindung. Eine weitere Möglichkeit ist es, sich gezielt zu entspannen, indem man die Atmung verlangsamt oder ein warmes Bad nimmt. Man kann aber auch das Gewahrsein auf die Bereiche im eigenen Körper richten, die schmerzfrei sind, oder aber bewusst Veränderungen herbeiführen, die den Schmerz lindern, zum Beispiel die Haltung des Körpers verändern, oder gegebenenfalls Medikamente einnehmen. Achtsamkeitspraxis kann dabei helfen, genau zu beobachten und bewusst zu entscheiden, was uns im gegenwärtigen Augenblick guttut. Dies gelingt am besten, wenn man ein gutes Körpergewahrsein hat und wenn man Erfahrungen gesammelt hat, was dem eigenen Befinden und dem eigenen Körper guttut. Es wird angestrebt, im eigenen Verhalten flexibel zu werden und nicht in neue starre und eventuell schmerzhafte Gewohnheiten zu verfallen. In der nachfolgenden Meditationsanleitung schlagen wir verschiedene Arten des Umgangs mit Schmerz zum eigenen Experimentieren vor.

Meditation zum Umgang mit Schmerzen

Diese Meditation dient dazu, verschiedene Arten des Umgangs mit Schmerz kennenzulernen. Wir wollen Sie dazu ermutigen, ganz unterschiedliche Arten und Weisen auszuprobieren und so Ihr Repertoire an Strategien zu erweitern, die dazu dienen können, Schmerzen anders zu begegnen. Die Übung ist inspiriert von Übungen von Nancy Bardacke[10] und Jon Kabat-Zinn[11]. Sie besteht aus mehreren Phasen, die vom Ablauf identisch sind und in denen jeweils eine andere innere Haltung Schmerzen gegenüber ausprobiert wird.

Wenn Sie Schmerzen haben, können Sie in dieser Übung mit Ihren Schmerzen arbeiten. Falls Sie selbst keine Schmerzen haben, können Sie sich für diese Meditation selbst leichte Schmerzen zufügen, um den Umgang mit Schmerz in einer möglichst realistischen Situation ausprobieren zu können. Sie können dafür Ihre Hand in Eiswasser halten. Bereiten Sie also eine ausreichende Menge Eiswürfel vor, tun Sie sie in eine Schüssel und füllen Sie kaltes Wasser hinzu. Legen Sie ein Handtuch unter, und legen Sie ein zweites Handtuch zum Abtrocknen der Hand bereit, damit Sie sich dann während der Übung ganz auf die Meditation konzentrieren können. Das Eiswasser wird Ihnen relativ schnell Schmerzen verursachen; tauchen Sie Ihre Hand jedoch *keinesfalls länger als 2 Minuten* in das Eiswasser ein, um Gewebeschäden zu vermeiden. Sie können dafür eine Uhr oder einen Timer verwenden. Halten Sie also jeweils eine Hand für die Dauer einer der verschiedenen Meditationen ins Eiswasser und probieren Sie eine der Meditationen aus. Nehmen Sie sich im Anschluss Zeit, um nachzuspüren; bleiben Sie dabei mit den Empfindungen Ihres Körpers, Ihrem Atem und Ihren Emotionen in Kontakt. Ein entscheidender Teil der Übung ist es auch, in den Zwischenphasen – in denen keine Schmerzen spürbar sind – ebenfalls mit dem Gewahrsein ganz präsent zu sein und das Erleben ganz bewusst wahrzunehmen. Es ist leicht, diese Momente zu verpassen, etwa, weil wir innerlich bereits die nächste Welle von Schmerzen vorwegnehmen. Aber das wäre schade! Denn wenn wir präsent bleiben, können wir diese leichteren und entspannenden Momente vielleicht sogar genießen.

Meditation

Setzen Sie sich aufrecht und gleichzeitig entspannt auf ein Sitzkissen, eine gefaltete Decke oder einen Stuhl. Falls Ihnen aufrechtes Sitzen nicht mühelos möglich ist, dann können Sie sich selbstverständlich auch anlehnen. Nehmen Sie sich nun einen Moment Zeit, ganz bewusst durch Ihren gesamten Körper zu spüren. Erspüren Sie auch den Fluss der Atmung – wie der Atem ganz von selbst in den Körper hineinströmt und dann wieder aus ihm herausfließt. Lenken Sie dann Ihre Aufmerksamkeit für einen Moment zu den Empfindungen, die Sie jetzt gerade wahrnehmen – ganz offen, ohne sie zu bewerten; spüren Sie einfach interessiert und neugierig hin.

1. Phase: Widerstand

Häufig sind wir es gewohnt, unangenehmen Empfindungen mit Widerstand zu begegnen: wir möchten sie nicht haben und wehren uns innerlich gegen sie. Diese Haltung wollen wir zunächst ausprobieren. Gehen Sie also für diese Phase absichtsvoll innerlich in den Widerstand gegen die Schmerzempfindungen. Sie können sich selbst sagen: »Wie schrecklich diese Empfindungen sind, fürchterlich unangenehm, eklig. Und ich armer Mensch muss diesen Schmerz aushalten! Wie ungerecht! Wird das wohl nie enden? Ich kann es fast nicht aushalten.«
Und spüren Sie im Anschluss für einen Moment nach. Kennen Sie diesen Umgang mit Schmerz? Vielleicht in einer ähnlichen Form?

2. Phase: Konzentration (Atemempfindungen)

In der zweiten Phase wollen wir eine andere Strategie ausprobieren – eine konzentrative Form der Meditation – und wollen die Aufmerksamkeit ganz bei den Atemempfindungen halten. Spüren Sie dafür die Empfindungen, die mit dem natürlichen Ein- und Ausströmen des Atems im Körper einhergehen – vielleicht das ruhige Heben und Senken des Brustkorbes oder der Bauchdecke; vielleicht die etwas kühlere Empfindung, wenn der Atem in die Nase einströmt, und die etwas wärmere, wenn er wieder aus der Nase ausströmt. Wann immer die Schmerzempfindungen die Aufmerksamkeit auf sich zu ziehen versuchen, richten Sie die Aufmerksamkeit ganz bestimmt und stetig zurück zu den Atemempfindungen.
Spüren Sie dann den Empfindungen wieder für einen Moment nach. Wie haben Sie den Schmerz oder die intensiven Empfindungen erlebt? Und spüren Sie dann auch zu den Empfindungen im jetzigen Moment.

3. Phase: Achtsamkeit und Neugier

Anstatt sich – wie wir das häufig tun – von den Schmerzempfindungen abwenden, wenden Sie sich ihnen nun zu. Spüren Sie ganz hinein: Wie fühlt es sich an? Ohne die Empfindungen zu verurteilen oder zu bewerten – einfach nur spüren. Möglichst neugierig. Vielleicht entdecken Sie etwas, was Sie zuvor noch nicht wahrgenommen haben. Welche Qualität hat diese Empfindung? Und wie verändert sie sich vielleicht, wenn Sie mit dieser Offenheit, Sanftheit und Akzeptanz dabei bleiben und die Empfindung freundlich in Ihrem Gewahrsein halten? Begegnen Sie sich in dieser Übung mit Freundlichkeit. Wenn es Ihnen zu viel werden sollte, dann kommen Sie zum Gewahrsein des Atems oder zu anderen Empfindungen zurück.

Spüren Sie dann der Erfahrung aus dieser Phase nach. Reflektieren Sie vielleicht kurz darüber, wie sich die Erfahrung von denjenigen der anderen Phasen unterschieden hat. Und kommen Sie dann auch wieder zu den Empfindungen im Hier und Jetzt.

4. Phase: Selbstmitgefühl

Wenden Sie sich dafür innerlich sich selbst mit einer sehr liebevollen, sanften und mitfühlenden Haltung zu. Sie können sich vorstellen, wie Sie sich selbst im Angesicht dieser Schmerzen ganz liebevoll halten, so wie eine Mutter ihr kleines Kind hält und beruhigt. Vielleicht möchten Sie auch innerlich gute Wünsche für sich selbst aussprechen: »Möge ich mir selbst in diesem Schmerz mit Liebe begegnen.« Oder: »Möge ich in Frieden mit diesen Empfindungen sein.«

Spüren Sie auch dieser Übung nach. Verweilen Sie einfach noch einen Moment. Welche Empfindungen sind jetzt spürbar?

5. Phase: Uns demjenigen in unserem Erleben zuwenden, das schmerzfrei ist

Spüren Sie in Ihren Körper hinein, in die Bereiche Ihres Körpers, in denen in diesem Moment kein Schmerz wahrnehmbar ist. Verweilen Sie dort, und falls Sie abschweifen, richten Sie sich erneut dorthin aus. Und während Sie so spüren: Vielleicht können Sie auch Ihr Gewahrsein bewusst erleben. Das Gewahrsein in uns ist das, was in diesem Moment schaut; das in uns, was sich bewusst ist, *dass* es gerade erlebt. Das Gewahrsein hat natürlicherweise keinen Schmerz. Sondern es nimmt wahr, dass Schmerzen gegenwärtig sind. Vielleicht gelingt es Ihnen – vielleicht auch nur für einen kurzen Moment –, in diesem Gewahrsein oder in diesem Bewusstsein zu verweilen.

Sitzen Sie für die folgende Zeit einfach in Stille, spüren Sie diesem Teil der Übung nach, und seien Sie in Kontakt mit den Empfindungen im Hier und Jetzt.

Zum Abschluss dieser Übung zum Experimentieren mit Schmerzen nehmen Sie sich noch mal Zeit, um zu reflektieren. Vielleicht haben Sie bei dieser Übung etwas über sich oder über Ihren Umgang mit Schmerzen gelernt. Haben Sie vielleicht etwas erlebt, das Sie überrascht hat? Haben Sie vielleicht Muster in Ihrem persönlichen Umgang mit Schmerz entdecken können?

Berichte über Effekte der Achtsamkeitspraxis

Menschen, die regelmäßig Achtsamkeit üben, berichten über viele interessante Veränderungen als Folge der Achtsamkeitspraxis. Das liebevolle und interessierte Schauen auf sich selbst und die Schmerzen kann dazu führen, dass man sich selbst besser kennenlernt und Empfindungen besser unterscheiden kann. Die Signale des Körpers werden genauer wahrgenommen und erkannt. Es geht bei den achtsamkeitsbasierten Verfahren nicht darum, etwas »wegzumeditieren«, sondern darum, die Unterscheidungsfähigkeit zu stärken – also auch, zu wissen, wann eine Empfindung angenommen werden sollte und wann etwas getan werden sollte, um sie zu verändern.

Es kann vorkommen, dass es im ersten Moment so scheint, als hätte die Achtsamkeit die Schmerzen verstärkt; wenn man sich dem Schmerz zuwendet, sich mit ihm vertraut macht, ihn in den Mittelpunkt der Aufmerksamkeit rückt, kann es zunächst erscheinen, als werde er dadurch stärker. Aber wenn ihm Akzeptanz entgegengebracht wird, kann der Achtsamkeitsübende in eine andere Art von Beziehung mit ihm treten.

Mit der genauen Beobachtung der Schmerzempfindung kann er bemerken, dass der Schmerz sich in seiner Intensität und in seiner Qualität ständig verändert. Manchmal wird auch die wohltuende Erfahrung gemacht, dass es Teile in uns gibt, die schmerzfrei sind. Oder man erkennt, dass man sich nicht mit dem Schmerz identifizieren muss: »Der Schmerz ist da, aber ich bin nicht der Schmerz.« Eine Folge der Achtsamkeitspraxis bei chronischen Schmerzen kann auch sein, dass man das Gefühl hat, dem Schmerz nicht mehr völlig hilflos ausgeliefert zu sein, und sich wieder besser entspannen kann. So fühlt man sich vielleicht trotz des Schmerzes im Alltag weniger eingeschränkt und geht wieder mehr den angenehmen Dingen nach, trifft sich vielleicht mit Freunden oder geht spazieren. Bessere Entspannung kann außerdem einen schmerzlindernden Effekt haben.

Ziel der Achtsamkeit ist es, die Dinge »so zu sehen, wie sie sind«, ohne dabei leidvoll auf das Wahrgenommene zu reagieren. Es ist also nicht die Absicht, das Erleben weniger intensiv wahrzunehmen bzw. die sensorische Empfindung des Schmerzes zu überspielen. Dementsprechend wird häufig berichtet, dass sich die Stärke des empfundenen Schmerzes durch die Achtsamkeitsübungen nicht verändert – sehr wohl aber das Leiden unter diesen Schmerzen reduziert ist. Es kann auf der anderen Seite jedoch auch vorkommen, dass die veränderte Beziehung mit dem Schmerz auf das sensorische Erleben Einfluss nimmt und bewirkt, dass das sensorische Gefühl an sich verändert wahrgenommen wird. Wie wir unten sehen werden, wird in wissenschaftlichen Studien von beiden Effekten berichtet: Manchmal kommt es vor, dass sich die wahrgenommene Stärke der Schmerzen nicht verändert, dass jedoch das Leiden unter den Schmerzen reduziert bzw. die Lebenszufriedenheit trotz der Schmerzen erhöht ist. In anderen Studien wird auch über eine Reduzierung der subjektiv empfundenen Schmerzintensität berichtet.

Wirkt es?

Klinische Studien

Im Einklang mit diesen subjektiven Berichten belegt eine steigende Anzahl von Studien, dass das Schmerzempfinden durch Achtsamkeit verändert werden kann. Bereits Anfang der 80er Jahre führten Jon Kabat-Zinn und seine Kollegen eine Reihe von Studien durch, in denen die Effekte des *MBSR*-Programms bei Patienten mit verschiedenen Arten von chronischen Schmerzen untersucht wurden. In einer ersten Studie mit 90 Patienten hatten die Teilnehmer nach dem Kurs weniger Schmerzen, waren weniger auf Schmerzmedikamente angewiesen und weniger in ihren Alltagsaktivitäten eingeschränkt. Des Weiteren hatten sie ein höheres Selbstwertgefühl und fühlten sich weniger ängstlich und depressiv.[12] Diese Studie wurde erweitert, und es zeigte sich, dass die Mehrheit der Patienten auch vier Jahre nach der Intervention noch Achtsamkeit praktizierte. Obwohl die Schmerzen vier Jahre nach der Intervention wieder auf das Niveau vor der Intervention angestiegen waren, blieben die positiven Effekte auf Körper und Psyche erhalten.[13]

Seit damals wurden in vielen weiteren Studien die Effekte achtsamkeitsbasierter Interventionen bei Patienten mit verschiedenen Arten von chronischen Schmerzen untersucht. Zwei aktuelle Übersichtsartikel und Metaanalysen zu diesem Thema schließen 16 bzw. 19 Studien ein.[14,15] Es zeigte sich, dass achtsamkeitsbasierte Verfahren bei Patienten mit chronischen Schmerzen positive Effekte auf das Schmerzempfinden und auf schmerzbezogene Variablen wie Depressionen, Ängstlichkeit, körperliches Wohlbefinden und Lebensqualität haben. Diese

Effekte waren klein bis mittelgroß und vergleichbar mit den Effektgrößen einer kognitiven Verhaltenstherapie. Somit stellen achtsamkeitsbasierte Verfahren eine potentielle Alternative oder Ergänzung zu herkömmlichen psychologischen Behandlungs-methoden von chronischen Schmerzen dar. Da viele der bisheri-gen Studien qualitative Mängel aufweisen, sind weitere, hoch-wertige Studien notwendig. Zudem gibt es erst wenige Studien, in denen die Langzeiteffekte von achtsamkeitsbasierten Verfah-ren (über mehrere Jahre) untersucht wurden. Die Ergebnisse dieser Studien sind jedoch vielversprechend, da sie bleibende po-sitive Effekte auf psychologische und körperliche Variablen nach drei bzw. vier Jahren nachweisen.[13,16]

Studien mit gesunden Probanden

Es gibt außerdem eine wachsende Zahl von Studien, in denen die Effekte von Achtsamkeitstraining auf das Schmerzerleben von experimentell zugefügten Schmerzen bei gesunden Ver-suchsteilnehmern untersucht wurden (für eine aktuelle Litera-turübersicht siehe auch [17]). Zum Teil sind dies Querschnittstu-dien, in denen erfahrene Meditierende mit Nicht-Meditieren-den verglichen werden, zum anderen Längsschnittstudien, in denen Menschen ohne Meditationserfahrung vor und nach einer Achtsamkeitsintervention getestet wurden.

Bei den bisher durchgeführten Längsschnittstudien wurden die Effekte relativ kurzer Achtsamkeitsinterventionen getestet. In der ersten Studie[18] wurden die Effekte einer dreiwöchigen Achtsamkeitsintervention mit denen einer Visualisierungsin-tervention verglichen, bei denen die Teilnehmer innere Bilder erzeugten (z. B. einen Spaziergang durch einen Garten). Vor und nach den Interventionen wurden die Schmerztoleranz und das Schmerzerleben mit dem sogenannten »cold pressor«-Test ermittelt. Bei diesem Test wird eine Hand in Eiswasser getaucht (für die genaue Beschreibung siehe oben, »Meditation zum

Umgang mit Schmerzen«). Die Probanden hatten nach dem Achtsamkeitskurs im Vergleich zu jenen in der Visualisierungsintervention eine größere Zunahme der Schmerztoleranz, sprich, sie konnten ihre Hand länger ins Eiswasser eingetaucht halten, und sie erlebten die Schmerzen als weniger stark.[18] Zeidan und Kollegen[19] untersuchten in einer Reihe von Studien die Effekte eines nur dreitägigen Achtsamkeitstrainings, das aus drei zwanzigminütigen Sitzungen bestand, auf das Erleben von elektrischen Schmerzreizen. Nach dem Achtsamkeitstraining war die Schmerztoleranz erhöht, so dass die Schmerzreize als weniger stark empfunden wurden. Im achtsamen Zustand wurden die Schmerzreize ebenfalls als weniger stark empfunden als in einem entspannten Zustand oder wenn die Versuchsteilnehmer durch Mathematikaufgaben abgelenkt waren, obwohl die Ablenkung an sich auch schon zu einer Schmerzlinderung führte. In einer noch aktuelleren Studie wurden die Effekte einer viertägigen (vier mal zwanzig Minuten) Achtsamkeitsintervention auf das Erleben von schmerzhaften Hitzereizen untersucht.[20] In dieser Studie wurden zwei Aspekte des Schmerzes separat abgefragt, nämlich, als wie stark und als wie unangenehm die Schmerzen empfunden wurden. Der Unterschied wird oftmals anhand von Musik erläutert: Musik kann laut oder leise sein (Stärke), und unabhängig davon kann sie angenehm oder unangenehm sein. So kann Musik laut und angenehm sein, und ein Schmerz muss, auch wenn er sehr stark ist, nicht unbedingt der unangenehmste sein. Nach der Achtsamkeitsintervention empfanden die gesunden Versuchsteilnehmer die Schmerzreize während der Meditation sowohl als weniger unangenehm als auch als weniger stark. Während diese kurzen Interventionen effektiv waren, zeigte eine Studie vor kurzem, dass ein einmaliger zwölfminütiger *Bodyscan* nicht ausreicht, um das Schmerzerleben zu verändern.[21]

Querschnittstudien wurden mit erfahrenen Meditierenden verschiedenster Traditionen mit zwischen 6000 und 27 000

Stunden Meditationserfahrung durchgeführt, darunter tibetisch-buddhistisch Meditierende[22,23], Zen-Meditierende[24,25,26], Vipassana-Meditierende (nach Goenka)[27] und solche, die ein Gemisch an Traditionen ausübten[28]. Diese Studien zeigten, dass das Schmerzerleben von Meditierenden positiver war. Bei mehr als der Hälfte aller Studien wurde das Schmerzerleben der Meditierenden separat nach Stärke und Unbehagen abgefragt. Interessanterweise war (mit Ausnahme einer Studie) bei allen Studien nur das Ausmaß verringert, in dem die Schmerzen als unangenehm eingestuft wurden, nicht jedoch die Stärke der Schmerzen. Dies steht im Einklang mit dem Ziel der Achtsamkeitspraxis, nämlich, die Dinge so zu betrachten, wie sie sind. Somit werden weniger die Gegebenheiten der Empfindungen verändert als vielmehr die Haltung, die man zu ihnen einnimmt. Wie wir in den oben beschriebenen Studien gesehen haben, scheint dieser Effekt jedoch erst bei erfahreneren Meditierenden aufzutreten; Meditationsanfänger berichten auch über ein vermindertes Empfinden der Stärke dargebotener Schmerzreize.

Wie funktioniert es?

Das Forschungsgebiet der Schmerzmodulation durch Achtsamkeit ist noch relativ jung. Obwohl es immer mehr Studien gibt, die darauf hinweisen, dass Achtsamkeit das Schmerzerleben verändern kann, sind erst wenige der Frage nachgegangen, welche Mechanismen diesen Effekten zugrundeliegen. Wir möchten im nächsten Abschnitt einige Befunde zusammenfassen, die die Frage betreffen, wie Achtsamkeitspraxis wirkt, wenn das Schmerzerleben verändert wird. Als mögliche Mechanismen werden eine Verbesserung der Gefühlslage, das Reduzieren katastrophisierender Gedanken und der entspannende Effekt der Achtsamkeit vermutet. Selbstverständlich sind darüber hinaus verschiedene andere Mechanismen denkbar. Wir geben an dieser Stelle nicht sämtliche in der Fachliteratur diskutierten Möglichkeiten wieder, sondern greifen nur einige Aspekte heraus.

Achtsamkeit kann die Gefühlslage, d. h. die Emotionen oder die Stimmung, positiv beeinflussen.[29] Vielleicht haben Sie diese Effekte der Achtsamkeitsmeditation auch schon bei sich selbst festgestellt. Der Effekt wurde auch bei Patienten mit chronischen Schmerzen beobachtet.[14] Des Weiteren ist bekannt, dass die Gefühlslage auf das Schmerzerleben wirkt.[30] Vielleicht ist Ihnen dies auch schon einmal aufgefallen: Wenn Sie einen schlechten Tag haben und sich den Fuß stoßen, tut es mehr weh, als wenn Sie sich gerade über etwas gefreut haben. Dementsprechend ist die Gefühlslage eine mögliche vermittelnde Variable, über die Achtsamkeit das Schmerzerleben verbessert.

Das sogenannte Angstvermeidungsmodell beschreibt einen Teufelskreis, der das Erleben von Schmerzen verschlimmern kann bzw. das Leiden unter dem Schmerz aufrechterhält: Katastrophisierende Gedanken bezüglich des Schmerzes – z. B. Gedanken wie »Ich halte es nicht mehr aus« oder »Der Zustand ist schrecklich, und ich befürchte, dass es nie mehr besser wird« – führen dazu, dass die Angst vor den Schmerzen sich verschlimmert und bestimmte Tätigkeiten vermieden werden. Der Patient fühlt sich dadurch bei alltäglichen Aktivitäten zunehmend eingeschränkt, und es kann zu Depressionen kommen, was wiederum zu einem negativeren Schmerzempfinden beiträgt.[31] Dieser Teufelskreis könnte mittels Achtsamkeit durchbrochen werden[32]: Wir würden uns unserer Gedanken und Reaktionen bewusst und könnten uns dazu entschließen, von ihnen abzulassen. Wir würden unsere katastrophisierenden Gedanken bemerken, und anstatt ihnen zu glauben, ihnen zu folgen und sie zu vertiefen, würden wir sie ziehen lassen. Es gibt auch Studien, die zeigen, dass Patienten mit chronischen Schmerzen nach einer Achtsamkeitsintervention tatsächlich von einer Verringerung an Schmerzkatastrophisierung und von einer Verbesserung des Schmerzerlebens berichten.[33–35]

Studien von Eric Garland und Kollegen zeigen unter anderem, dass die positiven Effekte von Achtsamkeitspraxis auf das Schmerzerleben dadurch vermittelt sind, dass die Patienten lernen, Schmerzen auf veränderte Weise zu bewerten: Sie identifizieren sich weniger mit den Schmerzen und betrachten sie aus einer objektiv-sensorischen Perspektive anstatt aus einer aversiv-subjektiven. Ein weiterer Mechanismus, der in diesen Studien gezeigt wurde, war die Nicht-Reaktivität der Patienten den Schmerzen gegenüber, d. h., sie lernen, den Empfindungen keinen Widerstand entgegenzusetzen.[34,36]

Entspannung – oder das Reduzieren von Stress – ist ein anderer potentieller Mechanismus, über den die Achtsamkeit das Schmerzerleben beeinflussen könnte. Während kurzfristiger Stress akute Schmerzen lindern kann, kann dauerhafter Stress zur Entstehung und Aufrechterhaltung chronischer Schmerzen und zu einem verstärkten Schmerzerleben beitragen.[37,38] Die Aktivierung des parasympathischen Nervensystems – des Teils des autonomen Nervensystems, der für Entspannungsreaktionen zuständig ist – kann zur Schmerzlinderung führen.[39,40,41] Eine Vielzahl von Studien hat gezeigt, dass Achtsamkeitsmeditation Stress auf verschiedenen Ebenen reduzieren kann.[42,43] Es ist somit möglich, dass die stressreduzierenden Effekte der Achtsamkeit zu dem positiven Einfluss auf das Schmerzerleben führen.

Neuronale Mechanismen der Schmerzmodulation

Es gibt inzwischen einige wenige Studien, die sich mit der Frage befasst haben, welche neuronalen Mechanismen der Schmerzmodulation durch Achtsamkeit zugrundeliegen. Die meisten dieser Studien wurden mit gesunden Probanden und akuten, experimentell zugefügten Schmerzen durchgeführt.

Wir haben in einer Querschnittstudie 34 gesunde Probanden untersucht; die Hälfte von ihnen waren erfahrene Achtsamkeitsmeditierende mit einer durchschnittlichen Meditationserfahrung von fast 6000 Stunden, die andere Hälfte hatte keine vorherige Meditationserfahrung, entsprach den Meditierenden jedoch bezüglich Alter, Bildung, Geschlecht etc. Die Probanden wurden in den Kernspintomographen gelegt, um Aufnahmen der Hirnaktivierung zu machen. Ihnen wurden dann mittels elektrischer Stimulation Schmerzen am rechten Unterarm zugeführt; die Stärke hatten sie zuvor selbst so einstellen können, dass sie sie als leicht schmerzhaft empfanden. Die Probanden wurden gebeten, den Reizen mit verschiedenen inneren Haltungen zu begegnen: in einem Zustand der Achtsamkeitsmeditation und in einem neutralen, alltagsüblichen Zustand. Im Anschluss an die verschiedenen Phasen sollten die Probanden einschätzen, als wie unangenehm und wie stark sie die Schmerzen empfanden und wie viel Angst sie davor hatten.

Es zeigte sich, dass die erfahrenen Meditierenden im Zustand der Achtsamkeit die Schmerzreize als signifikant weniger unangenehm erlebten und dass sie deutlich weniger Angst vor den Schmerzen hatten, während sie die Stärke der Reize nicht anders wahrnahmen als die Kontrollgruppe. Im Gehirn der Achtsamkeitsmeditierenden war eine interessante Veränderung zu sehen: Während Areale, die für die sensorische Verarbeitung des Reizes zuständig sind – nämlich die sogenannte posteriore Insula und der sekundäre somatosensorische Kortex –, stärker aktiviert waren, nahm die Aktivierung in seitlichpräfrontalen Arealen ab, in denen eine kognitive Bewertung und Kontrolle des Schmerzes stattfindet.[27] Dieses Muster der Hirnaktivierung unterscheidet sich deutlich von anderen kognitiven Strategien zur Schmerzregulation, die üblicherweise ein gegenteiliges Muster zeigen: Wenn Probanden z. B. glauben, der Schmerz sei nicht so schlimm, weil sie Kontrolle darüber haben, sieht man eine erhöhte Aktivierung in den seitlichpräfrontalen Regionen, während die Aktivierung in den sensorischen Arealen abnimmt.[44]

Während die gefundene Aktivierung im deutlichen Kontrast zu anderen Strategien der Schmerzmodulation steht, ist sie im Einklang mit dem Zustand der Achtsamkeit. Die erhöhte Aktivierung im Zustand der Achtsamkeit in sensorischen Hirnarealen stimmt überein mit dem deutlichen Erleben der Sinnesempfindung des Schmerzes. Die Verringerung der Aktivierung in Regionen, die für die Bewertung und Umdeutung des Schmerzerlebens zuständig sind, scheint im Einklang mit der offenen, nicht-wertenden Haltung der Achtsamkeit zu stehen. Über sehr ähnliche Ergebnisse berichteten auch Kollegen.[23,24] Die Muster der Hirnaktivierung verbildlichen somit gut den achtsamen Zustand und sind im Einklang mit der oben beschriebenen Metapher der zwei Pfeile.

Im Gegensatz zu diesen Studien mit erfahrenen Meditierenden zeigen Studien mit Anfängern ein umgekehrtes Muster der Hirnaktivierung, nämlich eine Zunahme der Aktivierung in Regionen, die mit der kognitiven Kontrolle über Schmerzen zusammenhängen, und eine Verringerung der Hirnaktivität in den Arealen, die die sensorische Komponente des Schmerzes repräsentieren.[20,45] Dies könnte damit zusammenhängen, dass Anfänger der Achtsamkeitspraxis zunächst verstärkt kognitive Bewertung und Kontrolle einsetzen, um Schmerzen zu regulieren, bevor sie in weiter fortgeschrittenen Stadien der Praxis Akzeptanz gegenüber den Empfindungen erlangen.[46]

Fazit

Die Erforschung der Schmerzmodulation durch Achtsamkeit steckt noch in den Kinderschuhen, viele Fragen sind noch offen. Achtsamkeitspraxis hat das Potential, Patienten mit chronischen Schmerzen zu helfen, auf andere Weise mit ihren Erfahrungen in Kontakt zu sein und weniger unter den Schmerzen zu leiden. Ein umfassenderes Verständnis der Effekte und Wirkmechanismen der Achtsamkeit ist unabdingbar, um die klinischen Programme optimal zu gestalten und sie so den speziellen Erfordernissen von Patienten anpassen zu können.

Unabhängig vom klinischen Einsatz der Achtsamkeitspraxis zum Schmerzmanagement ist der achtsame Umgang mit (körperlichen wie emotionalen) Schmerzen ein wesentliches Element auf dem vom Buddha beschriebenen Weg zur inneren Befreiung, indem er es uns ermöglicht, uns unserer Widerstände und Anhaftungen bewusst zu werden und sie loszulassen.

Wir wünschen Ihnen viel Freude dabei, dieses Thema für sich selbst weiter zu erforschen, im eigenen Körper und Geist.

Literatur

1. Merskey H, Bogduk N. *Classification of chronic pain: descriptions of chronic pain syndromes and definition of pain terms (2nd ed)*. Seattle, WA: IASP; 1994. Weiterführende Informationen unter www.dgss. org.

2. Gureje O, et al. Persistent pain and well-being: a World Health Organization Study in Primary Care [published erratum appears in JAMA 1998 Oct 7;280(13):1142]. *JAMA*. 1998;280(2):147–151.

3. Breivik H, et al. Survey of chronic pain in Europe: Prevalence, impact on daily life, and treatment. *European Journal of Pain*. 2006;10(4):287–333.

4. Wenig CM, et al. Costs of back pain in Germany. *European Journal of Pain*. 2009;13(3):280–286.

5. Turk DC, Wilson HD, Cahana A. Treatment of chronic non-cancer pain. *The Lancet*. 2011;377(9784):2226–2235.

6. Kleinstäuber M, et al. *Kognitive Verhaltenstherapie bei medizinisch unerklärten Körperbeschwerden und somatoformen Störungen*. Berlin: Springer; 2012.

7. Price DD, Psychological and neural mechanisms of the affective dimension of pain. *Science.* 2000;288(5472):1769–1772.

8. SN 36:6: Salla Sutta, bzw. SN 56:11: Dhammacakkappavattana Sutta. Bodhi B, *In the Buddha's words: An anthology of discourses from the Pali Canon.* Somerville, MA: Wisdom Publications Inc.; 2005. Siehe auch: www.palikanon.com/samyutta/sam36.html#s36_6 bzw. www.palikanon.de/samyutta/sam56.html#s56_11

9. Kabat-Zinn J. *Gesund durch Meditation. Das große Buch der Selbstheilung mit MBSR.* München: O.W. Barth; 2013.

10. Bardacke N. *Der achtsame Weg durch Schwangerschaft und Geburt.* Freiburg i. Br.: Arbor Verlag; 2013.

11. Kabat-Zinn J. *Schmerz. Meditationen zum Umgang mit chronischen Schmerzen.* Freiburg i. Br.: Arbor Verlag; 2013.

12. Kabat-Zinn J, Lipworth L, Burney R. The clinical use of mindfulness meditation for the self-regulation of chronic pain. *Journal of Behavioral Medicine.* 1985;8(2):163–190.

13. Kabat-Zinn J, et al. Four-Year Follow-Up of a Meditation-Based Program for the Self-Regulation of Chronic Pain: Treatment Outcomes and Compliance. *Clinical Journal of Pain.* 1986;2(3):159–173.

14. Veehof MM, et al. Acceptance-based interventions for the treatment of chronic pain: A systematic review and meta-analysis. *Pain.* 2011;152(3):533–542.

15. Reiner K, Tibi L, Lipsitz JD. Do Mindfulness-Based Interventions Reduce Pain Intensity? A Critical Review of the Literature. *Pain Medicine.* 2013;14(2):230–242.

16. Grossman P, et al. Mindfulness training as an intervention for fibromyalgia: Evidence of postintervention and 3-year follow-up benefits in well-being. *Psychotherapy and Psychosomatics.* 2007;76(4):226–233.

17. Grant JA, Meditative analgesia: the current state of the field. *Annals of the New York Academy of Sciences.* 2014;1307:55–63.

18. Kingston J, et al. A pilot randomized control trial investigating the effect of mindfulness practice on pain tolerance, psychological

well-being, and physiological activity. *Journal of Psychosomatic Research*. 2007;62(3):297–300.

19. Zeidan F, et al. The effects of brief mindfulness meditation training on experimentally induced pain. *Journal of Pain*. 2010;11(3):199–209.

20. Zeidan F, et al. Brain mechanisms supporting the modulation of pain by mindfulness meditation. *Journal of Neuroscience*. 2011;31(14):5540.

21. Sharpe L, et al. A comparison of the effect of mindfulness and relaxation on responses to acute experimental pain. *European Journal of Pain*. 2013;17(5):742–752.

22. Perlman DM, et al. Differential effects on pain intensity and unpleasantness of two meditation practices. *Emotion*. 2010;10(1):65–71.

23. Lutz A, et al. Altered anterior insula activation during anticipation and experience of painful stimuli in expert meditators. *Neuroimage*. 2013;64:538–546.

24. Grant JA, Courtemanche J, Rainville P. A Non-elaborative mental stance and decoupling of executive and pain-related cortices predicts low pain sensitivity in Zen meditators. *Pain*. 2011;152(1):150–156.

25. Grant JA, Rainville P. Pain sensitivity and analgesic effects of mindful states in Zen meditators: A cross-sectional study. *Psychosomatic Medicine*, 2009. 71(1):106–114.

26. Grant JA, et al. Cortical thickness and pain sensitivity in Zen meditators. *Emotion*. 2010;10(1):43–53.

27. Gard T, et al. Pain Attenuation through Mindfulness is Associated with Decreased Cognitive Control and Increased Sensory Processing in the Brain. *Cerebral Cortex*. 2012;22(11):2692–2702.

28. Brown CA, Jones AKP. Meditation experience predicts less negative appraisal of pain: Electrophysiological evidence for the involvement of anticipatory neural responses. *Pain*. 2010;150(3):428–438.

29. Geschwind N, et al. Mindfulness Training Increases Momentary Positive Emotions and Reward Experience in Adults Vulnerable to Depression: A Randomized Controlled Trial. *Journal of Consulting and Clinical Psychology*. 2011;79(5):618–628.

30. Berna C, et al. Induction of Depressed Mood Disrupts Emotion Regulation Neurocircuitry and Enhances Pain Unpleasantness. *Biological Psychiatry.* 2010;67(11):1083–1090.

31. Vlaeyen JW, Linton SJ. Fear-Avoidance and its consequences in chronic musculoskeletal pain: a state of the art. *Pain.* 2000;85:317–332.

32. Schutze R, et al. Low mindfulness predicts pain catastrophizing in a fear-avoidance model of chronic pain. *Pain.* 2010;148(1):120–127.

33. Gardner-Nix J, et al. Evaluating distance education of a mindfulness-based meditation programme for chronic pain management. *Journal of Telemedicine and Telecare.* 2008;14(2):88–92.

34. Garland EL, et al. Therapeutic mechanisms of a mindfulness-based treatment for IBS: effects on visceral sensitivity, catastrophizing, and affective processing of pain sensations. *Journal of Behavioral Medicine.* 2012;35(6):591–602.

35. Day MA, et al. Mindfulness-based cognitive therapy for the treatment of headache pain: a pilot study. *The Clinical Journal of pain.* 2014;30(2):152–161.

36. Garland EL, et al. Mindfulness-oriented recovery enhancement for chronic pain and prescription opioid misuse: Results from an early-stage randomized controlled trial. *Journal of consulting and clinical psychology.* 2014;82(3):448.

37. Vachon-Presseau E, et al. The stress model of chronic pain: evidence from basal cortisol and hippocampal structure and function in humans. *Brain.* 2013;136(3):815–827.

38. Hallman DM, Lyskov E. Autonomic Regulation in Musculoskeletal Pain. In: Ghosh S (editor). *Pain in Perspective.* InTech; 2012. doi: 10.5772/2627

39. Zautra AJ, et al. The effects of slow breathing on affective responses to pain stimuli: An experimental study. *Pain.* 2010;149(1):12–18.

40. Hallman DM, et al. Effects of heart rate variability biofeedback in subjects with stress-related chronic neck pain: A pilot study. *Applied Psychophysiology and Biofeedback.* 2011;36(2):71–80.

41. Zunhammer M, Eichhammer P, Busch V. Do cardiorespiratory

variables predict the antinociceptive effects of deep and slow breathing? *Pain Medicine.* 2013;14(6):843–854.

42. Hölzel BK, et al. Stress reduction correlates with structural changes in the amygdala. *Social Cognitive and Affective Neuroscience.* 2010;5(1):11–17.

43. Carlson LE, et al. One year pre-post intervention follow-up of psychological, immune, endocrine and blood pressure outcomes of mindfulness-based stress reduction (MBSR) in breast and prostate cancer outpatients. *Brain, Behavior, and Immunity.* 2007;21(8):1038–1049.

44. Wiech K, Ploner M, Tracey I. Neurocognitive aspects of pain perception. *Trends in Cognitive Sciences.* 2008;12(8):306–313.

45. Jensen KB, et al. Cognitive Behavioral Therapy increases pain-evoked activation of the prefrontal cortex in patients with fibromyalgia (vol 153, pg 1495, 2012). *Pain.* 2012;153(9):1981.

46. Gard T. Different neural correlates of facing pain with mindfulness: Contributions of strategy and skill: Comment on »Facing the experience of pain: A neuropsychological perspective« by Fabbro and Crescentini. *Physics of Life Reviews.* 2014;11(3):564–566.

Ruhe in der Veränderung, Veränderung in der Ruhe: Achtsamkeit im Umgang mit schwierigen Emotionen

Thorsten Barnhofer

Achtsamkeitsmeditation hat in den letzten Jahren erhebliches Interesse und Aufmerksamkeit gefunden. Entsprechende Trainings werden mittlerweile für viele Lebensbereiche angeboten. Das Interesse ist einerseits von einem zunehmend wachsenden Korpus an Studien getragen, der die Wirksamkeit achtsamkeitsbasierter Therapieverfahren und anderer Formen von Meditation belegt und das Potential dieser mentalen Trainings bei erfahrenen Meditierenden illustriert – und andererseits (und vielleicht mehr noch) von der Resonanz, die diese Praxis bei immer mehr Menschen findet, die berührt sind von dem, was sich ihnen erschließt und was sie dabei für sich selbst finden. In vielerlei Form scheint diese Praxis anzusprechen, was vielen Menschen in ihrem Leben wichtig ist oder zunehmend wichtiger erscheint. Der Begriff der Achtsamkeit mag nicht einfach zu definieren sein, und die Beschäftigung mit all seinen Facetten ist hilfreich, aber im Wesentlichen geht es in den Praktiken, die unter diesem Begriff populär werden, um die Kultivierung von Präsenz: Präsenz mit der Erfahrung im jeweiligen Moment, getragen von einer bestimmten Haltung, die geprägt ist von Freundlichkeit, Offenheit, Akzeptanz und Mitgefühl. Ein Teil der zunehmenden Popularität mag darin begründet liegen, dass wir das Gefühl haben, dass es zunehmend schwieriger wird, präsent zu sein, während wir gleichzeitig spüren, dass diese Form von Präsenz in vielerlei Hinsicht gut für uns ist. Forscher der Harvard University haben vor einigen Jahren eine einfache,

aber vielzitierte Studie durchgeführt[1], in der sie eine große Anzahl von Menschen in unregelmäßigen Abständen während des
Tages über ihr Smartphone kontaktiert und sie gebeten haben,
einzuschätzen, wie sie sich gerade fühlen und wie präsent sie
mit dem sind, was sie gerade tun. Das wenig überraschende Ergebnis: Je präsenter wir sind, desto glücklicher fühlen wir uns.
Vielleicht ist es das Wissen um diesen Zusammenhang, oder
zumindest eine Ahnung, die zunehmend mehr Menschen dazu
bringt, sich mit Achtsamkeitstraining zu beschäftigen; vielleicht
geht es darum, sich klarer oder besser zu spüren. Vielleicht geht
es aber auch um mehr als das: Ob wir in unserem Leben präsent
bleiben können mit unserer ständig wechselnden Erfahrung,
von Moment zu Moment, hat Effekte, die kumulieren und die
in der Summe nicht mehr und nicht weniger sind als der Ausdruck eines gesunden und gelingenden Lebens. Die Ergebnisse
einer interessanten Studie von Elissa Epel und Kollegen weisen
auf diese Tragweite hin.[2] In dieser Studie sollten die teilnehmenden Personen zunächst Auskunft darüber geben, wie sehr
sie dazu neigen, mit ihrem Geist abzuschweifen. Während eine
solche Tendenz natürlich in Abhängigkeit von Situation und
Befinden variieren kann, lassen sich über Selbsteinschätzungen
doch auch generelle oder habituelle Tendenzen erfragen. Um
solche eher stabilen Anteile abzubilden, befragten die Forscher
die Teilnehmer zu zwei Zeitpunkten, die etwa ein Jahr ausein-
anderlagen. Diese habituelle Tendenz, mit dem Geist abzuschweifen, setzten sie in Relation zu einem biologischen Indikator des Alterns: der Telomere-Länge. Ein Telomer ist das End-
stück eines Chromosoms und dient dazu, das Chromosom stabil
zu halten. Mit jeder Teilung verkürzen sich die Telomere; ab
einem bestimmten Punkt ist keine weitere Teilung mehr möglich, es kommt zur Zellseneszenz oder Apoptose, d. h. zum pro-
grammierten Zelltod. Die Länge der Telomere bildet somit
einen zellulären Indikator des Alterungsprozesses: Sie sagt voraus, wie lange ein Mensch noch leben wird und wie hoch die

Wahrscheinlichkeit ist, dass dieser Mensch eine schwerwiegende Erkrankung entwickeln wird. Die Ergebnisse der Studie waren bemerkenswert: Die Neigung, abzuschweifen, war signifikant mit der Länge der Telomere assoziiert; je stärker diese Neigung ausgeprägt war, desto kürzer die Telomere. Natürlich müssen solche Ergebnisse vorsichtig interpretiert werden; es handelt sich nur um Zusammenhänge, und der Zusammenhang muss nicht zwingend direkt oder gar kausal sein. Was sich allerdings mit solchen Ergebnissen als Möglichkeit abzeichnet, ist ein Zusammenhang zwischen der generellen Tendenz, präsent zu sein, unserer Lebenserwartung, unserer Lebensqualität und unserem Risiko, an bestimmten Leiden zu erkranken.

Wenn man diese Möglichkeit ernst nimmt, dann stellt sich natürlich die Frage, wie es dazu kommen kann, dass ein so profanes und scheinbar unwesentliches Ereignis wie das Abschweifen des Geistes über sein wiederholtes Auftreten mit solch weitreichenden Konsequenzen verbunden sein kann? Dass der Geist wandert, muss schließlich nicht immer schlecht sein. Im Gegenteil: Aus der Forschung wissen wir, dass das Abschweifen auch positive Auswirkungen haben und etwa Kreativität freisetzen kann. Es ist nicht notwendigerweise per se problematisch. Problematisch ist vielmehr das, was man sich dabei aneignet, in vielen Wiederholungen. Wenn der Geist immer wieder in ähnlichen Bahnen wandert, dann wird dabei nicht nur eine Gewohnheit etabliert, sondern es werden auch bestimmte Inhalte elaboriert, Vorstellungen, Ideen, Überzeugungen, komplette Modelle, Schemata, die uns bewusst oder unbewusst dabei leiten, wenn wir dem, was uns in der Welt passiert, einen Sinn abgewinnen wollen. Wenn Abschweifen im Kontext von hoher kognitiver Flexibilität auftritt, sind wahrscheinlich kaum negative Folgen zu erwarten. Aber wenn das Denken repetitiv ist und immer wieder über bestimmte Themen hinweggeht, dann werden negative Effekte wahrscheinlicher.

Wenn sich der Geist zunehmend in den immer gleichen Bahnen bewegt

Der Blick in die Forschung zeigt, wie nahe ein solches, in groben Zügen gemaltes Verständnis an den wissenschaftlichen Modellen zur Erklärung von emotionalen Störungen und ihrer Aufrechterhaltung liegt. Die Wirkung achtsamkeitsbasierter Therapien ist insbesondere in der Prävention von wiederkehrenden Depressionen gut belegt. Eine ganze Reihe großangelegter klinischer Untersuchungen zeigt, dass eine achtsamkeitsbasierte kognitive Therapie das Rückfallrisiko bei wiederkehrenden Depressionen signifikant und dauerhaft senken kann.[3] Das dem Vorgehen der achtsamkeitsbasierten kognitiven Therapie für Depressionen[4] zugrundeliegende psychologische Modell kann in vielerlei Hinsicht als Beispiel für das Verständnis wiederkehrender emotionaler Schwierigkeiten ganz allgemein dienen. Obwohl in der therapeutischen Anwendung eine ausreichende Evidenz für die Wirksamkeit von Achtsamkeitsmeditation bislang nur für die Prävention von Depressionen vorliegt, scheint sie nicht nur im Kontext von Depressionen hilfreich zu sein, denn sie spricht allgemeinere Vulnerabilitäten an, die in vielerlei Hinsicht von Bedeutung für unser Wohlbefinden sein können.

Depressionen sind nicht nur sehr weit verbreitet, sondern tendieren auch dazu, immer wieder zurückzukehren. Personen, die einmal unter Depressionen gelitten haben, haben ein erhöhtes Rückfallrisiko; und dieses Risiko steigt mit zunehmender Anzahl vorheriger Episoden. Eine wesentliche Rolle scheinen dabei Lernprozesse zu spielen, die problematische Denkmuster zunehmend zugänglicher machen – die also dafür sorgen, dass repetitives negatives Denken durch immer subtilere Ereignisse angestoßen werden kann.[5] Versetzen Sie sich zurück in eine Situation, die schwierig für Sie war, eine Zeit, in der Sie sich am Ende Ihrer Möglichkeiten fühlten, in der Sie niedergeschlagen, traurig, vielleicht auch aufgewühlt und ängstlich waren. Was ging Ihnen in dieser Zeit durch den Kopf? Welche Arten von Gedanken waren präsent? Gedanken wie »Niemand versteht mich«, »Warum kann ich nicht erfolgreich sein?«, »Ich bin so schwach« oder »Was stimmt nicht mit mir?« sind den meisten Menschen nicht fremd; sie stellen sozusagen die Landschaft oder das Territorium der Depression dar und können leicht auch bei weniger stark ausgeprägten negativen Stimmungen auftreten: diese oder ähnliche Gedanken sind uns allen bekannt. Wenn wir in negativer Stimmung sind, kann der Glaube an die Richtigkeit dieser Gedanken so stark sein, dass es schwierig ist, sie in Frage zu stellen; wenn es uns hingegen gut geht, erscheint es uns abwegig, dass wir solche Gedanken einmal für wahr halten konnten. Bei Menschen, die früher einmal depressiv waren, sind solche Gedanken leicht zu aktivieren, sie können schon durch leichte Stimmungsveränderungen wieder hervorgerufen werden. Der Grund hierfür ist nicht nur, dass sie durch frühere Erfahrungen der Depression zugänglicher sind; es ist wahrscheinlich, dass solche Gedanken von bestimmten Annahmen getragen werden, Annahmen, die uns dabei helfen, Ereignisse einzuordnen. Bei Menschen mit einem hohen Risiko für Depressionen finden sich häufig rigide Annahmen bezüglich des Zusammenhangs von Selbstwert und äußeren Ereignissen, die problematisch sind. Zum Beispiel Annahmen, die besagen, dass man nur dann ein guter Mensch ist, wenn man von anderen gemocht wird oder wenn man viel leistet und erfolgreich ist. Ist dies nicht der Fall, dann entstehen innere Diskrepanzen, die umso stärker sind, je rigider die zugrundeliegenden Annahmen sind. Die natürliche Reaktion auf diese Diskrepanzen ist der Versuch, diese zu reduzieren. Reflektierendes Denken kann Lösungswege aufzeigen, die, erfolgreich begangen, zu hilfreichen Veränderungen führen können. Im Kontext von depressiver oder ängstlicher Stimmung sind die betreffenden Probleme oder Diskrepanzen jedoch häufig schlecht defi-

niert oder zu abstrakt. Der Versuch, Diskrepanzen durch reflektierendes Denken zu reduzieren, kann deshalb schnell in ein repetitives, ruminatives (grüblerisches) Denken abgleiten, in dem
sich die Betroffenen wieder und wieder mit ähnlichen Inhalten
beschäftigen, ohne einer zufriedenstellenden Lösung näherzu-
kommen. Forschungen zeigen, dass solches ruminatives Denken
leicht in einen Teufelskreis von negativem Denken und negativer Stimmung führen kann, der einen wesentlichen Faktor bei
der Aufrechterhaltung negativer Stimmung darstellt.[6] Der Versuch, sich aus der Schwierigkeit »herauszudenken« (»Warum
ich?«, »Warum passiert mir das immer wieder?«), führt im
Kontext negativer Stimmung häufig weiter von einer Lösung
weg als näher zu ihr hin, und in der Tat scheint ruminatives Denken in vielen Fällen einen vermeidenden Charakter zu haben.
Mehr noch: Je mehr sich Personen mit dieser Art zu denken
beschäftigen, desto mehr werden zugrundeliegende Ideen,
Überzeugungen, Gefühle und sogar die damit einhergehenden
körperlichen Empfindungen und Zustände erweitert und im
Gedächtnis miteinander verbunden. Die dysfunktionalen Annahmen, die den Ausgangspunkt dieser Prozesse darstellen,
werden dadurch erweitert und immer leichter aktivierbar: Es
entwickeln sich Denkmuster, die zunehmend automatisch und
habituell auftreten können. Assoziationen zwischen bestimmten
Denkmustern, zugrundeliegenden Annahmen, den dazugehörigen Gefühlszuständen und den entsprechenden körperlichen
Empfindungen und Konfigurationen werden verstärkt. Die
Folge: Die Vulnerabilität (Anfälligkeit) und damit das Risiko für
Depression nehmen zu.

Wie Achtsamkeitsmeditation helfen kann

Wie kann Achtsamkeitsmeditation dabei helfen, dieses Risiko zu reduzieren? Achtsamkeitsbasierte Verfahren umfassen eine Reihe aufeinander aufbauender Meditationstechniken, die in diesem Kontext hilfreich sind. Ein wesentliches Ziel der achtsamkeitsbasierten kognitiven Therapie (engl.: *Mindfulness-Based Cognitive Therapy*) – ein achtwöchiges Programm, das intensives Training in Achtsamkeit mit Elementen der kognitiven Verhaltenstherapie verbindet – besteht darin, Teilnehmern zu helfen, hinderliche Denkmuster zu erkennen und sich davon zu lösen. Der Weg dorthin ist ein schrittweiser: In der frühen Phase des Programms liegt der Fokus zunächst auf Übungen, in denen die Teilnehmer Aufmerksamkeit und Körperbewusstsein schulen. Übungen, in denen die Aufmerksamkeit auf Körperempfindungen und deren Veränderungen gerichtet wird, etablieren einen Fokus der Aufmerksamkeit, der inkompatibel ist mit der dauerhaften gedanklichen Beschäftigung mit erinnerten oder imaginierten Szenarien; sie bringen die Aufmerksamkeit ins Hier und Jetzt. Mit der offenen und akzeptierenden Betrachtung von Körperempfindungen wird ein Modus des Geistes etabliert, der darauf ausgerichtet ist, mit der momentanen Erfahrung und den Reaktionen auf diese Erfahrung präsent zu sein. Aufmerksamkeitsmeditationen mit Fokus auf den Atem und körperliche Empfindungen erlauben es, das Abschweifen des Geistes zu bemerken; und sie schulen die Fähigkeit, immer wieder zum ursprünglichen Fokus der Aufmerksamkeit zurückzukehren. Schrittweise Veränderungen und Erweiterungen des Fokus, von der Beobachtung von Atem- und Körperempfindungen zur Beobachtung von Geräuschen, Gedanken und Gefühlszuständen, die mit diesen Gedanken einhergehen, und schließlich Meditationen mit offenem Bewusstsein für was immer im Vordergrund erscheinen mag, erlauben es dem Übenden, immer vertrauter zu werden mit den verschiedenen, immer wiederkehrenden Inhalten, die in seinem Geist auftauchen. Die Meditation dient damit nicht nur dem Training von Aufmerksamkeitsfunktionen und der Verbesserung des Körperbewusstseins, sondern bietet die Möglichkeit zu Einsicht und zum Vertrautwerden mit den Mustern des eigenen Denkens und Reagierens.

Bis zu diesem Punkt dient die Praxis vorwiegend der Etablierung von hilfreichen Fähigkeiten und Einsichten und weniger der Bewältigung von Schwierigkeiten. Erst im nächsten Schritt und aufbauend auf den eingeübten Fähigkeiten wird der Schwerpunkt auf die direkte Arbeit mit belastenden Gedanken und Gefühlen gelegt. Das Kernstück der achtsamkeitsbasierten kognitiven Therapie ist eine Meditation, die Joseph Goldstein in seinem Buch zur Einsichtsmeditation[7] beschrieben hat und die im Rahmen der achtsamkeitsbasierten kognitiven Therapie als *Sitzen mit dem, was schwierig ist* beschrieben wird.

(Wenn Sie diese Meditation für sich selbst ausprobieren möchten, dann beachten Sie bitte, dass es sich dabei um eine relativ fortgeschrittene Praxis handelt, die auf einer bestehenden Meditationspraxis aufbaut; diese Meditation wird normalerweise im Kontext der Rückfallprävention bei Depressionen eingesetzt und ist für Teilnehmer gedacht, die zwar anfällig für, aber zum gegenwärtigen Zeitpunkt eher frei von depressiver Symptomatik sind. Wenn Sie sich also im Moment eher belastet fühlen, sollten Sie zunächst die Hilfe eines Psychotherapeuten in Anspruch nehmen und gemeinsam entscheiden, ob die nachfolgende Meditationspraxis hilfreich für Sie sein könnte.)

Meditation zum Umgang mit Schwierigkeiten

Finden Sie eine aufrechte und würdevolle Haltung und richten Sie die Aufmerksamkeit zunächst auf den Atem – auf die Stelle, wo der Atem für Sie am deutlichsten spürbar ist. Verfolgen Sie die Empfindungen während der gesamten Einatmung und der gesamten Ausatmung, Atemzug für Atemzug. Bleiben Sie bei diesem Fokus; und wann immer Sie feststellen, dass die Aufmerksamkeit abgeschweift ist, schauen Sie, wo sie hingewandert ist; registrieren Sie kurz, was es ist, das den Geist angezogen hat, und bringen Sie den Fokus Ihrer Aufmerksamkeit zurück zum Atem.

Nehmen Sie sich ausreichend Zeit, um tatsächlich beobachten zu können, wohin der Geist gewandert ist, wenn der Fokus auf den Atem verlorengegangen ist. Nach einer Weile können Sie dann den Fokus der Aufmerksamkeit ausweiten: auf die Empfindungen im gesamten Körper und an der Grenze des Körpers, auf der Haut … und beobachten Sie das gesamte Feld des Körpers, um zu erleben, wie Empfindungen kommen, sich in Qualität und Stärke verändern und wieder gehen. Und auch hier: Nehmen Sie sich Zeit, zu beobachten, wie der Geist abschweift, und insbesondere, wohin er abgeschweift ist.

Dieses Vorgehen, immer wieder zum ursprünglich gewählten Fokus zurückzukehren, bleibt immer eine Möglichkeit; wenn sie aber feststellen, dass ihr Geist wiederholt zu einem ganz bestimmten Thema zurückkehrt, zu etwas, das Ihnen vielleicht Sorgen bereitet, einer Schwierigkeit o. Ä., dann gibt es einen anderen Weg, damit umzugehen. Anstatt zu dem Fokus der Aufmerksamkeit zurückzukehren, wenden Sie sich der Schwierigkeit zu und halten diese Schwierigkeit, die Gedanken und Bilder, die dabei auftauchen, in Ihrem Bewusstsein; und während Sie die Schwierigkeit im Bewusstsein halten, gehen Sie mit Ihrer Aufmerksamkeit durch den Körper und schauen Sie, wo und wie sich diese Schwierigkeit im Körper ausdrückt. Finden Sie die Stelle, an der sich die Körperempfindungen, die mit dieser Schwierigkeit einhergehen, am deutlichsten ausdrücken, und bleiben Sie mit Ihrer Aufmerksamkeit bei dieser Stelle, während Sie gleichzeitig die Schwierigkeit im Bewusstsein halten. Stellen Sie sich vor, dass der Atem ihre Aufmerksamkeit mit jeder Einatmung an diese Stelle des Körpers trägt. Stellen Sie sich vor, dass Sie in diesen Bereich einatmen und von diesem Bereich her wieder ausatmen, ohne dabei die Empfindungen verändern zu wollen – sondern vielmehr, um offener und weicher für diese Empfindungen zu werden. Beobachten Sie die Empfindungen, wie sie sich vielleicht in ihrer Qualität und Stärke verändern, und auch Ihre Reaktionen auf die Empfindungen. Erlauben Sie sich, bei diesen Empfindungen zu bleiben; und vielleicht sagen Sie sich sogar innerlich, während Sie mit der Aufmerksamkeit bei den Empfindungen bleiben: »Es ist in Ordnung, lass mich bei diesen Empfindungen bleiben«, während Sie mit jeder Ausatmung offener für die Empfindungen werden.

Und wenn Ihre Aufmerksamkeit während der bisherigen Sitzung nicht wiederholt zu einer bestimmten Schwierigkeit gewandert ist, dann haben Sie die Möglichkeit, sich bewusst etwas vor Ihr inneres Auge zu führen, das schwierig für Sie ist oder Ihnen Sorgen macht; es sollte allerdings nicht sofort das schwierigste Thema in Ihrem Leben sein, sondern vielleicht etwas, das von mittlerer Schwierigkeit ist. Und wenn Sie eine solche Schwierigkeit gefunden haben, dann können Sie in genau der Art und Weise in Beziehung dazu treten, wie es oben beschrieben ist, indem Sie also die Stelle im Körper suchen, an der diese Schwierigkeit ihre deutlichste Resonanz findet, und dort die Empfindungen beobachten. Gleichzeitig behalten Sie die Schwierigkeit im Bewusstsein und öffnen sich für diese Empfindungen immer weiter, indem Sie dem, was da ist, erlauben, da zu sein, und es in einer freundlichen Haltung beobachten.

Und wenn die Empfindungen, die mit dieser Schwierigkeit einhergehen, dann nicht mehr Ihre Aufmerksamkeit anziehen: dann bringen Sie sie langsam wieder zurück zum Atem und kommen dann zum Ende dieser Meditationsübung.

Offenheit, Akzeptanz und die Erneuerung von Erinnerungen

Warum sollte es hilfreich sein, sich Schwierigkeiten in dieser Form auszusetzen? Schließlich ist es ja sinnvoll, Dinge zu vermeiden, die uns unangenehm sind – eine Tendenz, der wir in der Regel reflexhaft folgen. Eine wesentliche Unterscheidung in diesem Zusammenhang ist die zwischen Schmerz und Leiden. Schmerzen sind unvermeidlich im Leben. Wir können

Situationen, in denen schmerzhafte Dinge passieren, nicht immer aus dem Weg gehen. Verluste, Verletzungen und Krankheit sind Teil des Lebens. Was jedoch zumindest zu einem Teil in unserer Hand liegt, ist die Frage, wie viel Leid aus Schmerz und Verletzungen erwächst. In der *Sallatha Sutta* beschreibt der Buddha diesen Unterschied mit Hilfe des Bildes der beiden Pfeile: Der erste Pfeil, der uns trifft, repräsentiert den körperlichen Schmerz; der zweite steht für das Leid, das aus der Reaktion auf diesen Schmerz erwachsen kann. Übertragen auf die Situation emotionaler Störungen wie Depressionen und Angststörungen, ist es aus dieser Perspektive wichtig, zu verstehen, dass Emotionen an sich nicht das Problem darstellen, sondern vielmehr wichtige Funktionen dabei haben, uns in unserem Verhalten zu leiten. Ängste können uns helfen, Situationen zu vermeiden, die gefährlich für uns sind; Traurigkeit weist uns darauf hin, dass es wichtig sein kann, sich zurückzuziehen, um unsere Ressourcen zu erneuern. Probleme entstehen dann, wenn Emotionen länger als der Situation angemessen anhalten. Der Grund hierfür liegt in der Regel in unseren Versuchen, negative Gefühle zu vermeiden. Wie oben beschrieben: Grübeln oder der Versuch, negative Gedanken und Gefühle zu unterdrücken, führen zu paradoxen Effekten und dazu, dass die negativen Gefühle bestehen bleiben, anstatt abzunehmen. Akzeptanz und Offenheit wirken diesen paradoxen Effekten entgegen: Indem wir uns nicht in grübelnder oder vermeidender Weise mit negativen Emotionen und ihren Auslösern beschäftigen, sondern uns vielmehr dafür entscheiden, negative Gedanken und Gefühle mit Offenheit und Freundlichkeit im Bewusstsein zu halten, wird eine neue und hilfreiche Reaktionsweise etabliert.

Warum ist es hilfreich, mit schwierigen Erinnerungen in dieser Form umzugehen? Wenn bestimmte Themen in der Meditation spontan und immer wieder auftauchen, dann ist das ein deutlicher Hinweis darauf, dass sie bedeutsam sind. Mehr noch:

Wenn Vulnerabilität für Depressionen und andere emotionale Störungen tatsächlich dadurch gekennzeichnet ist, dass unhilfreiche Muster des Denkens immer automatischer und habitueller werden, dann bedeutet das, dass die Verringerung von Vulnerabilität vor allem eine Veränderung von Gedächtnisrepräsentationen erfordert. Um Vulnerabilität zu reduzieren, ist es notwendig, die im Gedächtnis bestehenden Assoziationen zwischen negativer Stimmung und unhilfreichen Reaktionen auf diese negative Stimmung zu verändern, um mit diesen Veränderungen die Wahrscheinlichkeit zu reduzieren, dass diese unhilfreichen Reaktionen auf negative Stimmung immer wieder auftreten.

Warum ist es wichtig, dabei die Ebene körperlicher Empfindungen miteinzubeziehen? Mit dem Fokus auf die körperlichen Resonanzen von schwierigen Erinnerungen ergibt sich in der Meditation die Möglichkeit, zu bemerken, wie Empfindungen und Gefühle beständig im Fluss sind und dass sie sich in ihrer Qualität und Stärke von Moment zu Moment verändern können. Wir werden damit daran erinnert, dass das, was auf der konzeptuellen Ebene abstrakt und monolithisch erscheint, in unserem sich von Moment zu Moment verändernden Erleben unterschiedliche Resonanzen haben kann und dass diese wiederum nicht nur von dem ursprünglichen Ereignis oder Thema abhängig sind, sondern zu einem großen Teil auch von unseren Reaktionen auf diese Resonanzen – also davon, wie wir zu dem Ereignis oder Thema und seinen Resonanzen in Beziehung treten. Akzeptanz spiegelt sich dabei direkt in dem Bemühen wider, mit den wechselnden Erfahrungen präsent zu bleiben und diese im Bewusstsein zu halten. Der explizite Fokus auf körperliche Resonanzen von schwierigen Erinnerungen hat allerdings noch eine weitere wichtige Konsequenz: Indem das Ereignis oder Thema nicht nur als Vorstellung oder Bild im Bewusstsein gehalten, sondern auch in seiner emotionalen Resonanz im Körper erfahren wird, wird sichergestellt, dass die

Erinnerung vollständig aktiviert und wiedererlebt wird, anstatt nur als konzeptueller Hinweis auf die frühere Erfahrung zu dienen.

Warum ist eine solche Reaktivierung wichtig? Noch vor einigen Jahren ist in der Gedächtnisforschung die Idee vertreten worden, dass Erinnerungen, sobald sie einmal gespeichert worden sind, in ihrer ursprünglichen Form erhalten bleiben und dass Erinnern sozusagen vor allem eine Frage des Wiederauffindens bestimmter Gedächtnisspuren ist. Tatsächlich ist unser Gedächtnis sehr viel flexibler. Neuere Forschungen zeigen eindeutig, dass Erinnerungen im Lichte neuer Erfahrungen verändert werden können und so beständiges Lernen reflektieren.[8] Untersuchungen zeigen außerdem, dass Gedächtnisspuren, wenn wir uns vollständig an ein Ereignis erinnern, im Gehirn veränderlich werden und bei jedem Erinnerungsakt erneut verfestigt werden. Neue Erfahrungen können somit während der Phase des Erinnerns in die alte Erinnerung aufgenommen werden. Die Erinnerung wird angepasst und auf dem neuen Stand verfestigt. Eine Studie von Daniele Schiller und Kollegen in New York illustriert diesen Mechanismus.[9] Sie ließen die Teilnehmer der Untersuchung zunächst ein Training absolvieren, in dem eine angstbesetzte Erinnerung gebildet wurde: Die Teilnehmer sahen auf einem Bildschirm Vierecke in zwei unterschiedlichen Farben. In 38 Prozent der Fälle, in denen das Viereck in einer Farbe erschien (nehmen wir einmal an, es war blau), erhielten die Teilnehmer einen leichten Stromstoß und entwickelten somit eine angstbesetzte Erinnerung an dieses blaue Viereck. Nach dem Training zeigten alle Teilnehmer eine Zunahme der spontanen Hautleitfähigkeit, wann immer das blaue Viereck wieder erschien – ein Hinweis darauf, dass die Teilnehmer beim Auftreten des zuvor neutralen und jetzt trainierten Reizes tatsächlich Angstreaktionen hatten. In einem nächsten Schritt nahmen alle Teilnehmer an einem sogenannten Extinktionstraining teil, in dem beide Vierecke erneut mehrfach gezeigt wurden – in diesem Fall allerdings, ohne dass dabei ein Stromstoß verabreicht wurde. Ein solches Extinktionstraining dient dazu, die Erfahrung zu etablieren, dass der betreffende Reiz nicht notwendigerweise mit einem Schock verbunden ist; dementsprechend zeigten die Teilnehmer am Ende des Extinktionstrainings keine erhöhte Hautleitfähigkeitsreaktion, wenn sie das blaue Viereck präsentiert bekamen. Bevor die Teilnehmer allerdings dieses Extinktionstraining durchliefen, waren sie in drei Gruppen eingeteilt worden: zwei Gruppen, bei denen die Erinnerung an den Schock direkt vor dem Training noch einmal aktiviert wurde, indem die Teilnehmer einen Schock erhielten, als das blaue Viereck erschien (in der einen Gruppe zehn Minuten, bevor die Teilnehmer das Training erhielten, in der anderen Gruppe sechs Stunden vorher); eine dritte Gruppe erhielt das Extinktionstraining, ohne dass vorher die Erinnerung reaktiviert worden war. Eine Woche nach dem Extinktionstraining wurden alle drei Gruppen ein weiteres Mal getestet und sahen dabei wieder abwechselnd die beiden Vierecke. In der Regel zeigen sich bei einem solchen Test die vorher gelernten Reaktionen wieder, was darauf hindeutet, dass die entsprechende Erinnerung im Angstgedächtnis vorhanden ist und ohne weiteres wieder dominant werden kann. Sowohl in der Gruppe, die keine Reaktivierung erfahren hatte, als auch in der Gruppe, die ihr Extinktionstraining sechs Stunden nach der Reaktivierung des Gedächtnisses durch einen erneuten Schock erhielt, war die Angstreaktion nachweisbar: es zeigten sich wieder deutliche Hautleitfähigkeitsreaktionen auf das blaue Viereck. Anders jedoch in der Gruppe, die ihr Extinktionstraining zehn Minuten nach der Reaktivierung erhalten hatte: Selbst in einem weiteren Test ein Jahr nach dem ersten zeigte sich in dieser Gruppe die ursprünglich gelernte Angstreaktion nicht mehr, während dies bei den beiden anderen Gruppen eindeutig der Fall war. Die Erklärung für diese Ergebnisse: In den beiden ersten Gruppen ist durch das Extinktionstraining eine neue Erinnerung generiert worden, deren Inhalt gegen denjenigen der vorher im Angstgedächtnis etablierten Erinnerung konkurriert. Wenn das Extinktionstraining hingegen direkt nach der Aktivierung erfolgt, wird die bestehende Erinnerung überschrieben und durch eine aktualisierte Fassung ersetzt. Die Erinnerungspur, die während der Reaktivierung der Bearbeitung zugänglich wird, wird innerhalb des kritischen Zeitfensters mit neuen Informationen und Inhalten ausgestattet. Experimente wie dieses belegen: Wir sind in der Lage, unsere Erinnerungen neu zu schreiben und anzupassen und bestehende Assoziationen, wenn wir sie bewusst und vollständig erleben, mit neuen Reaktionen zu verbinden. Alte Muster des Reagierens und Denkens können so tatsächlich durch hilfreichere Reaktionen ersetzt werden. Stück für Stück können in der Meditation, wenn wir es denn wagen, uns schwierigen Erinnerungen mit Offenheit und Neugier zu stellen, neue Antworten auf diese Schwierigkeiten etabliert werden – Reaktionen, die ebendiese Offenheit und Neugier widerspiegeln und uns damit zu einem offeneren und mitfühlenderen Umgang mit uns selbst führen. Mit jedem Üben lernen wir, aufmerksamer und bewusster mit den Regungen des Geistes zu sein; und wenn der Geist abschweift, wird er dann vielleicht in freieren Bahnen wandern – eine Freiheit, die uns vielleicht helfen kann, ein gesünderes und erfüllteres Leben zu führen. Schon der einfache Akt, sich wieder und wieder bewusst zu werden, kann dabei helfen.

Ich gehe zu den Bäumen und sitze still.
All meine Aufgewühltheit wird ruhig,
Verschwindet um mich herum wie Kreise im Wasser.
Meine Aufgaben liegen an den Orten,
Wo ich sie ließ, schlafend wie die Rinder.

Und dann kommt, was mich fürchtet,
Und lebt für einen Moment in meiner Sichtweite,

Was es in mir fürchtet, verlässt mich,
Und die Furcht vor mir verlässt es.
Es singt, und ich höre sein Lied.

Und dann kommt, wovor ich mich fürchte.
Ich lebe eine Weile in seiner Sichtweite.
Was es in mir fürchtet, verlässt mich,
Und die Furcht vor mir verlässt es.
Es singt, und ich höre sein Lied.

Aus »A timbered choir« (Wendell Berry)

Literatur

1. Killingsworth MA, Gilbert DT. A wandering mind is an unhappy mind. *Science*. 2010;330(6006):932.

2. Epel ES, Puterman E, Lin J, Blackburn E, Lazaro A, Mendes WB. Wandering minds and aging cells. *Clin Psychol Sci*. 2012;1(1):75–83.

3. Piet J, Hougaard E. The effect of mindfulness-based cognitive therapy for prevention of relapse in recurrent major depressive disorder: A systematic review and meta-analysis. *Clin Psychol Rev*. 2011;31(6):1032–1040.

4. Segal ZV, Williams JMG, Teasdale JD. *Mindfulness-based cognitive therapy for depression: a new approach to preventing relapse*. New York, NY: Guilford Press; 2002.

5. Segal ZV, Williams JM, Teasdale JD, Gemar M. A cognitive science perspective on kindling and episode sensitization in recurrent affective disorder. *Psychol Med*. 1996;26:371–380.

6. Nolen-Hoeksema S, Wisco BE, Lyubomirsky S. Rethinking rumination. *Perspect Psychol Sci*. 2008;3(5):400–424.

7. Goldstein J. *Insight meditation: the path of freedom*. Boston: Shambhala; 1993.

8. Nader K, Hardt O. A single standard for memory: The case for reconsolidation. *Nat Rev Neurosci.* 2009;10(3):224–234.

9. Schiller D, Monfils M-H, Raio CM, Johnson DC, LeDoux JE, Phelps EA. Preventing the return of fear in humans using reconsolidation update mechanisms. *Nature.* 2010;463(7277): 49–53.

Selbstmitgefühl

Christine Brähler

Achtsamkeit und Selbstmitgefühl

Weisheit und Mitgefühl gehören zusammen wie die zwei Flügel eines Vogels. Die Basis für die Kultivierung von Weisheit und Mitgefühl ist achtsames Gewahrsein.[1] Wenn wir leiden, ist die implizite Haltung von Achtsamkeit, mitfühlend mit uns selbst zu sein. Die Botschaft der Achtsamkeit ist: »Begegne deinem Leid mit offenem Gewahrsein und gib ihm Raum, und es wird sich verwandeln.« Wenn wir jedoch starkes Leid erleben und uns Schmerz, Trauer, Angst, Ohnmacht, Scham oder Verzweiflung ganz im Griff haben, dann fällt uns es oft schwer, diese Offenheit zu bewahren. Unser Gewahrsein wird meist eng und »unterkühlt«. In solchen Momenten kann es helfen, uns explizit liebevoll zu umsorgen und zu unterstützen. Selbstmitgefühl fügt der Botschaft von Achtsamkeit hinzu: »Sei freundlich zu dir inmitten des Leidens, und es wird sich verwandeln.« In diesem Beitrag will ich erläutern, was passiert, wenn wir belastende Gefühle erleben, und wie die Praxis von Selbstmitgefühl helfen kann, unser Gewahrsein zu »erwärmen« und somit zu öffnen.

Fest verdrahtet zum Überleben, nicht zum Glücklichsein

Mitgefühl wird im Buddhismus meist als der natürliche Wunsch definiert, dass alle Lebewesen frei von Leid sein mögen. Mitgefühl umfasst zwei Aspekte: eine Sensibilität für Leid und die Motivation, dieses Leid lindern zu wollen.[2] Ein zwischenmenschliches Beispiel für Mitgefühl wäre eine Mutter, die sich ihrem verängstigten Kind liebevoll zuwendet. Zuerst will sie die Angst verstehen, indem sie dem Kind zuhört. Die Mutter gibt dann dem Kind, was es braucht, um besser mit der Angst zu sein. Sie beruhigt es mit liebevollen und sanften Worten und durch körperliche Wärme und Zuwendung. Sie handelt aus einer Haltung des Wohlwollens gegenüber ihrem Kind. Mitgefühl ist also eine innere Ausrichtung des Herzens, die unabhängig von Ergebnissen ist. Wenn das Kind weiterhin Angst verspürt, wird die Mutter sich nicht abwenden, sondern weiterhin, ohne das Kind oder das Geschehen zu verurteilen, Halt und Liebe geben. Gehen wir so auch mit uns selbst um, wenn wir Angst haben oder wenn uns etwas belastet? Wenn Sie möchten, können Sie dieser Frage nachgehen.

Reflexion

Wie gehen Sie normalerweise mit einem geliebten Menschen um, der sich schlecht fühlt und glaubt, nicht gut genug zu sein? Was sagen Sie, und in welchem Ton? Was tun Sie?

Wie gehen Sie normalerweise mit sich selbst um, wenn Sie sich schlecht fühlen und glauben, nicht gut genug zu sein? Was sagen Sie zu sich selbst, und in welchem Ton sprechen Sie mit sich? Was tun Sie?

Haben Sie einen Unterschied festgestellt? Wenn ja, welchen?

Meist fällt es uns leichter, anderen gegenüber mitfühlend zu sein, als uns selbst. Wenn in unserem Leben etwas schiefgeht, dann drohen häufig unsere Erwartungen an uns und unseren Lebensentwurf enttäuscht zu werden. Je höher unsere Erwartungen an uns selbst und je mehr wir mit einer bestimmten Erwartung identifiziert sind, umso mehr fühlt sich unser Bild von uns selbst bedroht, wenn wir sie nicht erfüllen. Oft haben wir unerreichbar hohe Erwartungen an uns selbst, so dass wir nur selten mit uns zufrieden sind und immer einen Bereich finden, in dem wir von uns enttäuscht sind. Wenn wir hingegen jemandem, der leidet, offenherzig und ohne Erwartungen begegnen (wie die Mutter dem Kind), fällt es uns meist leichter, Mitgefühl für diesen Menschen zu empfinden.

Wie im Beitrag von Britta Hölzel und Tim Gard (»Achtsamer Umgang mit Schmerz«) erläutert, zieht ein ursprünglicher Schmerz üblicherweise automatisch Reaktionen auf diesen Schmerz nach sich, die das erlebte Leid vergrößern und die Schmerzempfindung aufrechterhalten. Unser Organismus ist »fest verdrahtet«, um uns vor Gefahren zu schützen und unser Überleben zu sichern. Schmerzen – egal ob körperlich oder emotional – warnen uns vor Gefahren. Es ist somit verständlich, dass wir auf Schmerz mit Aversion reagieren, mit einem Gefühl des Nichthabenwollens. Christopher Germer, klinischer Psychologe aus den USA, beschreibt, wie unsere angeborenen Kampf-, Flucht- und Erstarrungsreflexe, die bei einer Bedrohung automatisch aktiviert werden, sich psychologisch als »unheilige Dreifaltigkeit« von Selbstverurteilung, Selbstisolation und Selbstbezogenheit manifestieren.[3] Der Kampfreflex verwandelt sich meist in einen verbalen Angriff gegen uns selbst. Der Fluchtreflex kann zur Vermeidung des eigenen Erlebens und von Kontakt zu anderen führen. Der Erstarrungsreflex kann sich als Gedankenkreisen oder sogar als Dissoziation manifestieren. Beziehungsorientierte Anteile in uns reagieren meist mit Unterwerfungs- und Beschwichtigungstendenzen gegenüber unserem inneren »Richter« – ganz so, als ob dieser ein echtes Gegenüber wäre.[4] Oft interagieren diese verschiedenen Reflexe miteinander, so dass wir uns manchmal verzweifelt und innerlich zerrissen fühlen.

Beispiel: »Unheilige Dreifaltigkeit«

Sabine kämpft schon länger mit Übergewicht. Aus Sorge um ihre Gesundheit entschließt sie sich, eine Diät zu beginnen. Die ersten zwei Wochen der Ernährungsumstellung verlaufen problemlos, und sie ist stolz, diesen ersten und wichtigsten Schritt getan zu haben. Als sie nach einer anstrengenden Arbeitswoche Lust auf Süßigkeiten verspürt, gibt sie diesem Impuls nach, obwohl Süßes auf ihrem Ernährungsplan nicht erlaubt ist. Kurz danach überkommt sie ein Gefühl von Scham und Enttäuschung. Sie verurteilt sich: »Typisch! Du bist so schwach und undiszipliniert! War ja klar, dass du das nicht schaffst!« Aus Scham isoliert sie sich selbst: »Ich bin so enttäuscht von mir. Jeder andere hätte ohne Probleme widerstehen können. Das darfst du niemandem erzählen.« Der Ausrutscher lässt sie nicht los, und ihre Gedanken kreisen: »Warum habe ich das nur gemacht? Was würden die anderen nur von mir denken, wenn sie das wüssten?« Der innere Konflikt mit sich selbst erschöpft Sabine schließlich so sehr, dass sie kapituliert, die Diät aufgibt und sich mit noch mehr Süßigkeiten »tröstet«.

Sabines Reaktionen sind nicht ungewöhnlich. Würden wir so mit einem geliebten Menschen reden, der sich in derselben Situation befindet? Warum schließen wir uns systematisch aus dem Kreis des Wohlwollens aus, wenn wir es am ehesten brauchen? Es kann helfen, zu erkennen, dass unser Gehirn primär zum Überleben »verdrahtet« ist und nicht zum Glücklichsein.[5] Um zu überleben, bedürfen wir der Zugehörigkeit zu einer Gruppe, in der wir enge Bindungen pflegen und in der wir für unseren Beitrag wertgeschätzt werden. Wir sind hochempfindlich für jegliches Verhalten, welches uns in den Augen der anderen als unattraktiv oder minderwertig erscheinen lassen könnte. Da solche Verhaltensweisen zur sozialen Ausgrenzung führen könnten, erkennen und bekämpfen wir sie oft, indem wir uns schämen und uns selbst angreifen.[6] Da in unserer Gesellschaft Selbstdisziplin und Schlanksein als attraktiv angesehen werden, ist es nachvollziehbar, warum sich Sabine von ihrer scheinbar mangelnden Selbstdisziplin und ihrem Übergewicht bedroht fühlt.

Selbstmitgefühl:
eine natürliche Antwort auf Leid

Was hätte Sabine geholfen, ihre Diät fortzusetzen? Was hätten Sie sich an ihrer Stelle zur Unterstützung gewünscht? Vielleicht Verständnis, Trost und Ermutigung? Obgleich unser Bedrohungs-und Selbstschutzsystem automatisch und rasch mit Kampf/Flucht/Erstarrung reagiert, so besitzen wir als Säugetiere die Veranlagung, Fürsorge zu empfangen und zu geben, um unsere belastenden Emotionen zu regulieren. Im Gegensatz zu Reptilien, die dieser Fürsorge nicht bedürfen, sind Menschen, wie andere Säugetiere auch, auf Fürsorge für ihre körperliche, intellektuelle, soziale und emotionale Entwicklung angewiesen.[7] Mitgefühl basiert auf unserer festverdrahteten Fähigkeit, Fürsorge anzunehmen und zu geben. Körperliche Wärme, beruhigende Berührungen und eine sanfte Stimmfärbung helfen dabei, unser Fürsorgesystem zu aktivieren und somit Zugang zu einer mitfühlenden Haltung gegenüber uns selbst zu finden.[8]

Selbstmitgefühl umfasst nach der Definition von Kristin Neff drei Komponenten[9]: 1. *Gleichmütiges Gewahrsein:* Anstatt unser Leid zu verdrängen oder uns darin zu verstricken, spüren wir die Belastung im Körper und erkennen an, dass wir gerade leiden. 2. *Gemeinsames Menschsein:* Anstatt uns innerlich oder äußerlich zurückzuziehen, erinnern wir uns daran, dass Leid wie Krankheit, Altwerden, Verluste, Versagen und Verletzungen zum Leben dazugehören und dass alle Menschen schwierige Zeiten durchleben. Dies kann helfen, uns wieder verbunden zu fühlen. 3. *Selbstfreundlichkeit:* Anstatt uns selbst zu verurteilen, begegnen wir uns mit Freundlichkeit.

Im Kurs *Mindful Self-Compassion (MSC),* der von Christopher Germer und Kristin Neff in den USA entwickelt wurde, um Selbstmitgefühl zu kultivieren, wird das Zusammenwirken dieser Faktoren als »liebevolle, verbundene Präsenz« beschrieben, mit der man leidvollen Erfahrungen begegnet.[10]

Beispiel: Selbstmitgefühlspause

Sabine ließ sich die Scham und die Enttäuschung in ihrem Körper spüren und wandte sich den Körperstellen innerlich freundlich zu. Sie erkannte die Belastung an, indem sie zu sich sagte: »Dies ist ein Moment des Leidens. Das ist enttäuschend!« (Gleichmütiges Gewahrsein) Anschließend rief sie sich ins Bewusstsein, dass viele Menschen in der entwickelten Welt unter Übergewicht leiden und häufig mit Diäten scheitern, da es schwierig ist, unseren Körper zu Entbehrung zu zwingen, wenn wir von einem Übermaß an dick machenden Nahrungsmitteln umgeben sind. Sie spürte, dass die Verantwortung nicht allein bei ihr lag und andere Menschen ähnlichen Frust erleben (gemeinsames Menschsein). Sabine schenkte sich eine beruhigende Berührung, indem sie ihre Hand auf ihr Herz legte und die Wärme ihrer Hand spürte. Dann stellte sie sich vor, was sie einer lieben Freundin in derselben Situation sagen würde. Folgende liebevolle Worte stiegen in ihr auf: »Meine Liebe, es freut mich, dass du dich um deine Gesundheit kümmerst. Was zählt, ist deine Absicht. Ein kleiner Ausrutscher ist nicht schlimm. Das kann jedem passieren. Morgen ist ein neuer Tag. Mögest du freundlich zu dir sein.« (Selbstfreundlichkeit) Sabine empfand Erleichterung, konnte sich ihren Ausrutscher verzeihen und war motiviert, die Diät wiederaufzunehmen – aber diesmal erlaubte sie sich, an einem Tag in der Woche Süßigkeiten zu essen und das auch bewusst zu genießen.

Die Wortneuschöpfung »Selbstmitgefühl« (engl.: *self-compassion*) wird häufig missverstanden. Weitverbreitete Bedenken gegenüber Selbstmitgefühl sind, dass man sich selbst bemitleidet und im eigenen Leid versinkt, dass man maßlos wird, dass man egoistisch und selbstbezogen wird, dass man faul wird und nichts mehr erreicht und es einen schließlich schwächt. Der aktuelle Stand der Forschung widerlegt dies jedoch.[11]

Selbstmitgefühl fördert nicht Maßlosigkeit und kurzzeitige Befriedigung, sondern nachhaltig fürsorgliches Verhalten, wie wir in Sabines Beispiel sehen. Studien zeigen, dass Menschen mit mehr Selbstmitgefühl gesündere Verhaltensweisen haben und diese auch eher aufrechterhalten können, wie z. B. eine Diät einhalten[12], mit dem Rauchen aufhören[13], Sport treiben[14] oder regelmäßig zum Arzt gehen[15].

Selbstmitgefühl ist auch kein Selbstmitleid, wo man sich in das eigene Leid verstrickt und selbstbezogen wird. Menschen mit mehr Selbstmitgefühl zeigen eine erhöhte Fähigkeit, sich in andere hineinzuversetzen und sich bewusst zu werden, dass sie in ihrem Leid nicht alleine sind.[16]

Selbstmitgefühl untergräbt auch nicht Ehrgeiz oder die Leistungsfähigkeit. Im Gegensatz zu Selbstwert, der auf Anerkennung von anderen beruht, motiviert uns Selbstmitgefühl von innen heraus, Ziele zu verfolgen, die unseren Werten entsprechen. Studenten, die sich nach dem Scheitern in einem experimentellen Test mit Mitgefühl motivierten, arbeiteten anschließend 25 Prozent mehr und erzielten beim nächsten Test bessere Ergebnisse als Studenten, die nicht selbstmitfühlend waren.[17] Selbstmitgefühl hilft uns, uns als fehlbare Menschen mit Stärken und Schwächen zu sehen, so dass es uns leichter fällt, uns unsere Schwächen und Misserfolge einzugestehen, daran zu arbeiten und unsere Ziele mit weniger Angst vor dem Scheitern zu verfolgen.

Obgleich die Praxis des Selbstmitgefühls uns gegenüber Leid öffnet und wir den Schmerz berühren, macht es uns nicht schwach, sondern stärkt unsere emotionale Widerstandsfähigkeit. Menschen mit einem höheren Selbstmitgefühl zeigen einen besseren Umgang mit Belastungen wie Scheidung[18] oder einer chronischen Krankheit[19]. Das Ausmaß der Symptome posttraumatischer Belastungsstörungen bei US-amerikanischen Kriegsveteranen konnte anhand ihres Grades an Selbstmitgefühl vorhergesagt werden.[20] Eine weitere Studie zeigte, dass ein stärkeres Selbstmitgefühl mit einer besseren Immunreaktion bei experimentell induziertem Stress und somit mit erhöhter Widerstandsfähigkeit einherging.[21]

Selbstmitgefühl macht uns auch nicht egoistisch; Fürsorge uns selbst gegenüber ist die Basis für Fürsorge für andere (siehe den Abschnitt »Selbstmitgefühl für Helfer«). Selbstmitgefühl ist die Fähigkeit, zu erkennen, dass man gerade eine leidvolle Erfahrung macht, sich diese spüren zu lassen und sich selbst liebevoll dabei zu umsorgen – auf mentale, emotionale, körperliche Weise oder durch eine Verhaltensweise.

Die *Vier Unermesslichen Herzensqualitäten*

In der buddhistischen Psychologie werden *Vier Unermessliche Herzensqualitäten* (Pali: *brahmavihara-bhavana*) beschrieben, die den Raum des offenen Gewahrseins erfüllen. *Liebende Güte (metta), Mitgefühl (karuna), Mitfreude (mudita)* und *Gleichmut (upekkha)* beschreiben verschiedene Aspekte einer freundlichen Verbundenheit mit allen Lebewesen und wirken so eng zusammen. Der wohlwollende Umgang mit sich selbst ist die Basis für die Kultivierung dieser Qualitäten und kann durch Selbstmitgefühlspraxis geübt werden.

Liebende Güte bedeutet Wohlwollen oder Freundlichkeit gegenüber allen Lebewesen – auch uns selbst. Sie bezieht sich nicht auf eine besitzergreifende oder exklusive romantische Liebe. Anstatt dem anderen etwas Böses zu wollen oder gleichgültig zu sein, erkennen wir etwas Gutes im anderen, so dass der natürliche Wunsch in uns angeregt wird, dass es dem anderen wohlergehen möge. Liebende Güte bezieht sich auf die innere freundliche Ausrichtung unseres Herzens.

Mitgefühl entsteht, wenn liebende Güte auf Leid trifft und ihre liebevolle Qualität bewahrt. Aus dem selbstverständlichen Wunsch heraus, dass es allen Lebewesen wohlergehen möge, weil jedes Wesen etwas Gutes in sich trägt, wächst angesichts des Leids der Wunsch, dass alle Lebewesen frei von Leid sein mögen. Ein Bewusstsein, dass Leid zu jedem menschlichen Leben dazugehört, kann uns helfen, keine Schuld zuzuweisen, sondern uns und anderen mitfühlend zu begegnen.

Mitfreude: Im Bewusstsein, dass Leid zum Leben dazugehört, nehmen wir die schönen und freudvollen Erfahrungen im Leben bewusst wahr, um das Leben in seiner Gesamtheit zu erleben – »zehntausend Freuden und zehntausend Sorgen«. Dies wenden wir auch auf uns selbst an: Anstatt uns nur auf unsere Schwächen zu fokussieren, erfreuen wir uns auch gleichzeitig unserer Stärken und derjenigen Eigenschaften, die wir an uns schätzen. Diese Selbstwertschätzung ermöglicht es uns, uns am Wertvollen in anderen und an ihren Freuden mitzufreuen, anstatt sie zu beneiden.

Gleichmut wirkt dem natürlichen Drang entgegen, an Schönem festhalten und Unangenehmes vermeiden zu wollen. Aus einer tiefen Verbundenheit mit allem und einem tiefen Verständnis der Vergänglichkeit der Dinge kann eine Gelassenheit und Urteilsfreiheit entstehen, die alles, was einem widerfährt, mit offenem gleichmütigen Herzen empfangen kann. Gleichmut ist nicht mit Gleichgültigkeit, Passivität oder Resignation zu verwechseln; es ist das Fundament der tiefen Urteilsfreiheit, Ruhe und Gelassenheit, auf dem Liebe, Mitgefühl und Mitfreude gedeihen.

Selbstmitgefühl bei Scham
und Selbstverurteilung

*Es besteht nicht die geringste Chance,
bedingungsloses Wohlwollen anderen gegenüber
zu entwickeln, solange wir uns nicht um unsere eigenen
Dämonen gekümmert haben.*

Pema Chödron

Mitgefühl lindert alle Formen des Leides. Moderne, mitge-
fühlsbasierte Ansätze in der Psychotherapie und in der Persönlichkeitsentwicklung dienen insbesondere als Gegenmittel für
ein zentrales soziales Gefühl, das vielem psychischen Leid zugrundeliegt – der Scham.[2,22] Wenn wir scheitern oder einen
Fehler machen, dann schlussfolgern wir meist recht schnell,
dass dieser Fehler etwas über uns als Person aussagt (»Ich bin
ein schlimmer Mensch«) – eher, als den Fehler als ein einmali-
ges Fehlverhalten anzusehen, das von einer Reihe von Faktoren
beeinflusst war, die nur teilweise unserer Kontrolle unterstan-
den (»Ich habe einen Fehler gemacht«). Scham beschreibt ein
aversives Gefühl von Verletzbarkeit, Bloßgestelltsein und Min-
derwertigkeit, das meist mit einem Fluchtimpuls einhergeht –
so, als wolle man im Erdboden versinken und das Geschehene
vergessen machen. Wir glauben, auf andere unattraktiv, minderwertig oder sonderbar zu wirken, und haben Angst, aus-
gestoßen, gedemütigt oder bestraft zu werden. Scham ist ein
sozialer Regulationsmechanismus, der uns sicherzustellen hilft,
dass wir geliebt werden, und somit, zu der Gruppe zu gehören,
die wir zum Überleben benötigen.[23] Automatische Schutzreaktionen sind: Vermeiden durch Ablenkung, Beschönigen oder
Lügen sowie Unterwerfung, indem man immer »lieb und nett«
ist oder indem man sich selbst regelmäßig maßregelt. Leider
fördern diese Schutzreaktionen psychische Erkrankungen.

Scham zeigte sich in einer Metaanalyse als stärkster Prädiktor von Depression[24] und geht mit erhöhter Symptombelastung bei Essstörungen[25] und anderen psychiatrischen Störungen einher[26].

Menschen unterscheiden sich in ihrer Anfälligkeit für Scham. Studien zeigen, dass Scham als traumatisch erlebt werden kann, wenn man in der Kindheit von Bezugspersonen beschämt wurde. Als je traumatischer die Scham erlebt wurde und als je zentraler für die Identität, umso eher berichteten Studienteilnehmer von Angst und Depressionen, wenn sie erwachsen waren.[27–29] Scham liegt häufig vielen belastenden Emotionen zugrunde, ist aber deshalb selbst meist schwer zu entdecken. Ein Grund dafür scheint zu sein, dass frühes Beschämtwerden von Bezugspersonen zum Vermeiden des eigenen Erlebens führt, was wiederum Depressionen fördert.[30] In einem Zustand von Scham fühlt sich das minderwertige Selbst ganz getrennt von allen anderen, so dass es keinen Zugang zu Fürsorge, Akzeptanz oder Verbundenheit hat – weder von außen noch von innen. Aufgrund des intensiven Bedrohungszustandes kann die Wahrnehmung so verengt sein, dass der »Beobachter« verschwindet. Selbstmitgefühl hilft, den beschämten Beobachter zu »retten« und zu umsorgen.

Beispiel: Scham

Nachdem Sabine sich mit noch mehr Süßigkeiten für ihre gescheiterte Diät »getröstet« hatte, fühlte sie sich erbärmlich und war von sich selbst angewidert. Sie konnte es kaum ertragen, sich im Spiegel anzuschauen. Eine Freundin rief an, aber sie nahm nicht ab, da sie mit niemandem reden wollte – aus Angst, von anderen für ihr Versagen beschimpft zu werden. Sie wollte nicht, dass irgendjemand sie so sah oder davon erfuhr. Resigniert und antriebslos lag sie auf dem Sofa, bis sie einschlief. Als sie sich am nächsten Morgen im Spiegel betrachtete, merkte sie, wie sehr sie sich für ihren Körper schämte und wie verhasst er ihr war. Es fielen ihr all die herablassenden Kommentare ein, die sie schon als Jugendliche von anderen Kindern und von ihren Eltern bezüglich ihres Körpergewichts gehört hatte. Schon damals hatte sie sich mit Süßigkeiten getröstet. In diesem Moment hatte sie Mitgefühl mit der jungen Sabine, deren Körper sich in der Pubertät ohne ihr Zutun plötzlich verändert hatte und die den Gemeinheiten der anderen hilflos ausgesetzt gewesen war, ohne dass sie bei irgendwem Trost oder Schutz hätte finden können.

Um Mitgefühl bei Scham zu entwickeln, bedarf es als Erstes des Mutes, sich den Aspekten und Verhaltensweisen in uns zuzuwenden, die wir am liebsten leugnen würden. Der zweite Schritt ist eine Erforschung der Beweggründe für dieses Verhalten und des Zusammenwirkens der vielen Faktoren, die uns beeinflusst haben, so zu handeln, wie wir es getan haben. Häufig erkennen wir, dass wir keine wirkliche Schuld für unser Verhalten tragen, wie in Sabines Beispiel erkennbar wird. Indem wir uns unseres Menschseins bewusst werden und unser Handeln als Endprodukt des Zusammenwirkens vieler Faktoren erkennen, erleben wir meist eine Entlastung. Diese »Entschämung« unterstützt uns dabei, Verantwortung für unser Verhalten zu übernehmen und bewusster zu leben.

Im Gegensatz zu einer Selbstoptimierung ist das Ziel der Selbstmitgefühlspraxis, uns so anzunehmen, wie wir sind, und uns in unserer menschlichen Unvollkommenheit liebevoll anzunehmen. Indem wir einen weisen und mitfühlenden Selbstanteil entwickeln, trauen wir uns, uns zunehmend Erinnerungen oder Selbstanteilen in uns zuzuwenden, die wir aus Angst, dafür nicht geliebt zu werden, verbannt haben. Rob Nairn, einer meiner Meditationslehrer, beschreibt Mitgefühlspraxis als ein Hinabsteigen in dunkle Ecken unserer Psyche. Das Trainieren von Liebe, Mitgefühl und Gleichmut hilft uns dann, die »hungrigen«, ungeliebten und verbannten Selbstanteile mit

Verständnis, Trost, Akzeptanz und Vergebung zu »füttern« und sie so wieder Teile von uns werden zu lassen. Mitgefühl hilft uns somit, alle unsere Selbstanteile zu integrieren und ihre hilfreichen Funktionen zu erkennen. Diese bedingungslose Akzeptanz erlaubt es uns, ganz Mensch sein zu können, mit Stärken und Schwächen, und macht uns frei, Veränderungen vorzunehmen – aus Fürsorge für uns und andere.

»Weicher werden – umsorgen – zulassen bei Scham«

Die folgende Übung wurde von Christopher Germer und Kristin Neff als Teil des Kurses *Mindful Self-Compassion (MSC)* entwickelt.[10, 22]

Nimm eine angenehme Haltung ein und schließe die Augen. Lege deine Hand aufs Herz und atme ein paar Mal tief ein und aus. Erinnere dich daran, dass du liebevoll mit dir selbst umgehen willst.

Nun erinnere dich an eine Gelegenheit, bei der du dich *ein wenig* geschämt hast oder dir etwas Peinliches passiert ist und du *etwas (nicht zu viel)* Unbehagen im Körper spürst, wenn du jetzt daran denkst. Wähle kein traumatisches Ereignis. Vielleicht hast du auf den Kommentar eines anderen übermäßig reagiert oder etwas Gemeines entgegnet. Es sollte ein Vorfall sein, den du nicht weiter publik machen möchtest, weil du Sorge hast, dass andere dich weniger wertschätzen könnten.

Versuche, herauszufinden, wovor genau du Angst hast – was könnten die anderen deiner Meinung nach über dich herausfinden? Vielleicht »Mit mir stimmt etwas nicht«, »Ich bin nicht liebenswert« oder »Ich bin egoistisch«.

Wo in deinem Körper nimmst du diese Erfahrung von Peinlichkeit oder Scham wahr? Wende dich dieser Stelle innerlich freundlich zu.

Lade deine Muskeln an dieser Stelle ein, sich zu entspannen und weicher zu werden, ohne dies erzwingen zu wollen – so, als würdest du ihnen Wärme zuführen. Es geht nicht darum, die Empfindungen loszuwerden, sondern, sie in einer liebevollen Umarmung zu halten: »Weicher werden … weicher werden … weicher werden.«

Und nun schenke dir selbst umsorgende Zuwendung angesichts der Schwierigkeiten, die du erfährst. Vielleicht fallen dir liebevolle oder ermutigende Worte ein, z. B.: »Dies ist eine schmerzhafte Erfahrung. Möge ich liebevoll mit mir selbst umgehen.«

Du kannst auch eine Hand auf die Körperstelle legen und so liebevolle Zuwendung dieser Stelle unmittelbar zukommen lassen, so, als ob es der Körper eines geliebten Menschen wäre. Wiederhole innerlich »umsorgen … umsorgen … umsorgen«.

Lass das Unbehagen einfach da sein. Gib den Wunsch auf, es möge verschwinden. Lass die Empfindungen wie einen Gast in dein Haus kommen und auch wieder gehen. Wiederhole innerlich »zulassen … zulassen … zulassen«.

Lass dich einfach genau so sein, wie du bist, und wenn es nur für die nächste Minute ist – mit allen Stärken und Schwächen. Jeder Mensch kennt Gefühle von Scham oder Peinlichkeit – in unserem Gefühl von Unzulänglichkeit sind wir alle miteinander verbunden. Niemand macht immer alles richtig, niemand ist perfekt. Kannst du dich selbst als ein unvollendetes Werk annehmen und einfach so sein lassen, wie du bist?

Bedenke, dass unsere Meinungen über uns selbst genau das sind: Meinungen, keine Fakten – sie tauchen auf und verschwinden wieder. Bedenke auch, dass jeder Mensch diese negativen Meinungen von sich selbst hat, wir sind damit nicht allein. Es ist Teil des Menschseins.

Selbstmitgefühl für Helfer

Das Mitgefühl des weisen Mannes macht ihn nicht
zum Opfer des Leidens. Seine Gedanken, Worte
und Taten sind voller Mitleid. Aber sein Herz zaudert nicht;
unverändert bleibt es, heiter und gelassen. Wie sonst
sollte er in der Lage sein zu helfen?[31]

Wenn wir im Leben mit viel Leid konfrontiert sind, kann es sein, dass wir uns angesichts des Ausmaßes oder der Intensität des Leids überfordert oder ohnmächtig fühlen. Überforderung und Ohnmacht sind natürliche und automatische Reaktionen auf Leid. Insbesondere Personen, deren Aufgabe es ist, für andere Menschen in körperlicher oder emotionaler Not Fürsorge zu tragen, sind diese Gefühle meist vertraut. Egal, ob man sich im Privatleben um pflegebedürftige Eltern oder Kinder kümmert oder im Berufsleben als Arzt, Pfleger, Sanitäter, Sozialarbeiter oder Psychotherapeut für das Wohl der Patienten sorgt: Die tägliche Konfrontation mit Leid macht uns anfällig für ein Burn-out. Oft schämen sich die Helfer für die Gefühle der Ermüdung, der Dünnhäutigkeit, der Frustration und für die wachsende Gleichgültigkeit, die für Helfer-Burn-out typisch sind, da sie sie als Zeichen von Schwäche sehen. Überzeugungen wie: »Das Leid des anderen ist doch so viel größer als meines. Es wäre egoistisch, auf meine Bedürfnisse einzugehen« halten viele Helfer davon ab, sich um sich selbst zu kümmern, und sie verausgaben sich immer mehr, ohne es zu merken – bis psychosomatische Beschwerden oder chronische Erschöpfung auftreten.

Häufig führt die Scham über die nun eingeschränkte Fähigkeit zu helfen zu weiterer Selbstverurteilung, was bestehende Beschwerden nur verschlimmert. Es ist deshalb wichtig, die Hauptursachen für ein Burn-out zu verstehen.

Man könnte meinen, dass der Grund für eine solche Erschöpfung übermäßiges Mitgefühl sei. Neurowissenschaftliche Studien geben jedoch Aufschluss darüber, dass es nicht Mitgefühl, sondern Empathieschmerz ist, der uns erschöpft.[32]

Wenn wir Menschen sehen, die leiden, und wir Mitleid empfinden, dann wird in unserem Gehirn meist das Empathieschmerznetzwerk aktiv, das heißt, wir erleben den Schmerz des anderen als eigenen körperlichen Schmerz. Das emotionale Mitschwingen mit dem Schmerz des anderen passiert *automatisch,* wenn wir die Emotion des anderen in dessen Gesicht oder Stimme wahrnehmen. Subjektiv ist dieser Zustand des Empathieschmerzes höchst aversiv, da er ausschließlich belastend ist, somit verständlicherweise nur schwer zu ertragen ist und schnell zur Erschöpfung führt. Empathieschmerz führt also zu Burn-out.

Oft wird Empathieschmerz mit Mitgefühl verwechselt. Den Schmerz des anderen zu berühren ist ein Aspekt von Mitgefühl, der uns ermöglicht, das Leid des anderen in Ansätzen nachzuempfinden, so dass wir leichter erahnen können, was der andere braucht; es ermöglicht somit einfühlsames anstelle blinden Helfens. Paul Gilbert definiert Mitgefühl als Motivationssystem, das zwei Aspekte umfasst: Zuwendung und Linderung.[2] Zuwendung bedarf zuerst der *Motivation, sich um das Wohlergehen* – des eigenen und das der anderen – zu sorgen. Aus dieser Motivation heraus entwickeln wir eine *Sensibilität* für Leid, werden empfänglich dafür und lassen uns emotional davon berühren, was an sich schmerzhaft ist *(emotionale Empathie)*. Um sich an dieser Stelle nicht vom Leid abzuwenden oder im Mitleid zu verharren, brauchen wir eine gewisse *Schmerztoleranz. Kognitive Empathie* hilft uns, den Schmerz auszuhalten, da sie uns befähigt, zwischen uns und dem anderen zu differenzieren und die Ursachen des Leids zu erschließen. Es entsteht somit ein Raum, in dem wir den Schmerz halten können, ohne uns damit zu identifizieren. Dieser Raum wird aufrechterhalten, indem wir dem Schmerz mit *Wertfreiheit und Gleichmut* begegnen. Aus einem tiefen Verständnis der universellen Ursachen unseres menschlichen Leids und dessen Wesen öffnen wir uns dem Leidenden und dem Leid, ohne etwas zu verurteilen oder es anders haben zu wollen. Wenn wir uns dem Schmerz zugewandt haben und ihn verstehen, dann wissen wir, was benötigt wird, um ihn zu lindern. Aus einer Haltung von Mut und Liebe heraus wenden wir verschiedene Fertigkeiten an, um Mitgefühl in uns zu kultivieren und um es durch unsere Präsenz und Handlungsbereitschaft zum Ausdruck zu bringen.

Mitgefühl ist also mehr als Empathie. In einer Studie entdeckten Neurowissenschaftler den Unterschied zwischen Empathieschmerz und Mitgefühl. Als sie einen erfahrenen Meditierenden baten, beim Betrachten von Bildern von vernachlässigten rumänischen Waisenkindern mit deren Leid mitzuschwingen, wurde sein Empathieschmerznetzwerk aktiv, und er erlebte dies als belastend und erschöpfend. Als der Proband jedoch eine Mitgefühlsmeditation praktizierte, zeigte sich Aktivierung in anderen nicht-überlappenden Netzwerken, wie z.B. dem Belohnungssystem, die mit positiven Emotionen in Verbindung gebracht werden. Subjektiv beschrieb der Proband den Zustand des Mitgefühls als ein vorwiegend positives Gefühl von wohlwollender Verbundenheit, so als ob man einen geliebten Menschen sähe.[33] In einer Folgestudie mit Laien zeigte sich angesichts von Leid die Aktivierung des Empathieschmerznetzwerkes, welches mit negativem Affekt einherging. Die gleichen Teilnehmer erhielten ein eintägiges Training in *Liebender-Güte-Meditation,* und nach anschließender, dreiwöchiger selbständiger Praxis (im Schnitt fünf Stunden innerhalb von drei Wochen) wurden die Teilnehmer noch einmal getestet. Im Gegensatz zu einer Vergleichsgruppe, die ein Gedächtnistraining erhielt, berichtete die Mitgefühlsgruppe über einen signifikanten Anstieg positiver Affekte angesichts von Leid.[33,34] Diese ersten Studien weisen somit auf, dass Empathie und Mitgefühl verschiedene neuronale Netzwerke rekrutieren, dass Mitgefühl in kurzer Zeit trainiert werden kann und somit die Widerstandsfähigkeit gegenüber Leid und helfendes Verhalten gefördert werden kann.[35]

Mitgefühl schließt uns als denjenigen, der das Leid bezeugt und mitempfindet, mit ein. Wir dürfen und müssen uns also auch selbst Mitgefühl geben, wenn wir gerade Empathieschmerzen empfinden! Das ist nicht egoistisch, sondern notwendig, um wieder Gelassenheit und Wohlwollen zu entwickeln, was es uns ermöglicht, dem anderen Mitgefühl zu schenken und konkret zu helfen. Menschen, die mehr Selbstmitgefühl haben, empfinden mehr Mitgefühl mit anderen[16] und werden von ihren Partnern als unterstützender, emotional stärker verbunden und annehmender und im Gegenzug als weniger distanziert und aggressiv beschrieben[36]. Selbstmitfühlende Personen scheinen mehr emotionale Ressourcen für ihr Gegenüber zur Verfügung zu haben, da sie sich selbst die Fürsorge schenken, die sie brauchen. Die Sicherheitshinweise beim Fliegen erinnern uns daran: »Falls der Druck in der Kabine sinken sollte, fallen Sauerstoffmasken herunter. Bitte setzen Sie sich eine der Masken auf. Erst dann helfen Sie mitreisenden Kindern.«

Wenn wir mit dem Leid anderer konfrontiert sind, für die wir Fürsorge tragen, belastet uns einerseits der Empathieschmerz und andererseits die Anhaftung daran, ein Ergebnis erzielen zu wollen. Mitgefühl für uns und andere kann helfen, den Empathieschmerz mit Wohlwollen im Gewahrsein zu halten, ohne den Schmerz verdrängen zu müssen oder uns von diesem Menschen abzuwenden. Gleichmut kann uns helfen, unsere Ohnmacht gegenüber dem Leid zu lindern und zu erkennen, dass wir in unserer Fähigkeit, das Leid eines anderen zu lindern, eingeschränkt sind. Als Vater oder Mutter ist es normal, an dem Ergebnis anzuhaften, dass das eigene Kind bei Krankheit wieder gesund werden soll. Als professionelle Helfer ist es normal, an dem Ergebnis anzuhaften, dass Menschen in unserer Fürsorge wieder gesunden sollen und wir uns als hilfreich erleben wollen. Leider kann diese Anhaftung zu einer Überidentifikation mit dem Ergebnis führen. Wir neigen möglicherweise dazu, in übermäßiger Weise Verantwortung für das Wohlbefinden anderer zu übernehmen, aus Angst, die Kontrolle über das Unkontrollierbare zu verlieren. Ohnmacht, Frust, Enttäuschung und Abwendung sind mögliche Folgen.

Es gilt, zu erkennen, dass mitfühlendes und gleichmütiges Zugewandtsein angesichts von Leid – sei es vermeidbarer oder unvermeidbarer Natur – die Basis für alles Helfen und alle Heilung ist. In einer Studie zur Wirksamkeit von Akupunktur bei Reizdarm konnte gezeigt werden, dass die Methode wesentlich wirkungsvoller war, wenn sie von einem mitfühlenden Therapeuten ausgeführt wurde.[37] Wenn Psychotherapeuten sich in einer achtsamen und mitfühlenden Haltung sich selbst gegenüber üben, kann dies zu klinischen Verbesserungen bei den zu behandelnden Patienten führen[38] – eine selbstverurteilende Haltung hingegen führt zu Feindseligkeit gegenüber Patienten und verringert den therapeutischen Erfolg[39]. Eine mitfühlende Haltung unserem eigenen Leid gegenüber überträgt sich also auf unser Gegenüber.

Umgang mit Fürsorgemüdigkeit

Die folgende Übung wurde von Christopher Germer und Kristin Neff[10,22] als Teil des Kurses *Mindful Self-Compassion (MSC)* entwickelt.

Finde eine wache, entspannte und würdevolle Sitzhaltung. Wenn du magst, nimm ein paar tiefe Atemzüge und lass dein Gewahrsein ganz in deinem Körper landen. Spüre deinen Körper, wie er hier sitzt und geatmet wird. Genieße es, für einige Minuten nichts tun zu müssen, nur da zu sein.

Lege die Hand auf die Mitte des Brustbereichs oder an eine andere beruhigende Körperstelle, und spüre die Wärme und die Absicht der Geste, dir liebevolle Aufmerksamkeit zu schenken.

Denke jetzt an eine Person, für die du Fürsorge trägst und wo dich diese Fürsorge beginnt zu erschöpfen oder zu frustrieren. Bitte denke nicht an dein Kind, da diese Beziehung für diese Übung zu kompliziert ist. Sehe die Person und deren Leid klar vor dem geistigen Auge, und lass dich die Belastung im Körper spüren.

Lausche den Worten:
Jeder Mensch ist auf seiner oder ihrer eigenen Lebensreise.
Ich bin weder der Grund für das Leid des anderen, noch steht es allein in meiner Macht, es zu beenden – auch wenn ich mir wünschte, ich könnte das. Momente wie diese sind schwer auszuhalten, aber möge ich dennoch versuchen zu helfen, soweit ich das kann.

Spüre die Anspannung in deinem Körper, und atme tief ein. Lass sich jede Zelle in deinem Körper in deiner Vorstellung von Mitgefühl erfüllen, während du tief einatmest. Lass dich von der tiefen Einatmung beruhigen, und gib dir das Mitgefühl, das du jetzt brauchst. Atme ein unterstützendes Wort oder wärmendes Sonnenlicht ein.

Atme weiter Mitgefühl ein, und überlasse dich deiner Atmung, die allmählich einen natürlichen, entspannten Rhythmus findet.

Atme Mitgefühl für dich ein und Mitgefühl für den anderen aus. Lass dich mit dem Herzen atmen. Einer für mich und einer für dich.

Erlaube dir, dich mehr auf Mitgefühl für dich zu fokussieren, wenn es die Anspannung in dir verlangt.

Spüre die sanfte, wiegende Bewegung deines Körpers, wenn du atmest – lass deine Atembewegung wie eine sanfte Welle auf dem

grenzenlosen Ozean des Mitgefühls sein, der uns alle verbindet und um-
sorgt.

Lausche erneut den Worten mit deinem Herzen:
Jeder Mensch ist auf seiner oder ihrer eigenen Lebensreise.
Ich bin weder der Grund für das Leid des anderen, noch steht es allein in
meiner Macht, es zu beenden – auch wenn ich mir wünschte, ich könnte das.
Momente wie diese sind schwer auszuhalten, aber möge ich dennoch ver-
suchen zu helfen, soweit ich das kann.

Die Wirkungen von Selbstmitgefühl

Die Forschung über Selbstmitgefühl begann 2003 und ist somit
noch sehr jung, mit derzeit ungefähr 300 Veröffentlichungen.
Ein deutlicher Zusammenhang zwischen erhöhtem Selbstmitgefühl und verminderter Angst, Depressionen und Stress zeigte
sich in einer ersten Metaanalyse.[40] Erhöhtes Selbstmitgefühl
geht außerdem mit einer Vielfalt von Indikatoren für psychi-
sches und körperliches Wohlbefinden und Resilienz einher.[11]
Selbstmitgefühl wird explizit durch zwei Ansätze kultiviert: die
Compassion Focused Therapy (CFT) von Paul Gilbert aus England[2] und den *Mindful Self-Compassion*-Kurs *(MSC)* von Christopher Germer und Kristin Neff aus den USA[22].
 MSC ist ein achtwöchiger Kurs, in dem durch angeleitete
Meditationen, *inquiry* (Austausch über das direkte Erleben in
den Übungen), Kurzvorträge sowie Austausch in Klein- und
Großgruppen achtsames Selbstmitgefühl erlernt wird. *MSC* ist
für nicht-klinische Gruppen konzipiert, d.h. für Menschen, die
nicht an akuten psychischen Störungen leiden. Bei einer ersten,
randomisierten Untersuchung konnte man bei einer *MSC*-
Gruppe im Vergleich zu einer Wartelistegruppe eine signifikante Reduktion von Angst und Depressionen sowie einen signifikanten Anstieg von Selbstmitgefühl, Mitgefühl, Achtsam-

keit und Lebenszufriedenheit unmittelbar nach Kursende sowie ein Jahr später feststellen.[22] Seit 2014 werden in den USA und in Europa Lehrerausbildungen angeboten (www.center-formsc.org).

CFT ist ein evolutionspsychologischer, psychotherapeutischer Ansatz, der speziell für komplexe, schambasierte psychische Störungen entwickelt wurde und flexibel in andere Psychotherapieansätze integriert werden kann. Erste klinische Studien zeigen, dass *CFT* ein sicherer und hilfreicher Ansatz bei verschiedenen psychiatrischen Störungen ist, der zu mehr Mitgefühl und Verbesserungen bei Psychosen[41], zu weniger Scham, Selbstkritik und Depressionen bei Persönlichkeitsstörungen[42] und zu weniger Essstörungssymptomen bei Bulimie führte[43]. Weiterbildungen für ausgebildete Psychotherapeuten werden vorwiegend in Großbritannien angeboten (www.compassionatemind.co.uk).

Selbstmitgefühl scheint ein zentraler Wirkmechanismus in der Psychotherapie[44] und im Achtsamkeitstraining[45] zu sein, der von verschiedensten Personengruppen erfolgreich kultiviert werden kann, auch wenn diese in der Kindheit nur wenig Zuwendung erfahren haben. Selbstmitgefühl bei Scham und Selbstverurteilung kann uns helfen, uns zu erlauben, ganz Mensch zu sein. Selbstmitgefühl bei Helfer-Burn-out kann uns helfen, zu lieben, ohne uns zu verlieren.

Weiterführende Informationen:

www.selbstmitgefuehl.de
www.centerformsc.org
www.compassionatemind.co.uk

Literatur

1. Siegel R, Germer C. Wisdom and Compassion: Two Wings of a Bird. In: Germer C, Siegel R, (editors). *Compassion and Wisdom in Psychotherapy*. New York, NY: Guildford Press; 2012, S. 7–34.

2. Gilbert P. *Compassion Focused Therapy*. Paderborn: Junfermann Verlag; 2013.

3. Germer C. *Der achtsame Weg zur Selbstliebe: wie man sich von destruktiven Gedanken und Gefühlen befreit*. Freiburg: Arbor Verlag; 2011.

4. Gilbert P, Birchwood M, Gilbert J, Trower P, Hay J, Murray B, et al. An exploration of evolved mental mechanisms for dominant and subordinate behaviour in relation to auditory hallucinations in schizophrenia and critical thoughts in depression. *Psychological Medicine*. 2001;31:1117–1127.

5. Buss DM. The evolution of happiness. *American Psychologist*. 2000;55(1):15.

6. Gilbert P, Irons C. A pilot exploration of the use of compassionate images in a group of self-critical people. *Memory*. 2004;12(4): 507–516.

7. Schore AN. The experience-dependent maturation of a regulatory system in the orbital prefrontal cortex and the origin of developmental psychopathology. *Development and Psychopathology*. 1996;8(01):59–87.

8. Porges SW. The polyvagal perspective. *Biological Psychology*. 2007;74(2):116–143.

9. Neff KD. The development and validation of a scale to measure self-compassion. *Self and Identity*. 2003;2(3):223–250.

10. Germer C, Neff KD. *MSC Teacher Guide*. Unveröffentlichtes Manuskript: Center for Mindful Self-Compassion; 2014.

11. Neff KD. The science of self-compassion. In: Germer C, Siegel R, (editors). *Compassion and Wisdom in Psychotherapy*. New York: Guildford Press; 2012, S. 79–92.

12. Adams CE, Leary MR. Promoting self-compassionate attitudes

toward eating among restrictive and guilty eaters. *Journal of Social and Clinical Psychology.* 2007;26(10):1120–1144.

13. Kelly AC, Zuroff DC, Foa CL, Gilbert P. Who benefits from training in self-compassionate self-regulation? A study of smoking reduction. *Journal of Social and Clinical Psychology.* 2010;29(7):727–755.

14. Magnus CM, Kowalski KC, McHugh T-LF. The role of self-compassion in women's self-determined motives to exercise and exercise-related outcomes. *Self and Identity.* 2010;9(4):363–382.

15. Terry ML, Leary MR. Self-compassion, self-regulation, and health. *Self and Identity.* 2011;10(3):352–362.

16. Neff KD, Pommier E. The relationship between self-compassion and other-focused concern among college undergraduates, community adults, and practicing meditators. *Self and Identity.* 2013;12(2):160–176.

17. Breines JG, Chen S. Self-compassion increases self-improvement motivation. *Personality and Social Psychology Bulletin.* 2012;38(9):1133–1143.

18. Sbarra DA, Smith HL, Mehl MR. When leaving your ex, love yourself observational ratings of self-compassion predict the course of emotional recovery following marital separation. *Psychological Science.* 2012.

19. Costa J, Pinto-Gouveia J. Acceptance of pain, self-compassion and psychopathology: Using the Chronic Pain Acceptance Questionnaire to identify patients' subgroups. *Clinical Psychology & Psychotherapy.* 2011;18(4):292–302.

20. Dahm KA. *Mindfulness and self-compassion as predictors of functional outcomes and psychopathology in OEF/OIF veterans exposed to trauma.* Austin, USA.: University of Texas; 2013.

21. Breines JG, Thoma MV, Gianferante D, Hanlin L, Chen X, Rohleder N. Self-compassion as a predictor of interleukin-6 response to acute psychosocial stress. *Brain, Behavior and Immunity.* 2014;37:109–114.

22. Neff KD, Germer CK. A pilot study and randomized controlled trial

of the Mindful Self-Compassion Program. *Journal of Clinical Psychology*. 2013;69(1):28–44.

23. Gilbert P, Andrews B. Shame: *Interpersonal Behavior, Psychopathology, and Culture*. Oxford: Oxford University Press; 1998.

24. Kim S, Thibodeau R, Jorgensen RS. Shame, guilt, and depressive symptoms: A meta-analytic review. *Psychological Bulletin*. 2011;137(1):68.

25. Kelly AC, Carter JC. Why self-critical patients present with more severe eating disorder pathology: The mediating role of shame. *British Journal of Clinical Psychology*. 2013;52(2):148–161.

26. Turner MH, Bernard M, Birchwood M, Jackson C, Jones C. The contribution of shame to post-psychotic trauma. *British Journal of Clinical Psychology*. 2013;52(2):162–182.

27. Matos M, Pinto-Gouveia J, Gilbert P. The effect of shame and shame memories on paranoid ideation and social anxiety. *Clinical Psychology & Psychotherapy*. 2013;20(4):334–349.

28. Pinto-Gouveia J, Castilho P, Matos M, Xavier A. Centrality of Shame Memories and Psychopathology: The Mediator Effect of Self-Criticism. *Clinical Psychology: Science and Practice*. 2013;20(3):323–334.

29. Matos M, Pinto-Gouveia J. Shamed by a Parent or by Others: The Role of Attachment in Shame Memories Relation to Depression. *International Journal of Psychology and Psychological Therapy*. 2014;14(2):217–244.

30. Carvalho S, Dinis A, Pinto-Gouveia J, Estanqueiro C. Memories of Shame Experiences with Others and Depression Symptoms: The Mediating Role of Experiential Avoidance. *Clinical Psychology & Psychotherapy*. 2013.

31. Thera N. The four sublime states: Contemplations on love, compassion, sympathetic joy, and equanimity. *The Wheel Publication*. 2009(6).

32. Abendroth M, Flannery J. Predicting the risk of compassion fatigue: A study of hospice nurses. *Journal of Hospice & Palliative Nursing*. 2006;8(6):346–356.

33. Klimecki OM, Leiberg S, Ricard M, Singer T. Differential pattern of functional brain plasticity after compassion and empathy training. *Social Cognitive and Affective Neuroscience.* 2014;9(6):873–879.

34. Klimecki OM, Leiberg S, Lamm C, Singer T. Functional neural plasticity and associated changes in positive affect after compassion training. *Cerebral Cortex.* 2013;23(7):1552–1561.

35. Leiberg S, Klimecki O, Singer T. Short-term compassion training increases prosocial behavior in a newly developed prosocial game. PLoS ONE. 2011;6(3):e17798.

36. Neff KD, Beretvas SN. The role of self-compassion in romantic relationships. *Self and Identity.* 2013;12(1):78–98.

37. Kaptchuk TJ, Kelley JM, Conboy LA, Davis RB, Kerr CE, Jacobson EE, et al. Components of placebo effect: Randomised controlled trial in patients with irritable bowel syndrome. *British Medical Journal.* 2008;336(7651):999–1003.

38. Grepmair L, Mitterlehner F, Loew T, Bachler E, Rother W, Nickel M. Promoting Mindfulness in Psychotherapists in Training Influences the Treatment Results of Their Patients: A Randomized, Double-Blind, Controlled Study. *Psychotherapy and Psychosomatics.* 2007;76:332–338.

39. Henry WP, Schacht TE, Strupp HH. Patient and therapist introject, interpersonal process, and differential psychotherapy outcome. *Journal of Consulting and Clinical Psychology.* 1990;58(6):768.

40. MacBeth A, Gumley A. Exploring compassion: A meta-analysis of the association between self-compassion and psychopathology. *Clinical Psychology Review.* 2012;32(6):545–552.

41. Braehler C, Gumley A, Harper J, Wallace S, Norrie J, Gilbert P. Exploring change processes in compassion focused therapy in psychosis: Results of a feasibility randomized controlled trial. *British Journal of Clinical Psychology.* 2013;52(2):199–214.

42. Lucre KM, Corten N. An exploration of group compassion focused therapy for personality disorder. *Psychology and Psychotherapy: Theory, Research and Practice.* 2013;86(4):387–400.

43. Gale C, Gilbert P, Read N, Goss K. An evaluation of the impact of

introducing compassion focused therapy to a standard treatment programme for people with eating disorders. *Clinical Psychology & Psychotherapy*. 2014;21(1):1–12.

44. Schanche ES, Tore C.; McCullough, Leigh; Svartberg, Martin; Nielsen, Geir Høstmark. The relationship between activating affects, inhibitory affects, and self-compassion in patients with Cluster C personality disorders. *Psychotherapy*. 2011;48(3):293–303.

45. Kuyken W, Watkins E, Holden E, White K, Taylor RS, Byford S, et al. How does mindfulness-based cognitive therapy work? *Behaviour Research and Therapy*. 2010;48(11):1105–1112.

Aufwachen –
mitten im Leben?

Gisela Full

»Die Chance, aus der egoischen Trance zu erwachen und damit aus dem Strudel des Leidens auszubrechen, ist etwas, das, historisch gesprochen, nur für eine kleine Minderheit möglich war. (…) In der Vergangenheit waren das die großen Mystiker und Meister. Heute aber richtet sich der Ruf des Erwachens als Notwendigkeit an uns alle. Es ist nicht länger das Privileg von Mystikern, da unser gesamtes kollektives Überleben vom bewussten Erwachen aus dem Traum der Getrenntheit und der Isolation abhängt.«[1]

Das Thema Aufwachen, besser bekannt unter dem Schlagwort »Erleuchtung«, wird klassischerweise mit dem Buddhismus in Verbindung gebracht – gilt doch der Buddha als das Exempel par excellence im Hinblick auf Erleuchtung.

Faktisch jedoch existiert der Begriff der Erleuchtung – im Gegensatz zum »Erwachen« – in der traditionellen buddhistischen Literatur nicht: Der Sanskrit- und Pali-Terminus *bodhi* hat seine etymologischen Wurzeln in *budh,* was wörtlich übersetzt »aufwachen« oder »erwachen«[2] bedeutet. »Buddha« bedeutet demnach nicht »der Erleuchtete«, sondern »der Erwachte«. Bereits hieraus lässt sich erkennen, welch zentrale Rolle das Erwachen im Buddhismus spielt – der Buddha als personifiziertes Beispiel seiner Lehre. Der Überlieferung zufolge erachtete der Buddha sein eigenes Selbstverständnis als das eines Erwachten: Unmittelbar nach seinem Erwachen soll er Upaka, einem Wanderasketen, begegnet sein, der von seiner Erscheinung sehr beeindruckt war: »›Wer bist du, Freund? Dein Antlitz ist so klar und leuchtend, deine Züge so ehrfurchtgebietend und gelassen. Sicher muss dir eine große Wahrheit offenbar ge-

153

worden sein.‹ Der gerade erwachte Buddha soll geantwortet haben, er sei erwacht.«[3]

Was bedeutet es nun aber, wenn der Buddha oder der Buddhismus vom Erwachen spricht?

Zunächst: »Mit der direkten Erfahrung des Erwachens scheint eine vollständige Beendigung der bisherigen Welt- und Wirklichkeitserfahrung einherzugehen.«[4]

In ähnlicher Weise beschreibt D. T. Suzuki das Erwachen als »das Erkennen der Essenz der Dinge und des Seins«[5] und markiert es als *den* Wendepunkt im menschlichen Leben: »Die Wendepunkt-Erfahrung rüttelt an den Grundmanifesten der Existenz. Ihr Erreichen markiert den Wendepunkt im menschlichen Leben. (…) Es ist die Wahrnehmung der eigentlichen Realität (…), die Entfaltung einer neuen Sichtweise und einer neuen Welt, die, bedingt durch die verblendete Sicht des dualistischen Geistes, bisher ungesehen und unerkannt blieb. Die Welt erscheint nun wie in ein neues Gewand gekleidet, während im Vergleich dazu die vorherige als unansehnlich zu bezeichnen wäre und nach buddhistischer Auffassung reine Verblendung ist. (…) Alle mentalen Funktionen und geistigen Aktivitäten arbeiten nun auf einem anderen Niveau, was eine nie gekannte Befriedigung, unermesslichen Frieden und eine niemals zuvor erlebte Freude mit sich bringt. Der Grundton des Lebens hat sich verändert.«[6]

Mit dem Erwachen entwickelt sich demnach eine vollständig neue Sicht- und Seinsweise; das alte Erleben hingegen erscheint einem dann wie das eines träumenden Schlafwandlers. »Erwachen« bedeutet demnach, aus einer illusionären, verblendeten Wahrnehmung zur eigentlichen Realität – buddhistisch gesprochen: zu *Nirvana* – zu erwachen. Diese Realität kann weder begrifflich erfasst noch vermittelt werden.[7] Buddha selbst soll deshalb meist ex negativo von *Nirvana* gesprochen haben:

»Es ist das Ungeformte, das Ungewordene, das Nicht-Bedingte, das Ende, die Wahrheit, das andere Ufer, das Subtile, das Ewige, das Nichtsichtbare, das Unteilbare, der Frieden, das Todlose, das Gesegnete, die Sicherheit, das Wundervolle, das *Nirvana,* die Reinheit, die Freiheit, die Insel, die Zuflucht, das Refugium, das Jenseits.«[8]

Es bildet das Sein, in dem alle wechselnden Phänomene, einschließlich unserer selbst, ihre Existenz haben und außerhalb dessen nichts existiert.

Das Erwachen aus dem Traum, aus der Illusion, verbunden mit der Beendigung des Leidens, ist die Perspektive, die der Buddhismus für dieses Leben in Aussicht stellt.[9] Hierfür gelten der *Achtfache Edle Pfad* in seiner Dreigliederung von Ethik/Moral, Konzentration/Geistesruhe und Weisheit als Weg[10] und die *Sieben Faktoren des Erwachens* als unabdingbar: Achtsamkeit, die Erforschung der Natur der Dinge, aufrichtiges Bemühen, Freude, Geistesruhe/Stille, Sammlung/Konzentration und Gleichmut/Gelassenheit.[11] »Gemäß der frühbuddhistischen Meditationstheorie ermöglicht die Kultivierung und Vertiefung dieser sieben Geistesfaktoren den Durchbruch zum direkten Erwachen.«[12]

Für gewöhnlich erachten wir ein solches Erwachen als etwas, das gegebenenfalls dem Buddha, seinen unmittelbaren Jüngern und solchen vorbehalten ist, die sich in einer unermüdlichen Praxis fern jeder Weltlichkeit um dieses Ziel bemühen. Demgegenüber häufen sich in den letzten Jahren immer mehr Berichte von Menschen, die ein solches Erwachen mitten in ihrem Alltag erleben – nicht selten in völliger Unkenntnis dessen, was ihnen geschieht:

Ich wusste natürlich, dass etwas zutiefst Bedeutsames mit mir geschehen war, aber ich verstand es nicht. Erst einige Jahre später, nachdem ich spirituelle Texte gelesen und Zeit mit spirituellen Lehrern verbracht hatte, erkannte ich, dass das, wonach andere suchen, für mich bereits geschehen war.[13]

Erst Jahre später kann Eckhart Tolle sich das Geschehene erklären:

> *Ich verstand, dass der intensive Leidensdruck in jener Nacht mein Bewusstsein wohl dazu gezwungen hatte, sich aus der Identifikation mit dem unglücklichen und zutiefst ängstlichen Selbst zu lösen, welches ja letztendlich eine Einbildung des Verstandes ist. Der Rückzug muss so vollständig gewesen sein, dass das unechte, leidende Selbst sofort in sich zusammenbrach, so als wenn man den Stöpsel aus einem aufblasbaren Spielzeug herausgezogen hätte. Was zurückblieb, war meine wahre Natur – das stets gegenwärtige Ich bin: reines Bewusstsein, bevor es sich mit Form identifiziert. Später lernte ich auch bei vollem Bewusstsein, in dieses innere zeitlose und unsterbliche Reich, das ich ursprünglich als eine Leere wahrgenommen hatte, einzutreten. Ich befand mich in Zuständen von so unbeschreiblicher Glückseligkeit und Heiligkeit, dass im Vergleich damit sogar die ursprüngliche Erfahrung, welche ich gerade beschrieben habe, verblasste.*[14]

Der wesentliche Aspekt in diesem Geschehen scheint nun darin zu liegen, dass das vormals geglaubte und wahrgenommene Ich – das personifizierte Subjekt der eigenen Wahrnehmung – als mentale Konstruktion durchschaut und erkannt wird. In der Auflösung dieses Konstrukts scheint das durchzubrechen, was nicht mit dem Körper, den Gedanken, den Gefühlen und verschiedenen sinnlichen Wahrnehmungen identifiziert ist, sondern reine Wahrnehmung oder reines Bewusstsein ist. In anderen Worten: das, welches sich des Sehens und Wahrnehmens bewusst ist. *Erwachen* ist demzufolge, aus der Fiktion des konstruierten Ichs oder besser Egos auszubrechen und das wahrzunehmen, was hinter dieser Fiktion liegt. Dies ist der Anfang eines sich immer weiter ausdifferenzierenden Prozesses, der zu immer mehr Klarheit und Erkenntnis über die Wirklichkeit führt. Das Erwachen stellt somit den *Anfang*, nicht das Ende eines Prozesses dar: »Denkt nun nicht, dass das Erwachen das Ende ist. Das Erwachen markiert das *Ende der Suche*, das *Ende des Suchenden*, aber es ist zugleich der Beginn eines Lebens aus dem wahren Wesen heraus.«[15]

Wie bereits erwähnt, scheint dieses Erwachen nun nicht mehr die exklusive Erfahrung vereinzelter Heiliger zu sein; stattdessen scheinen immer mehr Menschen das mentale Konstrukt des Egos zu durchbrechen und ein dahinterliegendes, reines Bewusstsein wahrzunehmen. Wie sind sie dazu gekommen? Und wie bin ich dazu gekommen, darüber zu forschen?

2009/2010 bin ich für eine Forschungsstudie nach Burma gereist. Ich hatte mich zu diesem Zeitpunkt bereits viele Jahre mit dem Palikanon, der ältesten erhaltenen buddhistischen Schrift, auseinandergesetzt und war insbesondere an dem darin beschriebenen Phänomen des Erwachens interessiert. Nun wollte ich herausfinden, ob es ein solches Phänomen tatsächlich gibt und ob Menschen im 21. Jahrhundert ein solches Erwachen erleben. Burma, so hatte ich gehört, war unter den buddhistisch geprägten Ländern dasjenige, in dem eine besonders systematische Methodik des Erwachens gelehrt wird und das eine Vielzahl herausragender Lehrer hervorgebracht hat. Wie jedoch sollte man einen Erwachten erkennen? Dies war insbesondere deshalb eine Herausforderung, weil es zu den Auflagen monastischer Disziplin gehört, nicht über die eigenen Errungenschaften zu sprechen. Zu Hilfe kam mir ein Internum: In den orthodoxen Klöstern Burmas erhalten nur diejenigen eine Lehrerlaubnis, die von ihrem Lehrer hierzu autorisiert wurden, nachdem dieser sich davon überzeugt hat, dass sein Schüler eine der vier Stufen des Erwachens erreicht hat (die Theravada-Tradition unterschiedet vier Grade des Erwachens). Ich entschied mich deshalb, ausschließlich solches Lehrpersonal zu interviewen, das anhand dieses Kriteriums autorisiert worden war. Aus wissenschaftlicher Sicht kann diese Art der Auswahl von Probanden zwar nicht als objektiv gelten; da die gesamte Thematik des Erwachens jedoch bis dato wissenschaftlich nicht erfasst ist, war von Beginn an klar, dass es sich bei dieser Studie um eine Art ersten Gehversuch handeln würde, um dem Phänomen des Erwachens wissenschaftlich zu begegnen. Es war somit ein exploratives Vorgehen, mit dem Ziel, Einblicke in dieses Feld zu erhalten, um die Grundlage für Folgestudien zu schaffen. Für eine erste Erkundung des Feldes schienen mir Interviews die beste Methode, wobei das formulierte Hauptanliegen um die Frage kreiste, wie sich die Wahrnehmung der Probanden durch das Erreichen einer der vier Stufen des Erwachens verändert hatte – zum einen im Hinblick auf die Sinneswahrnehmung externer, materieller Objekte, zum Beispiel hinsichtlich der optischen Wahrnehmung von Bergen und Häusern etc., zum anderen bezogen auf die Wahrnehmung der eigenen Person.

Ich konnte 18 Probanden, 16 Männer und 2 Frauen, für die Studie gewinnen. 16 der Teilnehmer waren ordiniert, die beiden anderen waren zwar ebenso als Meditationslehrer autorisiert worden, standen aber im Familienleben. Zwei der Interviewpartner stammten aus dem Westen, und alle Probanden hatten einen Universitätsabschluss und sprachen Englisch. Es können im Wesentlichen drei Bereiche unterschieden werden, in denen sich die Wahrnehmung verändert hatte:

1. Qualitative Veränderungen

In diesem Bereich beschrieben die Probanden vor allem eine Veränderung hinsichtlich größerer Klarheit und besserer Unterscheidungsfähigkeit. Demnach tritt neben einer veränderten Objektwahrnehmung auch eine größere Bewusstheit der unterschiedlichen Objektwahrnehmungen und des gesamten Prozesses der Wahrnehmung sowie der mentalen Reaktionen auf diese Objekte auf. Das gilt auch für sogenannte innere Objekte wie

Gedanken, Gefühle und Körperwahrnehmungen. Mitunter können deren kausale Zusammenhänge wahrgenommen werden, so beispielsweise, welche Gedanken zu welchen Gefühlen oder Körperreaktionen führen. Zusätzlich wurde der Prozess der Wahrnehmung im Gegensatz zur bisherigen Wahrnehmung als belebter, lebendiger und deutlich interessanter beschrieben.

2. Nicht-konzeptuelle Wahrnehmung

Probanden berichteten von einer Wahrnehmungsveränderung, in der materielle Objekte als nicht solide wahrgenommen wurden, das heißt, Materie wurde als ein Konglomerat einzelner Komponenten wahrgenommen, die sich in einem permanenten Fluss befinden. Bei durch anhaltende Meditation vertiefter Wahrnehmung nahmen einzelne Probanden auch wahr, dass die einzelnen Komponenten ebenfalls dem Bereich der Konzepte angehörten und dass die darunterliegende Realität eher als das Zusammenspiel einzelner »Qualitäten« oder Eigenschaften wie Kohäsion, Temperatur und Gewicht bzw. Masse bestünden. Im Geist würden die einzelnen Komponenten dann zu Konzepten zusammengesetzt. Ein Studienteilnehmer formulierte es so.

> *Wenn wir meditieren, sehen wir: Da gibt es keine Männer, keine Frauen, keine Bäume und keine Berge. Da ist nur zusammengesetzte Materie, nur Aggregate, die sich in einem immerwährenden Fluss, in einer immerwährenden Bewegung befinden. Es gibt nirgends etwas Solides, Festes.*[16]

Ein anderer Teilnehmer ergänzt:

> *In der Meditation stellen wir jedoch fest, dass diese kleinen Partikel nicht der ultimativen Realität entsprechen. Sie sind*

immer noch Konzepte, wenn auch sehr subtile Konzepte. Erst
wenn wir uns auf den Inhalt dieser kleinsten Einheiten kon-
zentrieren, erkennen wir die eigentliche Realität (hinter) der
Materie.[17]

3. »Nicht-egoische« Wahrnehmung

Die Teilnehmer berichteten von einer veränderten Wahrnehmung, in welcher sie Gedanken, Gefühle, Körperempfindungen und sinnliche Wahrnehmungen als Formationen des Bewusstseins wahrnähmen, in der jedoch kein Ich zu finden sei.
Das Erleben eines Ichs, einer Person, die all diese Wahrnehmungen hat, sei eine durch Identifikation mit den einzelnen
Phänomenen konstruierte Fiktion, die als solche durchschaut
werde. Die Auflösung dieser Fiktion werde als Befreiung empfunden.

Einer der beiden Teilnehmer aus dem Westen fasst zusammen: »Alles in der Welt ist bedingt. Was es zu erkennen gilt, ist
das Unbedingte.«[18] Trotz der aussagekräftigen Beschreibungen
der Teilnehmer über die erlebten Wahrnehmungsveränderun-
gen bleiben aus wissenschaftlicher Sicht viele Fragen offen, darunter die Frage der Verlässlichkeit der Aussagen, da es sich
ausschließlich um sogenannte Erste-Person-Berichte handelt.
Zum anderen stellt sich die Frage, inwieweit der Inhalt der Erfahrungen grundsätzlich sprachlich gefasst werden kann. Des
Weiteren ist zu fragen, inwieweit ein außenstehender Beobachter die beschriebenen Erfahrungen verstehen kann, ohne sie
selbst erlebt zu haben. Schließlich stellt sich auch die Frage, ob –
und wenn ja, inwiefern – die gemachten Erfahrungen auf dem
Hintergrund buddhistischer Prägungen in Worte gefasst wurden. Ich kann an dieser Stelle auf diese Punkte nicht eingehen.
Die Frage nach der buddhistischen Prägung im Hinblick auf
die beschriebenen Veränderungen veranlasste mich aber zu ei-

ner Folgestudie, die ich im Herbst/Winter 2012 in den USA durchführte.

Hierbei handelte es sich um eine sogenannte *cross-cultural study,* in der ich besonders den Aspekt der »nicht-egoischen« Wahrnehmung von Personen untersuchen wollte. Diese Personen sollten, aus dem oben genannten Grund, explizit *keinen* buddhistischen Hintergrund haben. Die Studie fußte auf vermehrt auftauchenden Berichten von Menschen im Westen, die sich durch die Auflösung einer ichbezogenen Wahrnehmung, die bei den unterschiedlichen Individuen unterschiedlich ausgelöst wurde, in einem veränderten Erleben wiederfanden. Genau wie die Teilnehmer der burmesischen Studie beschrieben auch diese Personen das Wahrnehmen eines Ichs als eine mentale Konstruktion und als eine Fiktion. Anders als die buddhistisch geprägten Probanden aus der vorherigen Studie hatten diese Menschen jedoch meist keinerlei spirituellen, religiösen oder durch eine Meditationspraxis beeinflussten Hintergrund und dementsprechend kein Referenzsystem, in das sie das neue Erleben einordnen konnten. Sie waren meist nicht mit Philosophien wie derjenigen der buddhistischen *Anatta*-Lehre (der Lehre vom Nicht-Ich)[19,20] vertraut und besaßen auch keine Meditations- oder religiös fundierte Praxis. Selbstredend hatten sie auch keinen monastischen Hintergrund.

Einer der im Westen bekanntesten Vertreter dieser Art des Erlebens ist der bereits zitierte Eckhart Tolle.[21] Als junger Akademiker der Cambridge University erlebt er mit 29 Jahren eine fundamentale Wahrnehmungsveränderung. In einem Zustand tiefer Depression und dem Gefühl, mit sich selbst nicht weiterleben zu können, vollzieht sich eine Trennung zwischen dem leidenden Ich und dem, das sich dieses Ichs und des Leidens bewusst ist. Er erkennt, dass dieses Ich mental konstruiert und im Gegensatz zur Instanz des wahrnehmenden Bewusstseins nicht real ist. In diesem Moment des klaren Sehens bricht das konstruierte Ich wie ein Kartenhaus in sich zusammen. Was zurückbleibt, ist reines wahrnehmendes Bewusstsein und eine Wahrnehmungsveränderung, in der, wie D. T. Suzuki es beschreibt, »die Welt in einem neuen Gewand erscheint«[5]. Eckhart Tolle schreibt über sein Erleben:

> *Ich stand auf und ging im Zimmer umher. Ich erkannte das Zimmer, und doch wusste ich, dass ich es nie zuvor wirklich gesehen hatte. Alles war frisch und unberührt, als ob es gerade erst entstanden wäre. Ich nahm einige Dinge in die Hand, einen Bleistift, eine leere Flasche, voll Wunder über die Schönheit und Lebendigkeit von allem.*
>
> *An diesem Tag ging ich in der Stadt umher, voller Staunen über das Wunder des Lebens auf der Erde, so als wäre ich gerade erst in diese Welt hineingeboren worden.*
>
> *Fünf Monate lang lebte ich ununterbrochen in einem Zustand tiefen Friedens und tiefer Glückseligkeit. Danach ließ die Intensität etwas nach, oder vielleicht schien es auch nur so, weil mir dieser Zustand so selbstverständlich geworden war. Ich konnte weiterhin in der Welt funktionieren, obwohl mir bewusst war, dass jegliches Tun nicht das Geringste zu dem hinzufügen konnte, was ich bereits hatte.*[22]

Eine US-amerikanische Teilnehmerin erzählte mir im Interview, wie sie als erfolgreiche Universitätsprofessorin nach einer Krebsdiagnose folgende Veränderung durchmachte:

> *Ungefähr drei Wochen nach der Diagnose erlebte ich diese profunde Veränderung meines Bewusstseins. Ich hatte keinen Begriff und keine Bezeichnung für das, was da geschah – eine Art massiver Erfahrung von Einheit. Ich war nicht mehr da, mein Selbstsinn war nicht mehr da, ich war eins mit dem in sich verbundenen Ganzen – und das war so profund, so ergreifend, eine so unbeschreibliche Erfahrung der Einheit allen Seins. Es war so direkt, so wahnsinnig offensichtlich, dass ich*

dachte, jeder müsse das wissen. Ich dachte, ich wäre die Letzte,
die das erkennt, die Letzte, die zu dieser Realität erwacht ist.
Ich war eins mit der Straße, auf der ich ging, eins mit den
Bäumen, eins mit dem Gras, eins mit den Ameisen. (…) Ich
war zu hundert Prozent präsent. Ich konnte gedanklich weder
in die Vergangenheit noch in die Zukunft gehen, ich war ein-
fach nur in der Präsenz des gegenwärtigen Moments. Es war
einfach nur Ekstase, unendliche Freude, Glückseligkeit, Lie-
be. Ich selbst bestand nur noch aus Liebe. Womit ich vor dem
Umbruch mein ganzes Leben lang gekämpft hatte, waren
Ärger, Eifersucht und Gier, all diese negativen Emotionen.
Das alles verschwand und kam nie wieder zurück. Ich war
nicht in der Lage, solcherart negative Emotionen wieder in
mir zu finden – sie waren einfach weg. Sie wurden durch
Liebe, Mitgefühl und Verbundenheit ersetzt.
So viele Dinge wurden auf einmal so klar; zum Beispiel die
Tatsache, dass, wenn man jemanden verletzt, man sich selbst
verletzt. Alles wurde mir auf einmal so klar. Es war, als hätte
ich eine große Wahrheit enthüllt. Es war so unermesslich
schön, mein Herz war so voll und so unendlich weit. Ich wuss-
te wirklich nicht, was da vor sich ging, und letztlich war es
auch egal. (…) Ich kam zu der Einsicht, dass alles jenseits
dieser Erfahrung Illusion ist.[23]

Obwohl sie, als überzeugte Wissenschaftlerin und Atheistin,
wie sie sagte, zuvor keine Meditationserfahrung gehabt und andere, die dergleichen praktizierten, belächelt habe, begannen
sich meditative Zustände wie von selbst einzustellen:

Ich geriet in solch profunde meditative Zustände, die die be-
griffliche Welt, die ich gekannt hatte, zerschlugen. So sah ich
beispielsweise eines Tages an meinem Arm herunter – und er
war nicht mehr da. Da war nur noch ein Umherschwirren von
Punkten, Energie-Punkten. Ich reagierte aus der Erschro-

ckenheit heraus wohl innerlich stark auf diese Erfahrung. So-
bald ich diese reaktive Haltung eingenommen hatte, war der
Arm wieder da. Ich hatte viele solcher Erfahrungen.
In der Rückschau ist meine Erklärung für das, was da passiert
ist, die folgende: Wenn der konzeptuelle Rahmen der Welt, die
man gekannt hat, zerbricht, verschwindet diese gekannte Welt.
Ich hatte nun ein neues Verständnis der Realität.
Später versuchte ich, das Geschehene zu konzeptualisieren; ich
versuchte, herauszufinden, was passiert war. (…) Ich wurde
unglaublich unterscheidungsfähig und scharfsichtig und gab
jegliche Art von Widerstand auf. Die Freude und die Ekstase
haben mich nie wieder verlassen. Sie haben sich nur – sagen
wir – etwas angepasst und wurden zu einer Art normalem Er-
leben; nicht mehr dieses überwältigende Gefühl, das einem die
Schuhe auszieht, wie am Anfang. Da ich beruflich in der psy-
chiatrischen Forschung tätig war, wusste ich, dass diese Art
Erfahrung Ähnlichkeit mit der einer Manie hat; da ich jedoch
ausgesprochen gut funktionierte, wusste ich, dass ich nicht
manisch war. Erst seither lebe ich das Leben in seiner ganzen
Fülle.[24]

Ein anderer Studienteilnehmer beschreibt sein Erleben wie
folgt:

Ich gab auf, was viele eine exzellente wissenschaftliche Karri-
ere nennen würden, da es eine Mitwirkung an der Entwick-
lung moderner Waffen beinhaltete. (…) Ich hatte in verschie-
denen Situationen Erlebnisse, in denen meine Wahrnehmung
umgeben und durchdrungen war von Ekstase, Licht und Stil-
le. Die physische Realität von Objekten wurde zusehends irre-
al und bestand eher aus Licht und Stille als aus Materie. (…)
Manchmal hatte ich einen Vorgeschmack von der Unbegrenzt-
heit des Bewusstseins. Bedingt durch meine materialistische
Erziehung, meine nicht-religiösen Eltern und mein Studium

der Mathematik und Physik, war ich jedoch zurückhaltend und voreingenommen, was die Übernahme religiöser Anschauungen anbetrifft, und skeptisch gegenüber jeglichen unlogischen oder unwissenschaftlich anmutenden Hypothesen. Und ein universelles, unbegrenztes Bewusstsein schien mir eine solche religiöse Vorstellung oder eine derartige Hypothese zu sein. Ich war jedoch offen dafür, die verschiedenen Möglichkeiten zu erkunden. Der Duft dieser (erlebten) Unbegrenztheit (des Bewusstseins) war in der Tat der entscheidende Faktor, dessentwegen ich meine Suche nach Wahrheit weiterführte.

Zwei Jahre nachdem ich den ersten Geschmack dieses Erlebens gehabt hatte (…), erlebte ich eine radikale Veränderung, eine kopernikanische Wende. Diese Erfahrung, oder, um präzise zu sein, diese Nicht-Erfahrung, stand für sich – unbedingt. Die Gewissheit, die daraus erwachsen ist, hat eine Kraft, die unabhängig von jedem Ereignis, von jedem Objekt und von jeder Person ist. (…)

Ich saß mit zwei Freunden in meinem Wohnzimmer in Stille und Meditation. Es war noch zu früh für das Abendessen, und da es nichts zu tun gab und ich nichts erwartete, war ich einfach nur da. Mein Geist war frei von Aktionismus, mein Körper entspannt und empfänglich (…). Nach einer Weile sang einer meiner Freunde unerwartet ein traditionelles Mantra in Sanskrit – das Gayatri-Mantra. Die heiligen Silben schufen eine Resonanz mit meiner inneren Stille, die sich dadurch noch intensivierte und lebendiger wurde. Ich fühlte eine tiefe Sehnsucht in mir – und gleichzeitig war da ein Widerstand in mir, der mich davon abhielt, die gegenwärtige Situation ganz auszuleben (…). Im gleichen Maße, wie mich die Schönheit des Liedes immer mehr in seinen Bann zog, wuchs auch der innere Widerstand und wurde immer mehr zu Angst und schließlich zu Terror. An diesem Punkt fühlte ich, dass mein Tod unmittelbar bevorstand, wenn ich mich noch weiter in

diese Hingabe fallen- und losließe. Ich hatte einen entschei-
denden Punkt in meinem Leben erreicht. (…) Da ich, bedingt
durch meine bisherigen Erfahrungen, nicht mehr an materiel-
len Objekten hing, war ich bereit, loszulassen. Als Ergebnis
dieses Loslassens gab der intensive innere Terror nach. Statt-
dessen empfand ich nun einen Fluss von Körperempfindungen
und Gedanken, die rapide in einem einzigen Gedanken kul-
minierten: »Ich bin.« Etwa so, wie die Wurzeln und Äste eines
Baumes in seinem Stamm zusammenlaufen. In einer fast
gleichzeitigen Bewusstwerdung enthüllte sich mir meine per-
sönliche Identität, mit der ich identifiziert war, in ihrer Totali-
tät. Ich sah ihre Metastruktur, die Gedanken, die dem Ich-
Konzept entsprangen, und dessen »Infrastruktur« – die Ma-
nifestation meiner Ängste und meiner Wünsche auf der
physischen Ebene. Jetzt wurde der gesamte »Baum« von ei-
nem unpersönlichen Betrachter betrachtet. Sowohl der Über-
bau von Gedanken als auch die »Infrastruktur« körperlicher
Empfindungen hörten auf zu existieren, und übrig blieb einzig
das »Ich bin« im Feld des Bewusstseins. Für ein paar Augen-
blicke schien dieses reine »Ich bin« zu flackern – so wie bei
einer Öllampe, die im Begriff ist zu erlöschen – und ver-
schwand schließlich. Und genau in diesem Moment offenbarte
sich der unsterbliche Hintergrund allen Seins in all seiner
Herrlichkeit.[25]

All diese Beispiele weisen darauf hin, dass die beschriebenen
Erfahrungen offenbar nicht an einen kulturellen Kontext wie
beispielsweise den Buddhismus gebunden sind. In vielen Fällen
hatten die Teilnehmer auch keine ausgewiesene Meditations-
oder spirituelle Praxis, die sie in dieses Erleben geführt hatte.
Manche Teilnehmer waren zuvor mit einschneidenden, für sie
sehr leidvollen Lebensereignissen konfrontiert gewesen bzw.
litten an Depressionen oder Angstzuständen. Für andere gab es
keine derartigen externen Auslöser. Einige wenige Teilnehmer

erlebten die Veränderung sehr plötzlich, in einer Art Urknall – für andere handelte es sich um einen eher stufenweisen Prozess. Manche Teilnehmer waren aktiv auf der Suche nach »Befreiung«, für andere war eine solche Vorstellung schlichtweg nicht vorhanden. Bei der Analyse der Daten der Studie zeigten sich weder biographische Übereinstimmungen noch Homogenität im Hinblick auf Schichtenzugehörigkeit, Alter oder das Bildungsniveau, aus denen Kausalzusammenhänge hätten geschlossen werden können; und auch die Charaktere der einzelnen Teilnehmer waren so unterschiedlich wie die Anzahl der Teilnehmer selbst (22 an der Zahl). Es scheint so zu sein, wie es einer der Probanden ausdrückte: »Das Aufwachen geschieht nicht nach vorgegebenen Regeln oder Gesetzen.«[26]

Gemeinsam allerdings ist allen, dass der Wegfall einer ichbezogenen Wahrnehmung als große Befreiung, als die eigentliche Realität und als allumfassende Erfahrung bedingungsloser Liebe erlebt wird und dass jegliche weitere Suche nach irgendetwas durch das Erlebte aufhört. Stattdessen bestimmt nach den Aussagen der Probanden diese allumfassende Liebe ihr seitheriges Tun und Sein in der Welt.

Es stellt sich grundsätzlich die Frage, ob es sich in den genannten Fällen der beiden Studien wirklich um das gleiche Phänomen handelt; mit anderen Worten: Ist die buddhistische *Anatta*-Erfahrung, die gekoppelt ist an die Erfahrung von *Nirvana*, mit den Erfahrungen der westlichen Probanden identisch? Obgleich eine objektive Antwort hierauf wahrscheinlich grundsätzlich nicht möglich ist (Stichwort 1: Qualia; Stichwort 2: Perennialismus vs. Konzeptualismus) und die Analyse hierzu auch nicht abgeschlossen ist, drängen sich in der Betrachtung gewisse Parallelen geradezu auf. Damit einher geht auch die Frage – vorausgesetzt, es handelt sich tatsächlich um das gleiche Phänomen –, wie sinnvoll beziehungsweise wie »notwendig« meditative Praktiken dann überhaupt sind. Denn wenn »Befreiung«, wie von den amerikanischen Teilnehmern beschrieben, auch ohne solch ein systematisches Training möglich ist: Wozu dann die anspruchsvolle Arbeit meditativer Praktiken? Der spirituelle Lehrer Adyashanti meinte in diesem Zusammenhang einmal: »Fakt ist: Wir müssen das Durcheinander aufräumen!«[27] – Das wir, so könnte man erläuternd hinzufügen, uns selbst durch unsere Konditionierungen und Illusionen geschaffen haben. – Und aufräumen könnten wir es, indem wir uns entweder *nach* dem Erwachen darum kümmern … oder aber *davor:* zum Beispiel durch die reinigenden Praktiken der Meditation.

Seine persönliche Empfehlung geht jedoch dahin, *erst* aufzuwachen – und *dann* zu tun, was noch getan werden muss. Man würde dann vom Endpunkt aus agieren, was viel einfacher, freudvoller und effektiver sei. Im anderen Fall, so Adyashanti, wäre diesen meditativen Reinigungsübungen kein Ende gesetzt – sie könnten endlos fortgesetzt werden, ohne dass man davon zwingend aufwachen würde.

Bedeutet das im Umkehrschluss, man könne gar nichts tun, um aufzuwachen? Wie Eckhart Tolle ironisierend pointiert: »Warum sitzt du dann nicht einfach mit einer Dose Bier in der Hand vor dem Fernseher und wartest auf deine Erleuchtung?«[28] Er empfiehlt, ein Maximum an Präsenz in alles Tun zu legen – und dem Lärm im Kopf eher als Zeuge zuzuhören, als sich mit den Gedanken zu identifizieren; Gleiches gilt für Emotionen und andere Wahrnehmungen.

Zusammenfassend lässt sich sagen: Das Phänomen, von einer »egoischen« hin zu einer nicht-ichbezogenen Wahrnehmung zu gelangen – was einhergeht mit der dauerhaften Erfahrung von Glück, Freude und Liebe – und aus jenem Zustand zu erwachen, der diese Qualitäten nicht aufweist, ist, so scheint aus den Daten hervorzugehen, eine real existierende Möglichkeit. Neben dieser bereits guten Nachricht ist die vielleicht noch bessere, dass dies mitten im Leben möglich ist.

Literatur

1. Adyashanti. *Falling into Grace: Insights on the end of suffering.* Boulder, CO: Sounds True; 2011, S. 61–62. [Anmerkung: Alle englischsprachigen Zitate in diesem Beitrag wurden von mir ins Deutsche übersetzt, GF.]

2. Im Folgenden werden die beiden Begriffe »Aufwachen« und »Erwachen« synonym benutzt.

3. Vgl. Mahavagga 1.6. In: Pasanno A, Amaro A (editors). *The Island: An Anthology of the Buddha's Teachings on Nibbana.* Redwood Valley, CA: Abhayagiri Monastic Foundation; 2009, S. 26.

4. Analayo B. Awakening. In: Runehov ALC, Oviedo L (editors). *Encyclopedia of Sciences and Religions,* Vol. 1. Dordrecht, Heidelberg, New York, London: Springer; 2013, S. 183.

5. Suzuki DT. *An Introduction to Zen Buddhism.* New York, NY: Grove Press; 1964, S. 88.

6. Ebenda: S. 88–97.

7. Ebenda: S. 92.

8. Feer L (editor). *The Samyutta-Nikaya of the Sutta-Pitaka,* Vol. 5. London/Oxford: Pali Text Society; 1884–1898:43, S. 1–44.

9. Pandita SU. *In this very Life: Liberation Teachings of the Buddha.* Somerville, MA: Wisdom Publications; 1995.

10. Nyanatiloka. *Der Weg zur Reinheit. Visuddhi-Magga. Die größte und älteste systematische Darstellung des Buddhismus.* Konstanz: Christiani; 1952.

11. Analayo B. Awakening. In: Runehov ALC, Oviedo L (editors). *Encyclopedia of Sciences and Religions,* Vol. 1. Dordrecht, Heidelberg, New York, London: Springer; 2013, S. 184.

12. Ebenda: S. 96–97.

13. Tolle E. *Jetzt! Die Kraft der Gegenwart. Ein Leitfaden zum spirituellen Erwachen.* Bielefeld: Kamphausen; 2001, S. 17.

14. Ebenda.

15. Adyashanti. *Tanzende Leere. Erleuchtung für Herz, Bauch und Kopf.* München: Goldmann Arkana; 2007, S. 22.

16. Full GE, Walach H, Trautwein M. Meditation-Induced Changes in Perception: An Interview Study with Expert Meditators (Sotapannas) in Burma. *Mindfulness.* 2013;4(1):60. doi: 10.1007/s12671-012-0173-7

17. Ebenda.

18. Ebenda: S. 61.

19. Sitagu International Buddhist Academy, Department of Research & Compilation (editor). *Anatta.* Mandalay, Sagaing, Yangon; 2004.

20. Analayo B. Awakening. In: Runehov ALC, Oviedo L (editors). *Encyclopedia of Sciences and Religions,* Vol. 1. Dordrecht, Heidelberg, New York, London: Springer; 2013, S. 98–99.

21. Leider konnte ich Eckhart Tolle für diese Studie nicht als Interviewpartner gewinnen, da ihm dies, wie er schrieb, wegen zu vieler Anfragen nicht möglich sei. Der besonderen Anschaulichkeit seines »Falles« wegen zitiere ich ihn hier deshalb aus der Literatur.

22. Tolle E. *Jetzt! Die Kraft der Gegenwart. Ein Leitfaden zum spirituellen Erwachen.* Bielefeld: Kamphausen; 2001, S. 15–17.

23. Zitiert aus meinen Aufzeichnungen, GF.

24. Zitiert aus einer Niederschrift des Probanden.

25. Zitiert aus meinen Aufzeichnungen, GF.

26. Zitiert aus meinen Aufzeichnungen, GF.

27. Adyashanti, auf einem öffentlichen Vortrag in San Diego, CA, am 04.12.2012.

28. Tolle E. *The Realization of Being: A Guide to Experiencing Your True Identity.* Audiobook CD. Boulder, CO: Sounds True; 2002.

Achtsamkeit
für werdende Eltern

Clarissa Schwarz

Die Idee, Geburtsvorbereitung mit Prinzipien der Achtsamkeit zu verbinden, wurde von der US-amerikanischen Hebamme und *MBSR*-Lehrerin Nancy Bardacke entwickelt.[1] Sie ist seit 1971 Hebamme und Krankenschwester und war sowohl in der klinischen als auch in der außerklinischen Geburtshilfe tätig. Nachdem sie zehn Jahre lang Erfahrung als Achtsamkeitslehrerin mit *MBSR*-Kursen gesammelt hatte, begann sie, die wesentlichen Aspekte eines *MBSR*-Kurses mit denen eines Geburtsvorbereitungskurses zu verbinden. Die Inhalte dieser Kurse entsprechen den Bedürfnissen werdender Eltern, und die Übungen wurden angepasst und ergänzt. Daraus entstand der Kurs *Mindfulness-Based Childbirth and Parenting (MBCP),* den Nancy Bardacke seit 1998 anbietet. Ihr Buch *Mindful Birthing: Training the Mind, Body, and Heart for Childbirth and Beyond*[4] erschien 2012 und wurde auch ins Deutsche übersetzt.[2]

Die traditionelle Aufgabe von Hebammen besteht darin, gesunde Menschen in der Lebensphase von Schwangerschaft, Geburt, Wochenbett und Stillzeit zu begleiten. Hebammen sind dem Ziel verpflichtet, Gesundheit zu erhalten und im Idealfall zu stärken, so dass alle Beteiligten möglichst gesund und möglichst gestärkt aus diesem Prozess hervorgehen, wobei sie die gesamte Familie im Blick haben. Gesundheit wird dabei in einem ganz umfassenden Sinne als körperliche, psychische, mentale und soziale Gesundheit verstanden.

Die Ressource der Achtsamkeit als innere Fähigkeit, die geübt und kultiviert werden kann, bietet in dieser Lebensphase eine große Chance, mit den vielen dazugehörenden Veränderungen auf unterschiedlichen Ebenen umzugehen.

Warum achtsame Geburtsvorbereitung?

Die Erfahrung mit *MBSR*-Kursen zeigt, belegt durch eine Vielzahl von wissenschaftlichen Studien, dass die Fähigkeit der Achtsamkeit eine große Hilfe bietet, sowohl mit Schmerzzuständen als auch mit Stresssituationen besser umgehen zu können. Da die Veränderungen, die Schwangerschaft, Geburt und die erste Zeit mit dem neugeborenen Kind mit sich bringen, Stress bedeuten können und für die Schwangeren phasenweise mit körperlichen Beschwerden und Schmerzen einhergehen, bietet es sich an, Geburtsvorbereitung und Achtsamkeit zu kombinieren.

Es ist schon lange bekannt, dass das Risiko für Schwangerschaftskomplikationen bei höherer Stressbelastung um ein Vielfaches steigt und sich zusätzlich bei inadäquater sozialer Unterstützung verdoppelt.[5,6] Stress korreliert mit geburtshilflichen Komplikationen[7–10], darunter Frühgeburtlichkeit, geringes Geburtsgewicht, Wehenschwäche, längere Geburtsdauer und starke Wehenschmerzen. Dies zieht häufig medizinische Eingriffe nach sich – von Kaiserschnitt oder einer Geburtseinleitung über wehenfördernde und schmerzlindernde Interventionen bis hin zu einer operativen Geburtsbeendigung.

Dennoch ist es wichtig, klarzustellen, dass ein *MBCP*-Kurs keine unkomplizierte oder schmerzarme Geburt verspricht. Der Verlauf einer Geburt ist nicht vorhersehbar, und man kann nicht voraussagen, bei welcher Geburt medizinische Hilfe nötig sein wird. Aber weniger Stress, Angst und Verunsicherung bei allen Beteiligten erhöht die Chance für eine unkomplizierte Geburt. Die Geisteshaltung, die durch Achtsamkeit geübt und gestärkt wird, ist dabei ein wichtiger Faktor. Die Grundhaltungen der Achtsamkeit, die mit Hilfe des Kurses kultiviert werden, stärken Fähigkeiten wie Zuversicht und Geduld, Vertrauen in die eigenen Ressourcen, eine neugierige, offene Einstellung Neuem gegenüber sowie eine freundliche, wohlwollende und nachsichtige Haltung zu sich selbst und anderen. Dadurch vermindert sich der Leistungsdruck, und die Fähigkeit, mit dem umzugehen, was auch immer geschehen mag, wird gestärkt. Eine junge Mutter drückte es so aus: »Achtsamkeit hilft vielleicht nicht, die Geburt zu erleben, die du dir wünschst. Aber Achtsamkeit hilft, mit der Geburt, die du erlebst, zufrieden zu sein.«

Diese Fähigkeiten, die durch ein systematisches Achtsamkeitstraining entwickelt und gestärkt werden, sind nicht nur während der Schwangerschaft und der Geburt eine große Unterstützung, sondern auch in der Zeit mit dem neugeborenen Kind; und auch danach stehen sie für die Rolle als Eltern und als lebenslange Ressource zur Verfügung. So resümierte ein Vater im Nachhinein: »Anfangs dachte ich, dass es darum geht, wie wir die Geburt überstehen. Dann hat sich herausgestellt, dass dies ein Kurs ist, der die Lebensperspektive verändert. Was wir gelernt haben, hat uns auf jeden Fall bei der Geburt geholfen, aber es geht dabei nicht nur um die Geburt. Es geht um unser Leben.« Und eine Frau hat es folgendermaßen formuliert: »Jetzt können wir nicht nur mit den Geburtswehen, sondern auch mit den Wehen des Lebens umgehen!«

Die Motivation, an einem *MBCP*-Kurs teilzunehmen

MBCP ist ein Programm im Sinne von Gesundheitsbildung für alle Menschen, die ein Kind erwarten – unabhängig von medizinischen Befunden. Obwohl das Kursprogramm für schwangere Paare[11] konzipiert ist, können schwangere Frauen auch alleine daran teilnehmen oder mit einem Menschen, der sie unterstützt und während der Geburt begleitet. Da ein *MBCP*-Kurs sowohl zeitlich als auch finanziell ein größeres Engagement voraussetzt als ein üblicher Geburtsvorbereitungskurs[12], ist es nicht verwunderlich, dass die Menschen, die Interesse daran haben, viel Motivation mitbringen. Manche freuen sich gerade über die Kombination von Achtsamkeit mit Geburtsvorbereitung; dabei handelt es sich meist um junge Menschen, die bereits Erfahrung mit Achtsamkeit in Form von Yoga, Meditation oder Ähnlichem haben und die *MBSR* bereits kennen oder gerne kennenlernen möchten. Andere wollen diese Schwangerschaft, die Geburt und die erste Zeit mit dem Baby besonders bewusst erleben oder aber die Zeit der Schwangerschaft nutzen, um mehr Achtsamkeit und mehr Lebendigkeit in ihr Leben zu bringen. Oder sie wollen liebevoller und geduldiger mit sich und anderen umgehen.

Auf der anderen Seite kommen Paare, die während dieser Schwangerschaft mit besonderen Belastungen leben oder bei einer früheren Schwangerschaft oder Geburt belastende Erfahrungen gemacht haben – beispielsweise Eltern, die bereits ein Kind durch Fehl- oder Totgeburt verloren haben oder die wissen, dass das Kind, das sie erwarten, nicht gesund sein wird und die sich auf ein Leben mit einem kranken oder behinderten Kind vorbereiten möchten.

Bei anderen wiederum steht im Vordergrund, nicht automatisch die Muster der Familie, in der sie aufgewachsen sind, übernehmen zu wollen. Für manche Frauen ist es sehr entlastend, dass sie ihre alte Angst vor der Mutterrolle ablegen können: »Ich wollte auf keinen Fall so werden wie meine Mutter. Der Kurs hat mir geholfen, eine Mutter zu werden, wie ich sie gerne sein wollte. Manchmal ist es noch schwierig oder stressig, aber Achtsamkeit hilft mir, in meiner Mitte zu bleiben und Kontakt mit mir und mit meinem Baby zu behalten.«

Viele Eltern, die bereits Kinder haben, sind für diese Qualität des Kurses, der weit über das Übliche hinausgeht, besonders dankbar. Auch – oder manchmal ganz besonders – wenn sie bereits mehrere Kinder haben.

MBCP im Vergleich zu *MBSR*

Im Zentrum des *MBCP*-Kurses stehen die bestehende Schwangerschaft, das werdende Kind und das Hineinwachsen in die Veränderungen auf den unterschiedlichen Ebenen, die damit verbunden sind. Das Charakteristische dabei ist, dass die Gruppe nicht aus Individuen, sondern aus Paaren besteht – und natürlich die Anwesenheit der ungeborenen Kinder, was sich als Selbstverständlichkeit durch den Kurs zieht.

Das *MBCP*-Kursprogramm ist durchgängig für schwangere Paare konzipiert; es ist also nicht nur ein *MBSR*-Kurs, der mit Inhalten eines Geburtsvorbereitungskurses angereichert wurde. Mit Hilfe von Achtsamkeit können sich die werdenden Eltern auf die Geburt und auf ihr Leben mit dem Kind vorbereiten und innere Fähigkeiten entwickeln und Ressourcen stärken, die ihnen ein Leben lang nützen können.

Die Partner der schwangeren Frauen sind zumeist die werdenden Väter. Beide nehmen als werdende Eltern gleichberechtigt am *MBCP*-Kurs teil und lassen sich auf die täglichen Achtsamkeitsübungen ein. Ist die schwangere Frau verhindert, an einem Kursabend teilzunehmen, wird ihr Partner ermutigt, auch alleine zu kommen, was auch gerne angenommen wird. Denn auch den Vätern steht eine Geburtserfahrung bevor und ein Alltag mit ihrem Kind. Oft berichten sie im Nachhinein, dass sie überrascht waren, wie sehr sie davon profitieren konnten – vor allem in stressigen Situationen während der Geburt und in den ersten Wochen danach. Ein junger Vater drückte dies bei einem Nachtreffen so aus: »Ich habe verstanden, dass meine wichtigste Aufgabe ist, für meine eigene innere Ruhe zu sorgen. Das hat bei der Geburt unglaublich geholfen – und es ist jetzt immer noch wichtig.« Dabei hielt er sein Baby in den Armen und wiegte es hin und her.

Und alle sind sich darin einig, dass Achtsamkeit ihnen hilft, die schönen Momente mehr zu genießen, mit den schwierigen besser zurechtzukommen und mit der Mischung von angenehmen und unangenehmen Situationen zufrieden zu sein. Die gemeinsame Erfahrung als Paar mit dem Kurs und den Achtsamkeitsübungen im Alltag hilft, gemeinsam in die Elternrolle hineinzuwachsen, Verständnis füreinander zu haben und eine familiäre Kommunikationskultur zu entwickeln.

Während der *MBSR*-Kurs aus acht wöchentlichen Terminen besteht, beinhaltet ein *MBCP*-Kurs insgesamt zehn Termine: neun wöchentliche Treffen sowie ein Nachtreffen, nachdem alle Kinder geboren sind. Während die wöchentlichen Termine beim *MBSR*-Kurs meist zweieinhalb Stunden dauern, handelt es sich beim *MBCP*-Kurs um dreistündige Treffen. Und es ist eine Pause inbegriffen, in der es etwas zu trinken und eine Kleinigkeit zu essen gibt. Einerseits tun den Schwangeren eine Pause und etwas zu essen gut, andererseits wird damit der Kontakt ganz bewusst gefördert. Der Austausch über das, was werdende Eltern beschäftigt, kann sehr wertvoll sein und eine Basis bilden für den Kontakt gleichgesinnter Eltern, deren Kinder gleichaltrig sind. Das entstehende Netzwerk trägt häufig über einen längeren Zeitraum und bildet eine soziale Ressource sowohl für die Mütter als auch für die Väter. Und wie beim *MBSR* gehört auch zum *MBCP*-Kurs ein Übungstag, der nach dem sechsten Termin stattfindet und weitgehend schweigend durchgeführt wird.

Ein *MBCP*-Kurs hat wie ein *MBSR*-Kurs zwei Hauptstränge. Erstens praktische Übungen, um die Fähigkeit zur Achtsamkeit zu kultivieren, und zweitens Übungen informeller Art, die aus Reflexions- und Beobachtungsaufgaben bestehen und die dazu dienen, Muster und Gewohnheiten bewusst wahrzunehmen und einen kreativen Freiraum entstehen zu lassen, in dem eingefahrene, einschränkende Reaktionsweisen – ein Agieren im »Autopilot-Modus«, wie Jon Kabat-Zinn es bezeichnet – sich ändern können.

Wie zum *MBSR*- gehört auch zum *MBCP*-Kurs tägliches Üben, und es werden für die Übungspraxis Anleitungen gegeben und für die informellen Übungen im Alltag schriftliches Material zur Verfügung gestellt. Als wesentliche Arbeitsgrundlage des Kurses dient das eingangs erwähnte Buch von Nancy Bardacke (der Arbor Verlag stellt die Anleitungen für die Übungen zum kostenlosen Download (im mp3-Format) zur Verfügung).

Die üblichen Inhalte eines Geburtsvorbereitungskurses finden sich auch im *MBCP*-Kurs: physiologischer Geburtsverlauf, Phasen der Geburt, günstige Rahmenbedingungen für einen möglichst unkomplizierten Geburtsverlauf, Körperhaltungen während der Geburt, Umgang mit Schmerzen, Rolle des Partners, Besonderheiten in der Zeit des Wochenbetts, Stillen und Leben mit dem Neugeborenen. Und auch im *MBCP*-Kurs sind Stress und die Auswirkungen von Stresszuständen auf den Körper, die Wahrnehmung und das Verhalten – insbesondere auch während der Schwangerschaft, der Geburt, im Wochenbett und der Stillzeit – ein zentrales Thema. Die Teilnehmer erwerben Fähigkeiten, um mit den großen Veränderungen, die diese Zeit mit sich bringt, zurechtzukommen. Denn durch Achtsamkeitspraxis ist es möglich, die Stärke von Stressreaktionen zu mindern.[13] Dies wiederum ist eine wichtige Voraussetzung für den ungestörten Ablauf der Prozesse während der Geburt und beim Stillen.

Übungen aus dem *MBSR*, die an das *MBCP*-Programm angepasst wurden

Einige Übungen wurden weitgehend unverändert übernommen, wie beispielsweise die Rosinenübung, die wie im *MBSR*-Kurs beim ersten Kurstermin eingeführt wird. Allerdings wird auf den »Bauchnabel« der Rosine aufmerksam gemacht, der daran erinnert, dass diese Rosine an einem Rebstock gewachsen ist, bis sie geerntet wurde. Und es wird erwähnt, dass die Nährstoffe der Rosine auch das Kind nähren.

Auch die tägliche Reflexion von Erfahrungen angenehmer Ereignisse in der dritten und unangenehmer Ereignisse in der vierten Kurswoche werden anhand der beiden Arbeitsbögen wie im *MBSR*-Kurs im Verlauf jeweils einer Woche notiert und im Kurs besprochen.

Die drei wesentlichen Übungen für die formale Praxis sind – wie im *MBSR* – *Bodyscan,* Achtsamkeitsyoga und Sitzmeditation. Sie werden auch in dieser Reihenfolge eingeführt, allerdings jeweils eine Woche später als im *MBSR*-Kurs: der *Bodyscan* beim zweiten, die Yogasequenz beim vierten und die Sitzmeditation beim sechsten Termin. Alle drei Übungen sollen an sechs Tagen in der Woche geübt werden, im gleichen Wechsel wie im *MBSR*-Curriculum.

Die Übungen dauern allerdings 30 anstatt 45 Minuten wie im *MBSR*-Kurs. Das hält Nancy Bardacke für sinnvoll, denn es handelt sich bei werdenden Eltern prinzipiell um gesunde Teilnehmer – und bislang weiß man nicht, wie lang die minimale tägliche Übungsdauer ist, damit sich die gewünschten Effekte einstellen. Zudem wird in einem üblichen Geburtsvorbereitungskurs nicht erwartet, dass zu Hause geübt wird, so dass eine Dreiviertelstunde als zu lange erscheint, während eine halbe Stunde Übungszeit von den Kursteilnehmern realistischer umgesetzt werden kann.

Inhaltlich sind diese drei Übungen an die Situation der Schwangerschaft angepasst. Der *Bodyscan* beginnt am Kopf und endet an den Füßen, denn das Kind nimmt seinen Weg in dieser Richtung. Die Schwangeren liegen dabei auf der Seite, da die Rückenlage in der späten Schwangerschaft nicht empfehlenswert ist. Zudem wird der Bauch- und Beckenregion mehr Aufmerksamkeit gewidmet, und das ungeborene Kind wird immer miteinbezogen. Wenn die Schwangere Kindsbewegungen spürt, soll sie diese Empfindungen zum Fokus ihrer Meditation machen – und wenn sich das Kind wieder beruhigt, zum *Bodyscan* zurückkommen.

Auch die Yogaübungen wurden an die Situation in der Schwangerschaft angepasst und eine entsprechende Übungssequenz entwickelt. Es wird dabei Wert auf die Erfahrung des Wechsels von Aktivität und Ruhe gelegt, wie er sich auch während der Geburt im Rhythmus von Wehen und Wehenpausen wiederfindet.

Die Sitzmeditation wurde ebenfalls ein wenig variiert. Sie besteht prinzipiell aus der gleichen Abfolge von Achtsamkeit auf den Atem, auf Körperempfindungen, Geräusche, Gedanken und Gefühle und endet mit dem Zustand des offenen Gewahrseins. Das Baby wird miteinbezogen, insbesondere bei der Aufmerksamkeit auf den Körper als Ganzes. Es wird daran erinnert, dass sich der Körper der Schwangeren permanent verändert, der Bauch sich ausdehnt und die Brust sich aufs Stillen vorbereitet. Bei der Achtsamkeit auf Geräusche wird darauf hingewiesen, dass Geräusche kommen und gehen, wie auch während der Geburt Wehen kommen und gehen.

Wie beim *MBSR* werden am Übungstag die Gehmeditation und die *Meditation der Liebenden Güte (metta)* eingeführt. Bei der Gehmeditation wird auf zwei wesentliche Situationen aufmerksam gemacht, in denen sich das achtsame Gehen als große Hilfe erweisen kann: während der Wehen, in der Eröffnungsphase – und später, mit einem unruhigen und vielleicht schreienden Kind auf dem Arm.

Die »*Liebende Güte*«-Meditation beginnt damit, dass die guten Wünsche zunächst an das ungeborene Kind gerichtet werden. Zusätzlich wird die liebende Güte an andere werdende Eltern und deren Babys und im letzten Schritt zugleich an sich selbst und das kommende Baby gerichtet.

Zusätzliche Übungen, die in das *MBCP*-Programm integriert wurden

Es wurden Übungen zum Umgang mit Schmerzen aufgenommen und drei Übungen zur informellen Praxis im Alltag; außerdem eine Übung, die im Umgang mit medizinischem Personal hilfreich sein kann, insbesondere wenn eine Entscheidung zu treffen ist, und zwei Meditationen zur achtsamen Kommunikation der Partner untereinander.

Achtsamkeitsübungen bei Schmerzen

Beim vierten, fünften und sechsten Termin werden Schmerzübungen in das Kursprogramm integriert, die auch in der jeweils folgenden Woche zu Hause geübt werden. Um verschiedene Möglichkeiten auszuprobieren, mit Schmerzen umzugehen sowie Pausen auf unterschiedliche Art zur Erholung zu nutzen, werden Eiswürfel eingesetzt (siehe hierzu auch die praktischen Übungen im Kapitel »Achtsamer Umgang mit Schmerz«, die ebenfalls durch das Programm von Nancy Bardacke inspiriert wurden). Das ist eine faszinierende Art, nicht nur körperliche Schmerzen, sondern auch den rhythmischen Wechsel von Wehen und Wehenpausen zu »simulieren« – soweit das überhaupt möglich ist. Körperliche Schmerzen als reine körperliche Empfindungen wahrzunehmen, ohne sich durch Gedanken weiter hineinzusteigern, ist eine echte Fähigkeit, die geübt werden kann. Denn erst durch Gedanken, die sich um das körperliche Geschehen herumranken, und durch die damit verbundenen Gefühle wie Angst, Hilflosigkeit und Kontrollverlust entsteht das Leiden, das wir zumeist mit der Schmerzerfahrung verbinden.

Während die Eiswürfel eine Minute lang in der Hand gehalten werden, wird mit verschiedenen Möglichkeiten, damit umzugehen, experimentiert – das entspricht der durchschnittlichen Dauer einer Geburtswehe während der Eröffnungsphase. In den Pausen dazwischen können Ruhe und Entspannung erfahren werden. So kann direkt erlebt werden, dass Schmerz-empfindung eine rein körperliche Erfahrung ist. Sie wird üblicherweise von Gefühlen wie Angst, Hilflosigkeit, Frustration, Ärger, Wut, Ungeduld, Verzweiflung oder Ausgeliefertsein begleitet. Dazu kommen Gedanken, die mit diesen Gefühlen verbunden sind und diese wiederum verstärken. Achtsamkeit kann dabei helfen, diese Verkoppelung zu lösen. Ein körperlich empfundener Schmerz ist ohne diese emotionale und mentale Komponente, die ihn zu einem Leidenszustand werden lässt, sehr viel leichter auszuhalten. Diese Erfahrung ist für viele Menschen eine große Erleichterung. Zusammen mit der Erkenntnis, dass eine Geburt nicht nur aus Wehen, sondern auch aus Pausen besteht, erscheint die bevorstehende Geburt viel weniger beängstigend. Wichtig dabei ist, dass es gelingt, die Pausen wirklich zum Erholen zu nutzen.

Beim vierten Termin machen alle Kursteilnehmer die Erfahrung jeweils für sich. Die Kursleiterin leitet ca. zehn »Eiswehen« an und gibt, während die Eiswürfel für jeweils eine Minute in der Hand gehalten werden, jeweils eine Möglichkeit vor, mit der Empfindung umzugehen, z.B. zu jammern und sich zu beschweren, die Aufmerksamkeit auf den Atem zu richten, in die Empfindungen hineinzuatmen, zu lächeln, die Empfindungen in der Hand genau wahrzunehmen etc. Auch für die Pausen werden verschiedene Möglichkeiten angeboten, die helfen, sich auszuruhen, z.B. ein kurzer *Bodyscan,* den Körper als Ganzes wahrzunehmen, im offenen Gewahrsein zu ruhen, sich das Bild eines Babys vorzustellen u.a.m.

Beim fünften Termin werden die »Eiswehen« mit Berührungsübungen verbunden. Zunächst hält der Partner das Eis, und die Partnerin gibt unterschiedliche Arten von Körperkontakt an verschiedenen Stellen bzw. Körperteilen (u.a. sanfte Berührung, stärkerer Druck, Ausstreichen, Massage). Dann werden die Rollen getauscht.

Beim sechsten Termin wird zusätzlich mit verschiedenen Positionen, mit Bewegung und mit Tönen experimentiert. Dabei wird eine Steigerung der Schmerzempfindung erreicht, indem die Eiswürfel zunächst in beiden Händen gehalten werden und dann erst eine Hand und schließlich beide Hände in Eiswasser eingetaucht werden.

Informelle Übungen im Alltag

Wie im *MBSR*-Kurs werden auch im *MBCP*-Kurs Essen und Routinetätigkeiten genutzt, um Achtsamkeit im Alltag zu üben. Dabei wird darauf hingewiesen, dass dies eine gute Vorbereitung auf die Zeit nach der Geburt ist.

Für die Schwangeren wurden drei zusätzliche Übungen in das Kursprogramm aufgenommen. Am ersten Kursabend wird die Übung *Mit dem Baby sein* eingeführt. Die Frauen können sie praktizieren, wann immer sie spüren, dass ihr Kind sich bewegt. Sie gehen dann mit ihrer Aufmerksamkeit ganz zu ihrem Baby und nehmen dessen Bewegungen wahr, solange sie sie spüren. Das kann auch zusammen mit dem Partner geübt werden.

Von der vierten Woche an werden die körperlichen Beschwerden und Unannehmlichkeiten, die mit dem Schwangersein verbunden sind, als Gelegenheiten genutzt, um die Fähigkeit der Achtsamkeit anzuwenden. Dabei geht es darum, mit Schmerzen oder anderen Beschwerden zu verweilen und zu beobachten, was im jeweiligen Moment präsent ist und welche Gedanken dabei auftauchen – eine Übung, die nicht nur im gegebenen Moment, sondern auch im Hinblick auf die bevorstehende Geburt äußerst hilfreich ist.

Eine dritte Übung, die in der fünften Woche in das Übungsprogramm aufgenommen wird, dient als Vorbereitung auf den Umgang mit dem immensen Druck während der Austreibungsphase. Da es nicht möglich ist, Austreibungswehen im Kursraum zu simulieren, wird auf der Toilette der achtsame

Stuhlgang geübt, indem die Vorgänge im Körper ganz bewusst wahrgenommen werden. Dabei wird dieser Vorgang, der zumeist automatisch abläuft, mit einer neugierigen Grundhaltung erforscht – auch die Reaktion des Atems sowie die Gefühle und Gedanken, die dabei auftauchen.

Achtsame Kommunikation

Die Übungen zur achtsamen Kommunikation im *MBCP*-Kurs unterscheiden sich von denen im *MBSR*-Programm. Einerseits geht es im *MBCP*-Kurs um Kommunikation mit medizinischem Personal, insbesondere in Situationen, in denen eine Entscheidung getroffen werden muss; andererseits geht es um die Kommunikation zwischen den beiden Partnern.

Die fünf Fragen des sogenannten *VRANN-Konzepts,* die beim sechsten Kurstermin vermittelt werden, sind ein erfolgreiches Hilfsmittel für die achtsame Kommunikation mit medizinischem Personal – vor allem, wenn es darum geht, eine Entscheidung für oder gegen eine medizinische Intervention in einer Situation zu treffen, bei der es sich nicht um einen Notfall handelt, also Zeit für eine Entscheidungsfindung zur Verfügung steht. Die Fragen helfen, auf gleicher Augenhöhe zu kommunizieren, das Für und Wider auszuloten und zu einer Entscheidung zu kommen, mit der beide Seiten zufrieden sind. Es kann dabei um eine Entscheidung für oder gegen einen medizinischen Eingriff vor oder während der Geburt gehen, später auch um Entscheidungen, die Eltern für ihr Kind treffen müssen, wie beispielsweise Prophylaxen und Impfungen. Das Akronym *VRANN* steht dabei für fünf Fragen: Welches sind die *Vorteile* und welches die *Risiken* der vorgeschlagenen Vorgehensweise? Welche *Alternativen* gibt es? Was geschieht, wenn man *nicht* eingreift? Und muss das *nun,* also jetzt gleich, getan werden?

Während des *MBCP*-Kurses machen die schwangeren Paare Erfahrungen mit zwei Frage/Antwort-Meditationen. Die beiden Partner, die dabei sind, Eltern eines gemeinsamen Kindes zu werden, machen dabei Erfahrungen mit achtsamem Sprechen und Zuhören, das eine Art von Meditation ist und sich von der üblichen Art, miteinander zu kommunizieren, unterscheidet. Es geht nicht darum, nachzufragen, zu diskutieren oder zu analysieren, sondern, bei sich zu bleiben und mit liebevoller Aufmerksamkeit gegenwärtig zu sein.

Die Form der Frage/Antwort-Meditation ist recht einfach: Bestimmte Fragen werden nach einer festgelegten Struktur jeweils dreimal gestellt und dreimal beantwortet. Dann werden die Rollen getauscht und dieselben Fragen noch einmal gestellt. Die erste Frage/Antwort-Meditation findet im Rahmen des Achtsamkeitstages statt. Es werden mehrere Fragen zum Thema Angst und anschließend ähnliche Fragen zum Thema Glück gestellt. Die erste Frage zum Thema Angst lautet: »Bitte nenne mir etwas, was du in deinem Körper spürst, wenn du Angst hast.« Und die letzte Frage zum Thema Glück: »Bitte nenne mir eine Möglichkeit, wie ich dich dabei unterstützen kann, mehr Glücksmomente in dein Leben zu bringen.«

Die zweite Frage/Antwort-Meditation beinhaltet fünf Fragen zur Reflexion der eigenen Herkunftsfamilie und ist Teil des siebten Kurstreffens. Die erste Frage lautet: »Bitte nenne mir einen Aspekt deiner Erziehung, für den du dankbar bist.« Und die letzte Frage: »Bitte nenne mir eine Möglichkeit, wie du Achtsamkeit einsetzen würdest, um eine Familie aufzubauen, in der du gerne leben würdest und an die sich dein Kind später gerne erinnert.«

Eine Frage/Antwort-Meditation ist für die meisten Menschen eine tiefgehende Erfahrung, in der die Einzelnen nicht nur etwas über ihre Partner, sondern vor allem viel über sich selbst erfahren. Die Erfahrung, wenn der Partner wirklich zuhört und dabei ganz präsent ist, sowie die Erfahrung, dem Partner wirklich zuzuhören und dabei ganz da zu sein, ist für viele Paare sehr berührend.

Themen, die in das *MBCP*-Programm integriert wurden

Wie bereits erwähnt, finden sich die wesentlichen Inhalte eines Geburtsvorbereitungskurses auch im *MBCP*-Kurs. Diese Themen werden ganz pragmatisch behandelt; es kommen auch alltagspraktische Dinge, Tipps und Tricks aus der Erfahrung zur Sprache, so dass die werdenden Eltern gut informiert und vorbereitet werden. Sowohl Paare, die bereits an einem üblichen Geburtsvorbereitungskurs teilgenommen haben, als auch Hebammenkolleginnen, die teilweise viel Erfahrung mit Geburtsvorbereitungskursen haben, sind immer wieder erstaunt über den andersartigen Charakter dieses Kurses, insbesondere bei der Vermittlung der Themen.

Geburtsverlauf und Wehenschmerzen

Beim dritten Termin wird mit Hilfe eines Beckenmodells und einer Babypuppe der physiologische Geburtsverlauf mit seinen Phasen erklärt und die Bewegungen des Kindes durch das Becken demonstriert. Dabei wird deutlich, wie wichtig Bewegung und Positionswechsel während der Geburt sind. Im Anschluss daran wird das Thema Geburt und Schmerz ausführlich besprochen. Dieser Teil ist eine Besonderheit dieses Kurses und hat schon zu vielen Aha-Erlebnissen geführt, auch bei mehrfachen Eltern und Hebammen mit reichlich Erfahrung mit Geburtsvorbereitungskursen.

Bei einer Betrachtung von Schmerzen und deren Sinn als Signale des Körpers zeigt sich, dass Wehenschmerzen – anders als die meisten anderen Schmerzen – weder ein Zeichen für Krankheit noch für eine Verletzung sind. Wehen gehören zu einer anderen Art von Schmerzen, die Ausdruck einer raschen Veränderung sind: Transformationsschmerzen. Diese Schmerzen gehören zum Leben und sind kein Grund zur Sorge – genau wie Schmerzen beim Zahnen oder Wachstumsschmerzen.

Das Schmerzerleben besteht aus drei Komponenten: der körperlichen, der emotionalen und der mentalen Komponente, die sich gegenseitig beeinflussen und auch verstärken können. Wenn es mittels Achtsamkeit gelingt, die Gefühle und Gedanken, die das Leiden verstärken, von den körperlichen Empfindungen abzukoppeln, bleibt eine rein körperliche Schmerzempfindung, die sehr viel leichter zu ertragen ist.

Anschließend wird erarbeitet, welche Schmerzempfindungen während einer physiologischen Geburt (ohne Komplikationen und ohne medizinische Eingriffe) auftreten. Aus einer möglichst umfangreichen Sammlung von körperlichen Schmerzempfindungen werden diejenigen ermittelt, die während einer Geburt auftreten. Das Ergebnis, dass in den jeweiligen Geburtsphasen nur jeweils eine Schmerzempfindung vorherrschend ist, sorgt für spürbare Erleichterung unter den Kursteilnehmern: zu Beginn der Geburt krampfartige Schmerzen, während der Eröffnungsphase Dehnungsschmerzen, während der Austreibungsphase zunächst Druck (der von vielen Frauen gar nicht als schmerzhaft empfunden wird) und dann beim Austritt des Köpfchens ein brennender Schmerz durch die extreme Dehnung des Dammgewebes.

Eine zweite Tatsache sorgt zunächst meist für Verwunderung, dann für weitere Erleichterung unter den werdenden Eltern: dass eine Geburt zum größten Teil aus Pausen besteht und zu einem erstaunlich kleinen Teil aus Wehen. Dazu hilft eine einfache Rechnung: Angenommen, die Wehen kommen alle 10 Minuten; dann kommen pro Stunde sechs Wehen. Bei einer Wehendauer von 1 Minute hat man also pro Stunde insgesamt 6 Minuten Wehen – und 54 Minuten Pause! Da eine Wehe wie eine Welle ansteigt und ihren Gipfel erreicht, um daraufhin wieder abzuklingen, ist der Schmerz auf dem Höhepunkt, der ca. 5 Sekunden dauert (was etwa einem Atemzug entspricht), am stärksten. Somit ist insgesamt pro Stunde mit 30 Sekunden (sechs Atemzüge) starker Schmerzen zu rechnen.

Auch wenn sich bei heftiger Wehentätigkeit der Wehenabstand auf 5 Minuten reduziert, sind in einer Stunde insgesamt

12 Minuten Wehen zu erwarten, davon 60 Sekunden starke Schmerzen – und 48 Minuten Pause!

In einem weiteren Schritt geht es um das unterschiedliche Erleben der Wehen – einmal ohne Achtsamkeit und einmal mit Achtsamkeit. Diese Betrachtung liefert die Erklärung, warum in Geburtsberichten so viel von Wehen und Schmerzen und so selten von Pausen berichtet wird. Denn der ungeübte Geist ist entweder mit der Vergangenheit (»Oje, die vorige Wehe ...«) oder mit der Zukunft (»O Gott, die nächste Wehe ...«) beschäftigt. Dadurch verpasst er die Pausen, die zur Erfahrung von Ruhe, Stille, Friede und Freude verhelfen – und letztlich, dank des körpereigenen Hormoncocktails aus reichlich Oxytocin und Endorphinen, zu einem Hochgefühl führen können. Diese ungewöhnliche Herangehensweise beeindruckt die Teilnehmer, führt häufig zu einem veränderten Blick auf das Geburtsgeschehen und hinterlässt den Eindruck: »Das ist machbar«.

Es folgt eine knappe und allgemeinverständliche Darstellung der Wirkung der wichtigsten Hormone während der Geburt und wie Stresshormone das »Kampf oder Flucht«-System aktivieren und damit den Geburtsverlauf stören, die Geburtsdauer verlängern und die Schmerzempfindung verstärken. Das macht verständlich, dass es für einen möglichst ungestörten Verlauf der Geburt wichtig ist, sowohl für stimmige äußere Rahmenbedingungen als auch für einen ruhigen Geist zu sorgen, damit ein Gefühl von Sicherheit und Geborgenheit entstehen kann und der natürliche Hormoncocktail eine Chance bekommt, seine Wirkung zu entfalten.

Das Kind als Achtsamkeitslehrer

Die letzten drei Termine des *MBCP*-Kurses sind dem Wochenbett gewidmet. Es geht um die Umstellungs- und Anpassungsprozesse, die auf unterschiedlichen Ebenen stattfinden und ihre Zeit brauchen; um die biologischen, emotionalen und sozialen Bedürfnisse eines neugeborenen Menschen. Es geht um die

Bedürfnisse der neugeborenen Eltern und der ganzen Familie. Es geht um gute Bedingungen, damit die »Flitterwochen mit dem Kind«, wie Hebammen gerne sagen, eine Chance haben. Auch das Stillen ist ein wichtiges Thema.

Das Leben mit einem neugeborenen Baby ist eine täglich 24-stündige Achtsamkeitspraxis, mit dem Kind als Achtsamkeitslehrer. Der Schlaf-Wach-Zyklus des Kindes mit den Phasen von Stillen, Wickeln, Versorgen, Halten und Beruhigen bietet reichlich Übungsmöglichkeiten, präsent zu sein. Die Bedürfnisse des Kindes sensibel wahrzunehmen und mitfühlend darauf zu reagieren, ist eine große Herausforderung. Und vor allem auch Mitgefühl mit sich selbst zu haben, wenn das nicht gelingt. Es geht auch um Organisatorisches: sich in der ersten Zeit des Wochenbettes zu entlasten, Unterstützung zu bekommen und anzunehmen – also eine »Wochenbettkultur« zu schaffen, die in unserer Gesellschaft weitgehend verlorengegangen ist.

Am Ende des *MBCP*-Kurses werden zwei Paare eines vorangegangenen Kurses mit ihren Babys eingeladen. Sie berichten von ihrer momentanen Erfahrung, von der ersten Zeit nach der Geburt, wie sie die Geburt selbst erlebt haben und inwiefern ihnen Achtsamkeit dabei geholfen hat. Die Anwesenheit der jungen Eltern und ihrer Babys gibt der ganzen Stunde etwas sehr Berührendes und gleichzeitig etwas sehr Konkretes. Das unterstreicht das Ziel dieses Kurses, nicht nur mit den Wehen der Geburt, sondern auch mit den »Wehen des Lebens« umgehen zu lernen.

MBCP-Kurse in Deutschland

Seit Nancy Bardacke 2012 ihr *MBCP*-Kursprogramm erstmalig in Europa (in Wien und München) vorgestellt hat, wächst das Interesse auch hierzulande. 2013 leitete sie in Osterloh in Bayern ein Retreat für eine internationale Gruppe, und einige der Teilnehmerinnen haben mittlerweile ihr internetbasiertes Training als *MBCP*-Kursleiterin beendet und bieten neunwöchige Kurse und Wochenendworkshops an. Wenn sich eine Gruppe von schwangeren Frauen bzw. Paaren zusammenfindet, ist es auch möglich, eigenständig einen Kurs zu organisieren. In Nancy Bardackes Buch findet sich im Kapitel »Übersicht über das *MBCP*-Programm« zu diesem Zweck eine Aufstellung der Übungen und der Inhalte der einzelnen Kurswochen.[2] Es ist auch möglich, vor Ort an einem üblichen *MBSR*-Kurs teilzunehmen und dieses Buch parallel dazu als Ergänzung zu nutzen.

Wissenschaftliche Forschung zu Geburtsvorbereitung mit Achtsamkeit

Die ersten Ergebnisse der Befragung von Schwangeren, die an unterschiedlichen Arten von Achtsamkeitskursen teilgenommen haben, belegen eine positive Wirkung auf den Umgang mit Stresssituationen und Schmerzen vor, während und nach der Geburt, sowie eine Verringerung von Ängsten und Depressionssymptomen während der Schwangerschaft und im Wochenbett.

Bislang wurden vier randomisierte kontrollierte Studien mit Teilnehmerinnen durchgeführt, die an unterschiedlichen Arten von Geburtsvorbereitungskursen mit Achtsamkeit teilgenommen hatten.[14–17] Schwangere, die an einem *MBCP*-Kurs teilgenommen hatten, gaben im Vergleich zu einer Kontrollgruppe weniger Stress, weniger Angstzustände und weniger negative Affekte an.[14] Nach einem Wochenendkurs gaben die Teilnehmerinnen weniger Angst vor der Geburt und mehr Selbstwirksamkeit an sowie weniger Depressionssymptome, wobei die Unterschiede zur Kontrollgruppe sich nach der Geburt noch vergrößerten.[15] Schwangere, die an einem sechswöchigen Kurs teilgenommen hatten, gaben nach dem Kurs weniger Stress und weniger Ängste an, wobei sich insbesondere schwangerschaftsspezifische Ängste reduziert hatten.[16,17]

Frauen, die im Rahmen von Pilotstudien befragt wurden, berichteten, dass sie nach der Teilnahme an einem entsprechenden Kurs besser mit Stresssituationen umgehen konnten, weniger unter Angstzuständen während der Schwangerschaft bzw. weniger Ängsten vor der Geburt zu leiden hatten und dass sie während der Geburt die erlernten Achtsamkeitsfähigkeiten nutzen konnten.[18–22] Sie hatten gelernt, mit Schmerzen und den dazugehörigen negativen Gedanken anders umzugehen. Dadurch erlebten sie die Geburt weniger überwältigend, hatten weniger Angst, die Kontrolle zu verlieren, und waren in der Lage, die erlernten Methoden während der Geburt erfolgreich anzuwenden.[18] Sie wurden durch den Kurs befähigt, am Geburtsprozesses aktiv beteiligt zu sein, was nicht nur der häufig bestehenden Angst vor Kontrollverlust entgegenwirkte, sondern sich auch günstig auf die Zufriedenheit mit dem Geburtserlebnis auswirkte.[21] Mit Hilfe des Kurses verringerten sich depressive Symptome während der Schwangerschaft wie auch nach der Geburt[18–20,22], die Teilnehmerinnen berichteten von häufigeren und intensiveren positiven Affekten[19] und einem insgesamt besseren psychischen Wohlbefinden[22]. Teilnehmerinnen berichteten nicht nur, dass sie Achtsamkeitsfähigkeiten erfolgreich in Stresssituationen während der Schwangerschaft, während der Geburt und in der ersten Zeit mit dem neugeborenen Kind nutzten, sondern betonten auch, dass die Fähigkeit zur Achtsamkeit ihnen helfe, Pausen zur Erholung zu nutzen, und in der Kommunikation mit ihren Partnern sehr förderlich sei.[19] Zudem berichteten die befragten Frauen von einer erhöhten Fähigkeit, die Signale des Neugeborenen wahrzunehmen und positiv darauf zu reagieren.[18] Der Kurs verhalf den Teilnehmerinnen zu mehr Kontakt und Unterstützung im Wochenbett[21] und die vermittelten Fähigkeiten erwiesen sich auch als außerordentlich hilfreich für das weitere Leben[19, 20].

Aus den bisherigen Ergebnissen kann vermutet werden, dass es mit Hilfe von Achtsamkeit möglich ist, dass mehr Frauen und ihre Partner zufrieden und gestärkt aus der Geburtserfahrung hervorgehen und dass durch komplikationsärmere Geburtsverläufe weniger medizinische Interventionen nötig werden[18].

Zurzeit werden weltweit Forschungsprojekte durchgeführt, um sowohl kurz- als auch langfristige positive Resultate von Achtsamkeitskursen in Bezug auf unterschiedliche Parameter sowohl in der Schwangerschaft als auch während und nach der Geburt zu erforschen, u. a. an Universitäten in San Francisco, Oxford, Amsterdam und Hongkong (weitere Informationen: www.mindfulbirthing.org).

Literatur

1. Dieses Kapitel basiert hauptsächlich auf den Quellen [2] und [3] sowie meinen eigenen Erfahrungen als Hebamme, *MBSR-* und *MBCP-* Kursleiterin.

2. Bardacke N. *Der achtsame Weg durch Schwangerschaft und Geburt.* Freiburg im Breisgau: Arbor Verlag; 2013.

3. Bardacke N, Duncan LG. Mindfulness-Based Childbirth and Parenting: Cultivating Inner Resources for the Transition to Parenthood and Beyond. In: Baer RA (editor). *Mindfulness-Based Treatment Approaches: Clinician's Guide to Evidence Base and Applications (2nd ed.).* Burlington, MA / San Diego, CA / London: Academic Press; 2014, S. 213–237.

4. Bardacke N. *Mindful Birthing: Training the Mind, Body, and Heart for Childbirth and Beyond.* New York: HarperCollins; 2012.

5. Herrera JA, Alvarado JP, Martinez JE. The psychosocial environment and the cellular immunity in the pregnant patient. *Stress Medicine.* 1988;4(1): 49–56.

6. Zhang S, Ding Z, Liu H, Chen Z, Wu J, Zhang Y, Yu Y. Association between mental stress and gestational hypertension/preeclampsia: A meta-analysis. *Obstet Gynecol Surv.* 2013;68(12): 825–834.

7. Copper RL, Goldenberg RL, Das A, Elder N, Swain M, Norman G, Ramsey R, Cotroneo P, Collins BA, Johnson F, Jones P, Meier AM. The preterm prediction study: Maternal stress is associated with spontaneous preterm birth at less than thirty-five weeks' gestation. National Institute of Child Health and Human Development Maternal-Fetal Medicine Units Network. *Am J Obstet Gynecol.* 1996;175(5):1286–1292.

8. Dole N, Savitz DA, Hertz-Picciotto I, et al.: Maternal stress and preterm birth. *Am J Epidemiol.* 2003;157(1):14–24.

9. Dunkel Schetter C, Tanner L. Anxiety, depression and stress in pregnancy: Implications for mothers, children, research, and practice. *Curr Opin Psychiatry.* 2012;25(2):141–148.

10. Shapiro GD, Fraser WD, Frasch MG, Séguin JR: Psychosocial stress in pregnancy and preterm birth: associations and mechanisms. *J Perinat Med.* 2013;41(6): 631–645.

11. »Schwangere Paare« ist eine gängige Bezeichnung im Sprachgebrauch von Hebammen und werdenden Eltern in Deutschland. Damit ist eine schwangere Frau mit ihrem Partner oder ihrer Partnerin gemeint.

12. Laut Gesetz steht in Deutschland jeder Schwangeren ein Geburtsvorbereitungskurs von 14 Stunden als Leistung ihrer Krankenkasse zu, der von der Hebamme nach der geltenden Gebührenverordnung abgerechnet wird; zudem können Achtsamkeitskurse als Präventionsmaßnahme zur Stressreduktion von der Gesetzlichen Krankenversicherung bezuschusst werden.

13. Chiesa A, Serretti A. Mindfulness-based stress reduction for stress management in healthy people: A review and meta-analysis. *Journal of Alternative and Complementary Medicine.* 2009; 15(5):593–600.

14. Vieten C, Astin J. Effects of a mindfulness-based intervention during pregnancy on prenatal stress and mood: Results of a pilot study. *Archives of Women's Mental Health.* 2008;11(1):67–74.

15. Duncan L et al. Mind in Labor: Effects of mind/body training on childbirth appraisals and pain medication use during labor. in: *The Journal of Alternative and Complementary Medicine* A17, Abstract OA 10.13. 2014.

16. Guardino CM, Dunkel Schetter C, Bower JE, Lu MC, Smalley SL: Randomised controlled pilot trial of mindfulness training for stress reduction during pregnancy. *Psychology & Health.* 2014; 29(3):334–349.

17. Woolhouse H et al. Antenatal mindfulness intervention to reduce depression, anxiety and stress: A pilot randomised controlled trial of the MindBabyBody program in an Australian tertiary maternity hospital. *BMC Pregnancy and Childbirth.* 2014; 14:369.

18. Hughes A, Williams M, Bardacke N, Duncan LG, Dimidjian S, Goodman SH. Mindfulness approaches to childbirth and parenting. *British Journal of Midwifery.* 2009;17(10):630–635.

19. Duncan LG, Bardacke N. Mindfulness-based childbirth and parenting education: Promoting family mindfulness during the perinatal period. *Journal of Child and Family Studies.* 2010;19(2):190–202.

20. Warriner S, Dymond M, Williams M. Mindfulness in maternity. *British Journal of Midwifery.* 2013;21(7):520–522.

21. Fisher C, Hauck Y, Bayes S, Byrne J. Participant experiences of mindfulness-based childbirth education: A qualitative study. *BMC Pregnancy Childbirth.* 2012; 12:126.

22. Dunn C, Hanieh E, Roberts R, Powrie R. Mindful pregnancy and childbirth: Effects of a mindfulness based intervention on women's psychological distress and well-being in the perinatal period. *Archives of Women's Mental Health.* 2012;15(2):139–143.

Achtsame Kommunikation mit Kindern

Lienhard Valentin

Im Alltag surfen lernen

Das erste Wirkende ist das Sein des Erziehers,
das zweite, was er tut, das dritte, was er redet.

Romano Guardini

Bei der achtsamen Kommunikation mit Kindern geht es nicht so sehr darum, gewisse Formen zu erlernen, wie wir »richtig« mit Kindern reden sollten, sondern darum, das Augenmerk auf unseren jeweiligen inneren Zustand zu lenken und darauf, wie dieser sich auf die Beziehung zu ihnen auswirkt.

Das Zitat von Romano Guardini beschreibt eine Tatsache, deren Tragweite uns im täglichen Leben nur selten bewusst ist. Wir kommunizieren in jeder Begegnung mit unseren Kindern – ob wir uns dessen bewusst sind oder nicht; und die Art und Weise, wie und was wir kommunizieren, hat nicht nur eine Auswirkung auf unsere Beziehung zu ihnen, sondern prägt maßgeblich ihr Selbstbild und ihr Selbstgefühl.

Auf sehr schöne Weise beschreibt dies das folgende Gedicht, das eine Mutter zu einem Seminar mitbrachte:

Wie erkenne ich, wer ich bin?
Ich erfahre von dir, wer ich bin.
In deinen Augen sehe ich mich widergespiegelt.
Aus deiner Stimme höre ich,
wie du mich siehst.

Du bist der Spiegel, in den ich blicke
und der das Bild meiner selbst formt.
Ich spüre, wie du mich hältst,
und durch deine Berührungen
fühle ich meine Gestalt, meine Form.

Und wenn mir gefällt, was ich sehe,
in deinen Augen,
in deiner Stimme,
in deiner Berührung,
antwortet mein Herz und öffnet sich.
Und während es sich immer weiter öffnet, wächst es und wächst es,
bis ich mich als eigenständig erkenne.
Dieses eigenständige Selbst – wiederum –
kann dir die Liebe erwidern.
Weil du mich gelehrt hast,
wer ich bin
und dass ich geliebt werde.

(Anonym)

Unser innerer Zustand, das Bild, das wir von einem Kind haben, die Art, wie wir uns ihm zuwenden, es ansehen, wie wir es berühren, ja sogar unsere Gefühle und Gedanken – all das hat eine Auswirkung auf ein Kind, auf seine Entwicklung und auf die Art und Weise, wie es sich selbst sieht – auf die Beziehung, die es zu sich selbst entwickelt. Das geschieht ganz automatisch. Auch die Art und Weise, wie wir uns selbst heute sehen und mit uns selbst umgehen, wurde maßgeblich dadurch geprägt, wie wir gesehen wurden und wie mit uns umgegangen wurde – von unseren Eltern, Erziehern oder auch Lehrern. Hier liegt auch die Ursache für den weitverbreiteten Mangel an Selbstwertgefühl, die Schwierigkeit, mitfühlend mit uns selbst zu sein, und es ist auch die Grundlage für den inneren Richter, den wir vielleicht immer noch mit uns herumschleppen und in dessen Augen wir nie gut genug sind.

Diese verinnerlichten Verhaltensmuster uns selbst gegenüber sind es auch, die es uns häufig erschweren, uns angemessen selbst zu unterstützen, was aber für unser inneres Gleichgewicht und damit auch für eine harmonische Beziehung zu unseren Kindern unerlässlich ist. Wenn wir eine Idealvorstellung von uns selbst aufbauen, der wir glauben, genügen zu müssen, schiebt sich dieser Anspruch leicht zwischen uns und die Kinder oder führt dazu, dass wir uns selbst terrorisieren, da wir unseren Ansprüchen und Idealen nicht gerecht werden.

Eine Mutter drückte es in einem Seminar anschaulich aus: »Wenn ich ausgeschlafen bin und es mir gut geht, geht es auch mit den Kindern gut – aber wenn nicht, geht es drunter und drüber, und ich verhalte mich auf eine Art und Weise, wie ich dies nie wollte und die ganz und gar nicht meinen Vorstellungen entspricht – und das nehme ich mir dann wiederum übel, und ich fühle mich als furchtbare Mutter.«

Wer kennt das nicht? Wenn wir ausgeglichen und mit uns selbst in Frieden sind, können wir uns in unsere Kinder einfühlen, auf sie eingehen und ihnen durch unsere Resonanz vermitteln, dass sie »gefühlt«, und das heißt auch: angenommen und geliebt werden, so wie sie sind. Geht es uns nicht so gut oder stehen wir unter Stress, so sind wir mehr oder weniger in uns selbst gefangen. Wir sind abgeschnitten von unseren Möglichkeiten, auf unsere Kinder eingehen zu können, und gleichzeitig ist damit auch die Verbindung zu ihnen abgerissen. Diese Trennung fühlen sie unmittelbar, was sich dann wiederum in ihrem Verhalten äußert. So entsteht dann leicht ein Teufelskreis, der uns und unseren Kindern den Tag verderben kann.

Ein typisches Beispiel hierfür bringen Daniel Siegel und Mary Hartzell in ihrem außerordentlich aufschlussreichen Buch *Gemeinsam leben – gemeinsam wachsen*[1]:

Eine Mutter kommt von der Arbeit nach Hause, und ihr

22 Monate alter Sohn stürmt begeistert herbei, um sie zu begrüßen, kaum dass sie durch die Tür tritt. Er möchte nach einem Tag des Getrenntseins wieder Kontakt herstellen. Die Mutter hat jedoch eine andere Vorstellung. Sie möchte aus ihrer beruflichen Rolle in ihre Mutterrolle wechseln, also umarmt sie das Kind flüchtig und gedankenverloren und geht mit den Worten »Ich bin sofort wieder da« ins Schlafzimmer, um sich umzuziehen. Dieser kurze, wenig achtsame Kontakt, gefolgt von einer weiteren räumlichen Distanz, ist für das Kind nicht zufriedenstellend, so dass es ihr weinend hinterherläuft und auf den Arm genommen werden möchte. Die Mutter versucht, das Kind abzuschütteln, um zunächst das zu tun, was sie sich vorgestellt hat, bevor sie sich ihm widmet. Das Kind regt sich jedoch nur noch mehr auf, weint lauter, legt sich auf den Boden und beginnt, mit den Füßen gegen die Wand zu treten. Das geht der erschöpften Mutter auf die Nerven, die das Poltern nicht hören oder die Trittspuren hinterher nicht von der Wand waschen möchte. Die Mutter hat nun das Gefühl, dass ihr Kind unvernünftig und anstrengend ist. Sie sagt streng: »Ich werde nicht mit dir spielen, wenn du nicht sofort aufhörst zu treten!« Als es das hört, spürt das Kind angesichts der verärgerten Mutter eine noch größere Distanz. Es regt sich noch mehr auf und schlägt nach seiner Mutter. Nun möchte die Mutter dem Kind gar keine positive Aufmerksamkeit mehr schenken, denn in ihren Augen benimmt es sich schlecht, und die Mutter möchte dieses »schlechte Benehmen« nicht belohnen. Die Botschaft des Kindes, wie wichtig es gewesen wäre, nach einem langen Tag des Getrenntseins den Kontakt zur Mutter wiederherzustellen, wurde nicht wahrgenommen. So handelte es aus Frustration darüber, nicht verstanden zu werden. Es versuchte weiterhin, einen Kontakt herzustellen, wenn auch auf negative Weise.

Kinder brauchen es, sich »gefühlt zu fühlen«. Wenn wir eine Vorstellung oder Idee zwischen sie und uns stellen, wirkt sich dies destruktiv auf die Beziehung aus – so richtig, vernünftig und wünschenswert diese Vorstellung auch sein mag. Für Vernunft haben Kinder keinen Sinn – laut dem Entwicklungspsychologen Jean Piaget[2] beginnt sich das, was wir als »vernünftiges Denken« bezeichnen, erst mit etwa elf Jahren zu entwickeln!

Situationen wie die oben beschriebene sind Alltag im Leben mit Kindern, und in den seltensten Fällen erkennen wir, dass die Wurzel eines solchen Konfliktes nicht ein »schwieriges« Kind ist, dem man vielleicht mehr Grenzen setzen und mit mehr Konsequenz begegnen sollte, sondern vielmehr mangelnde Achtsamkeit von unserer Seite. Wäre die Mutter nicht so sehr in ihren eigenen Vorstellungen gefangen gewesen, hätte sie die Situation auch aus den Augen ihres Sohnes sehen können und sich ihm vielleicht erst einmal ein paar Minuten zugewendet. So hätten sie die Verbindung wiederherstellen können, und anschließend hätte sie auch den Raum gehabt, ihren eigenen Bedürfnissen nachzugehen. Aber solche Möglichkeiten bleiben uns in der konkreten Situation leider allzu häufig verborgen – und wenn wir nicht sehen, dass die Wurzel des Konfliktes in uns liegt, wird es auch im Nachhinein schwierig, eine vielleicht entstandene Kluft in der Beziehung wieder zu schließen.

Sehen wir uns die Situation noch einmal etwas näher an. Es beginnt eigentlich mit einer kleinen, nur allzu verständlichen Unachtsamkeit: Aus ihrem Bedürfnis heraus, erst einmal zu Hause anzukommen, hat die Mutter eine Vorstellung über den weiteren Verlauf des Abends entwickelt. Dabei hat sie die Rechnung aber ohne ihren Sohn gemacht – da sie ihn nicht in ihren Plan einbezogen hat und mit ihm nicht wirklich in Kontakt getreten ist, um auf diese Art ein Gefühl für ihn und seine innere Wirklichkeit zu bekommen, geht sie über ihn hinweg. Als er seiner Frustration Ausdruck verleiht, interpretiert sie das als unangemessenes Verhalten und reagiert zunehmend genervt – sie gerät immer mehr in die Defensive und nimmt ihren Sohn als Bedrohung wahr. Das heißt, sie gerät in Stress, was wiederum dazu führt, dass ihre Sicht der Situation und ihres Sohnes noch einseitiger und enger wird – und dieser scheint ihre Sicht dann durch sein Verhalten auch noch zu bestätigen. Der Schritt zu Handgreiflichkeiten oder zumindest lautstarken Schimpftiraden ist nun nicht mehr weit. Geschehen solche Missverständnisse häufiger, können tiefe Brüche in der Beziehung entstehen, das Kind fühlt sich dann nicht verstanden – nicht »gefühlt«; und da es von seiner Umgebung vielleicht zunehmend als »schwierig«, als »nicht in Ordnung« bezeichnet wird, bestätigt es diese Sicht seiner selbst durch sein Verhalten mehr und mehr.

Die kleinen Unachtsamkeiten, die häufig an der Wurzel solcher Brüche in den Beziehungen zu unseren Kindern liegen, lassen sich natürlich nicht immer vermeiden – das ist auch gar nicht notwendig. Wie ich immer wieder betone, brauchen Kinder keine perfekten Eltern, die nie Fehler machen oder nie unachtsam sind; aber wir können uns auf den Weg machen und uns immer wieder neu mit uns selbst, unserem Herzen und unseren Kindern verbinden.

Es ist ein wenig wie beim Surfen – wenn wir ausgeglichen sind, stehen wir auch ausbalanciert auf dem Brett, sind in Kontakt mit jeder Welle und begegnen ihr auf angemessene Weise. Gleichzeitig sind wir mit uns selbst in Kontakt – wir wissen, wann wir eine Pause brauchen oder eine Stärkung. Wenn wir einen dieser Faktoren außer Acht lassen, kann das dazu führen, dass wir vom Brett fallen und ordentlich Wasser schlucken. Im Alltag mit unseren Kindern surfen zu lernen ist eine weitaus schwierigere und komplexere Angelegenheit. Wir haben alle möglichen Dinge zu erledigen, sind immer wieder mit hohen emotionalen Wellen konfrontiert, und jede Unachtsamkeit und jede innere Starrheit kann dazu führen, dass wir vom Brett fallen. Aber wenn wir immer wieder neu anfangen, statt uns darüber zu beklagen, was für erbärmliche Surfer wir sind oder dass die Wellen einfach nicht so sein wollen, wie wir es gerne hätten, werden wir zunehmend weniger Wasser schlucken. Den Seegang können wir nur bedingt beeinflussen, aber die Praxis der Achtsamkeit ist eine ungeheuer hilfreiche Möglichkeit, im Alltag mit unseren Kindern surfen zu lernen. Indem wir unsere Aufmerksamkeit auf wohlwollende und interessierte Art und Weise auf unser Innenleben – unsere Stimmungen, Gefühle, Gedanken und Empfindungen – lenken, lernen wir uns besser kennen und können uns immer wieder neu mit uns selbst verbinden. Dabei geht es nicht darum, uns zu ändern; wer möchte, dass sich ein Mensch ändert, muss ihn erst einmal so annehmen und respektieren, wie er ist – das gilt auch für uns selbst. Es geht also zunächst darum, mit uns und unserer Erfahrung in Kontakt zu kommen.

Aber was hat das mit der Kommunikation mit Kindern zu tun? Der Zustand, in dem wir sind, entscheidet darüber, wie wir eine Situation wahrnehmen. Je nach unserer Stimmung kann uns dieselbe Situation erheitern, die uns in einem anderen Zustand an die Decke gehen lässt. Unsere Stimmung färbt unsere Sicht, und damit auch unsere Kommunikation und unsere Handlungen. So ist dann auch der erste Schritt zu einer achtsamen Kommunikation mit Kindern, dass wir uns unseres eigenen inneren Zustandes bewusster werden. Dabei kann uns die sogenannte *Instant Meditation* eine große Hilfe sein. Sie besteht einfach darin, mehrmals am Tag in unseren Aktivitäten innezuhalten und mit wohlwollendem Interesse »bei uns selbst vorbeizuschauen«. Das heißt, wir richten unsere Aufmerksamkeit kurz von unseren Aktivitäten weg nach innen und fragen uns: »Hallo, wie geht es dir gerade?« Wir können uns auch innerlich mit unserem Vornamen ansprechen und uns fragen, wie es uns geht. Und so, wie wir einem guten Freund oder einer guten Freundin zuhören würden, hören wir uns selbst zu.

Wenn wir dann bemerken, dass wir angespannt oder gestresst sind, können wir schauen, ob wir uns irgendwie unterstützen können, bevor die Anspannung so groß wird, dass uns vielleicht schon eine Kleinigkeit von unserem Surfbrett wirft und wir Dinge sagen oder tun, die uns später leidtun. Wenn wir uns erst einmal bedroht fühlen, dann ist es recht schwierig, wieder aus diesem Zustand herauszufinden. Oft sind wir dann auch selbstgerecht und in unsere Sicht der Dinge verbissen. Wenn wir aber sensibler für unseren inneren Zustand geworden sind, können wir rechtzeitig nach einem anderen Weg suchen. Vielleicht nehmen wir eine kurze Auszeit, machen uns einen Tee – oder was immer wir für Möglichkeiten finden, für uns selbst zu sorgen.

Wenn sich ein Konflikt anbahnt, können wir die *Instant Meditation* auch nutzen, um innezuhalten und uns mit uns selbst, dem Kind und der Situation zu verbinden, anstatt automatisiert zu reagieren; das erhöht die Wahrscheinlichkeit, eine kreative Lösung zu finden, beträchtlich. So hätte die Mutter im obigen Beispiel die weitere Eskalation noch verhindern können, wenn sie auf die Frustration ihres Sohnes hin innegehalten und genauer hingesehen hätte, statt weiter auf ihrer Sicht der Dinge zu beharren.

Wenn wir häufiger innehalten, die Welt mit den Augen unserer Kinder sehen, uns in sie einfühlen, ihre Sicht der Dinge in unsere Entscheidungen miteinbeziehen, fühlen sie sich gefühlt und respektiert – was ihnen wiederum eine innere Sicherheit gibt, die es ihnen später erlaubt, auch in schwierigen Situationen ihren Weg zu finden und diese eher als Herausforderungen und nicht so sehr als Bedrohungen zu erleben. Erste Studien über Achtsamkeitstrainings für Eltern unterstützen diese Thesen, denn sie zeigen, dass sich sowohl die psychische Gesundheit der Eltern als auch das Verhalten und die Stimmung der Kinder signifikant verbesserten. Darüber hinaus wurde eine Verbesserung des Erziehungsstils und der Zusammenarbeit der Eltern festgestellt.[3,4]

Veränderungen in der Eltern-Kind-Beziehung zeigen sich in unseren Seminaren mit Eltern häufig schon nach erstaunlich kurzer Zeit. Vor allem junge Kinder reagieren sehr schnell auf eine veränderte innere Haltung und einen veränderten inneren Zustand ihrer Eltern. Sie können sich nur von uns »gefühlt« fühlen, wenn wir wirklich da sind – mit Körper, Herz und Kopf. Jede Methode, jeder Ansatz oder jedes Konzept – auch das der Achtsamkeit – sind nur Wegweiser oder Landkarten. Sie sind nicht das Land. Um im bewegten Meer des Lebens mit Kindern surfen zu lernen, wo wir es häufig mit Schlafmangel, emotionalem Wellengang und den unterschiedlichsten Wetterlagen zu tun haben, braucht man nach den Worten des bekannten Meditationslehrers und Psychologen Jack Kornfield eine Tassevoll Wissen, ein Fassvoll Liebe und einen Ozean von Geduld – und, was vielleicht noch zu ergänzen wäre: eine ordentliche Prise Humor!

Freundschaft schließen mit uns selbst

Wenn wir wohlwollend und ohne vorschnell zu urteilen die Aufmerksamkeit darauf richten, was sich in unserem Innenleben abspielt, erkennen wir schnell, dass wir nicht nur mit anderen Menschen, sondern auch mit uns selbst kommunizieren. Wir haben vielleicht ganz bestimmte Erwartungen, wie sich die Menschen in unserer Umgebung uns gegenüber verhalten sollten – freundlich, einfühlsam, achtsam, respektvoll oder wie auch immer; aber selten schenken wir der Art und Weise Aufmerksamkeit, wie wir mit uns selbst umgehen. Dem einmal nachzuspüren kann ein spannendes und lohnendes Forschungsprojekt sein.

Von klein auf machen wir Erfahrungen mit den Menschen, die sich um uns gekümmert haben – meist vor allem die Eltern, aber auch andere Personen, die eine maßgebliche Rolle in unserem Leben gespielt haben. Unser Selbstbild und Selbstgefühl entwickeln sich vor allem aus der Art und Weise, wie unsere Umwelt auf uns reagiert, und aus den Schlüssen, die wir aus diesen Reaktionen gezogen haben. Ebenso übernehmen wir unbewusst Haltungen und Einstellungen dem Leben gegenüber, die uns für den Rest unseres Lebens stark beeinflussen – wenn wir uns ihrer nicht bewusst werden und uns ggf. anders entscheiden. Diese Prägung geschieht sehr früh und ganz automatisch, und diese »Lebensskripte« prägen unsere Sicht der Welt und unser Selbstbild – und lenken sie in die eine oder in die andere Richtung.

So erzählt der Meditationslehrer Jack Kornfield die Geschichte, dass sich der Buddha nach langen Jahren der Askese und des harten spirituellen Trainings an seine frühe Kindheit und die liebevolle Fürsorge, die ihm dort zuteilwurde, erinnerte. Dies führte ihn zu der Erkenntnis, dass die strenge Enthaltsamkeit nicht förderlich ist. Er begann, wieder zu essen, und erlangte schon bald darauf die Erleuchtung. Leider können nicht sehr viele Menschen auf solche Erfahrungen zurückgreifen. Die Art der Botschaften, die wir verinnerlicht haben, sind recht unterschiedlich – aber nur sehr selten beinhalten sie, dass wir liebenswert sind und eine Freude für unsere Eltern. Vielleicht mussten wir um Aufmerksamkeit kämpfen oder wurden häufig kritisiert, so dass wir das Gefühl verinnerlicht haben, nicht zu genügen – ein Muster, das uns besonders zu schaffen machen kann, wenn wir selbst Eltern werden, da wir unseren Ansprüchen nie genügen können. Vielleicht sind wir sehr engagiert und geraten in die Falle, unsere Kinder zu einer Art Projekt zu machen. Schließlich leben wir in einer leistungs- und konsumorientierten Gesellschaft, und dies führt häufig dazu, dass Eltern ihre Kinder als ihr »Produkt« ansehen, das sie dann mit anderen Produkten vergleichen. Und wenn sich unsere Kinder nicht so entwickeln, wie wir uns das vorstellen, führt das leicht dazu, dass entweder die Kinder oder wir selbst »schuld« sind – und beides kann sich verhängnisvoll auf die Beziehung auswirken.

Vielleicht haben wir aber auch das Gefühl, nicht wirklich

wichtig zu sein – dass wir uns am besten unsichtbar machen sollten, um zu überleben. Oder wir haben ständig Angst, was die anderen – seien es die eigenen Eltern, Verwandte, Freunde oder Nachbarn – dazu sagen, wie wir mit unseren Kindern umgehen oder wie diese sich verhalten. Ein solches Muster kann es uns ebenfalls sehr schwer machen, unseren eigenen Weg zu gehen und zu uns und zu unseren Kindern zu stehen.

Andere Muster wiederum führen dazu, dass es uns schwerfällt, es uns gut gehen zu lassen. Irgendwie scheint es nicht in Ordnung zu sein – vielleicht haben wir auch das Gefühl, das nicht zu verdienen; oder es gibt eine Stimme in uns, die ständig etwas an uns auszusetzen hat, die ständig urteilt – und das nicht gerade sehr einfühlsam.

Auch ein mangelndes Selbstwertgefühl kann uns daran hindern, unseren Kindern offen und gelassen zu begegnen. Wenn wir bei allem, was nicht so läuft, wie wir uns das vorstellen, ängstlich, unsicher oder ungeduldig und wütend werden, sind wir nur schwer in der Lage, wirklich zu sehen, was ein Kind oder eine Situation von uns braucht.

Solche Muster prägen sich schon in frühester Kindheit aus und sind nicht leicht aufzulösen – aber es ist sehr lohnend, diesen Mustern auf die Spur zu kommen. Aus diesem Grund spielt das Thema »Freundschaft schließen mit uns selbst« in unserer Arbeit mit Eltern eine wichtige Rolle.

Vor allem die Praxis von Achtsamkeit und Selbstmitgefühl kann hier eine große Hilfe sein, solche negativen Muster zu erkennen und eine andere, wohlwollende und mitfühlende Haltung uns selbst gegenüber zu entwickeln. In dem Maße, wie dies gelingt, werden wir gelassener, flexibler, offener und können sehr viel einfühlsamer und kreativer auf die Bedürfnisse unserer Kinder eingehen – und das wiederum führt zu sehr viel mehr Lebensfreude und besseren Beziehungen. Der positive Zusammenhang zwischen Selbstmitgefühl und unserem emotionalen Wohlbefinden[5] und unserem Beziehungsverhalten[6] ist bereits wiederholt in Studien aufgezeigt worden. Auch unsere Kinder wollen, dass wir glücklich sind – sie haben keinerlei Interesse daran, dass wir uns das Leben schwermachen. Sie möchten, dass sie eine Freude für uns sind und dass auch unser Zusammensein von gemeinsamer Freude geprägt ist.

Wie aktuelle Forschungen nahelegen, verändert das wohlwollende Gewahrsein, das in der Praxis der Achtsamkeit geübt wird, sogar die Struktur unseres Gehirns.[7] Weitere Studien zeigen, dass man den mitfühlenden Umgang mit sich selbst durch gezielte Praktiken erlernen kann. Teilnehmer des achtwöchigen *»Mindful Self-Compassion (MSC)«*-Kurses erlebten einen signifikanten Rückgang von Angst, Stress und Depressionen und einen signifikanten Anstieg von Achtsamkeit, Mitgefühl mit sich und anderen und mehr Lebenszufriedenheit.[8] Egal wie unsere Geschichte aussieht und wo wir heute stehen – wir können uns bis in unsere Biologie hinein verändern.

Als erster Schritt auf diesem Weg kann die oben genannte *Instant Meditation* eine wirkungsvolle Möglichkeit sein. Als zweiten Schritt können Sie eine Art Tagebuch oder ein »Forschungsjournal« führen, in dem Sie kurz notieren, was Sie jeweils entdeckt haben. Wie finde ich mich vor? Gestresst? Ungeduldig? Angespannt? Müde? Erschöpft? Froh? Zufrieden? Glücklich?

Dabei ist es wichtig, sich nicht zu be- oder gar zu verurteilen, sondern einfach wohlwollend zu registrieren, was wir vorfinden.

Wie klingt die Stimme, mit der ich zu mir selbst spreche? Erinnert mich die Qualität meiner Beziehung zu mir selbst an eine Beziehung aus meiner Kindheit? Wenn ja, an welche? Wie wäre es bzw. wie würde es sich anfühlen, wenn ich mein eigener Freund bzw. meine eigene Freundin wäre?

Dies sind keine Prüfungsfragen, bei denen es darum geht, die richtige Antwort zu finden, sondern kleine »Forschungsprojekte«, die uns vielleicht dabei helfen können, uns der Qualität unserer Beziehung zu uns selbst bewusster zu werden und sie Schrittchen für Schrittchen zu verbessern. Schon dieses wohlwollende Interesse für unser Innenleben hat eine heilsame Wirkung. Wir beginnen, eine freundlichere Haltung uns selbst gegenüber zu kultivieren – und auch, wenn wir keine sofortigen Ergebnisse erwarten sollten, wird diese Veränderung ohne Zweifel Früchte tragen. Und in dem Maße, wie wir mit uns selbst in Frieden sind, wird auch die Beziehung zu unseren Kindern von mehr Achtsamkeit, Einfühlungsvermögen und Mitgefühl geprägt sein.

Dem Thema »Freundschaft schließen mit uns selbst« liegt das Konzept der Selbstunterstützung zugrunde, das aus der *Essentiellen Gestaltarbeit* stammt und von Katharina Martin auf die Elternarbeit übertragen wurde. Für die Weiterbildungsgruppen, die Katharina Martin und Lienhard Valentin seit mehr als zwanzig Jahren anbieten, wurden spezielle Übungen entwickelt, die sich – vor allem auch für den Alltag – als sehr unterstützend erwiesen haben, wie viele der Kursteilnehmer immer wieder bestätigen. Dabei werden Übungen aus der Gestaltarbeit verbunden mit Körperarbeit und Übungen aus der buddhistischen Praxis (*Achtsamkeits-* und *Metta-Meditation* sowie dem *Achtsamen Selbstmitgefühl (Mindful Self-Compassion)* und der Arbeit von Rick Hanson).

Derzeit entwickeln Katharina Martin und Lienhard Valentin unter Mitarbeit von Susan Bögels ein neues Achtsamkeitsprogramm für Eltern – den »*Mit Kindern wachsen*«-Elternkompass. Nähere Informationen dazu gibt es ab dem Frühjahr 2015 auf den unten genannten Websites.

Nähere Informationen zu Seminaren mit Lienhard Valentin:
www.arbor-seminare.de
www.mit-kindern-wachsen.de

Literatur

1. Siegel DJ, Hartzell M. *Gemeinsam leben, gemeinsam wachsen. Wie wir uns selbst besser verstehen und unsere Kinder einfühlsam ins Leben begleiten können.* Freiamt im Schwarzwald: Arbor Verlag; 2004, S. 96–97.

2. Montada L. Die geistige Entwicklung aus der Sicht Jean Piagets. In: Oerter R, Montada L (Hrsg.). *Entwicklungspsychologie.* München: Psychologie Verlags-Union; 1987.

3. Bögels S, Restifo K. *Mindful Parenting. Achtsamkeit und Selbstfürsorge für Eltern.* Freiburg im Breisgau: Arbor Verlag; 2014, S. 87–100.

4. Bögels SM, Hellemans J, van Deursen S, Römer M, van der Meulen R. Mindful parenting in mental health care: Effects on parental and child psychopathology, parental stress, parenting, coparenting, and marital functioning. *Mindfulness.* 2010;1(2):107–120.

5. MacBeth A, Gumley A. (2012). Exploring compassion: A meta-analysis of the association between self-compassion and psychopathology. *Clinical Psychology Review.* 2012;32(6):545–552.

6. Neff KD, Beretvas SN. The role of self-compassion in romantic relationships. *Self and Identity.* 2013;12(1):78–98.

7. Siegel DJ. *Das achtsame Gehirn.* Freiamt im Schwarzwald: Arbor Verlag; 2007.

8. Neff KD, Germer CK. A pilot study and randomized controlled trial of the mindful self-compassion program. *Journal of Clinical Psychology.* 2013;69(1):28–44.

Achtsamkeit in der Schule. Das Potential der Achtsamkeit für Bildung und Persönlichkeitsentfaltung

Vera Kaltwasser

Wie kann es gelingen, dass Kinder und Jugendliche lernen, ihre Persönlichkeit zu entfalten und ihren Bildungsprozess eigenständig und mit Forschergeist voranzutreiben? Diese Frage beschäftigt immer schon die Pädagogen, die verstanden haben, dass neben der Vermittlung von Fachwissen eine Begleitung bei der persönlichen Entwicklung deshalb so wichtig ist, damit Kinder und Jugendliche in einem – manchmal mühsamen, oft auch abenteuerlich lustvollen – Prozess ihre Selbstbestimmung verantwortlich entwickeln und umsetzen lernen. Wenn die Schule und das Elternhaus Erfahrungsräume für die Wahrnehmungsvielfalt bereitstellen, dann können Kinder und Jugendliche den Mut und das Selbstvertrauen entwickeln, das Steuer der Persönlichkeitsentwicklung in die eigene Hand zu nehmen. Inwiefern die Einübung einer Haltung der Achtsamkeit den Boden für die Entwicklung zu Selbstbestimmung, Selbstverantwortung und gegenseitigem Verständnis bereiten kann, dazu soll in diesem Aufsatz ein Einblick gegeben werden.

Sie erfahren etwas über die theoretischen Hintergründe der Achtsamkeitsarbeit in Schulen, aber auch über ein ganz praktisches Beispiel aus dem Schulalltag (über das Programm *AISCHU® – Achtsamkeit in der Schule*), das sich in den täglichen Unterricht einflechten lässt und wissenschaftlich begleitet wurde und wird.

Die Situation von Kindern
und Jugendlichen heute

Werfen wir zunächst einen Blick auf die aktuellen Herausforderungen, die sich in der Arbeit mit Kindern und Jugendlichen stellen und die der Ausbildung von Selbstbestimmung entgegenstehen: gemeint ist die extreme Außenorientierung, die durch die neuen elektronischen Medien befördert wird. Kinder und Jugendliche werden von einer allgegenwärtigen Bilderflut überschwemmt und permanent beschallt. Jedes Piepsen des Smartphones drängt zur sofortigen Reaktion; das Gefühl, etwas zu verpassen, wenn man nicht stets in den sozialen Netzwerken präsent ist und mitmischt, führt zu einem pausenlosen Getriebensein.

Viele Eltern leben diese Hektik vor, selbst getrieben von den Anforderungen im Beruf, bedroht von Ängsten um den Arbeitsplatz, gegängelt durch das Dogma der ständigen Erreichbarkeit. Die Kinder sollen den vermeintlich besten Start ins Leben bekommen: Der Markt bietet dafür ein riesiges Angebot an Optimierungsmöglichkeiten, und dieser Markt steht auch schon den Kindern offen. Sie sind begehrtes Ziel ausgeklügelter Werbestrategien, die auf raffinierten Wegen schon die Kinderzimmer erreichen. Von immer neuen Angeboten werden sie zu versierten »Usern« erzogen, ohne dass sie bemerken, wie diese elektronische Aufrüstung sie in einen permanenten Stresszustand versetzt. Jeder Reiz von außen scheint eine Reaktion zu verlangen: »Kauf das!«, »Mach dieses!«, »Das brauchst du!«, »Alle anderen haben das!«

Die Reaktivität der Kinder und Jugendlichen wird durch die Außenorientierung befördert, während die Fähigkeit zur Distanzierung und Selbstregulation nicht im gleichen Maße wächst. Dabei ist es gerade diese Fähigkeit, nach innen zu schauen und sich selbst überhaupt einmal wahrzunehmen, die den Raum weitet und Mut zur Eigenständigkeit macht. Diese

Fähigkeit, innehalten zu können, um den eigenen Impulsen nicht ausgeliefert zu sein, sollte im pädagogischen Prozess geschult werden. So können Selbstkompetenz und Selbstwirksamkeit entstehen.

Die elektronische Aufrüstung lässt sich nicht aufhalten, wohl aber kann beim Einzelnen ein Bewusstsein dafür entwickelt werden, wie diese Technologien die Gedanken, Gefühle und das Verhalten subtil beeinflussen. Erst wenn der Einzelne dies wahrnimmt, kann er gegensteuern. Erst wenn der Einzelne aus der unmittelbaren Reaktivität aussteigen lernt, wird er »Herr im eigenen Haus«, wie Freud formuliert.

Neben der Reizüberflutung verändert auch die Virtualisierung vieler Lebensbereiche die Lebenswelt der Kinder und Jugendlichen. Das »Second Life« hat keinen Körper aus Fleisch und Blut. Die wertvolle Vielfalt persönlicher Begegnungen, die unterschiedlichste Wahrnehmungsfacetten ins Spiel bringen, kann der virtuelle Raum nicht bieten, gaukelt sie aber vor. Es bedarf der Erfahrungsräume für Kinder und Jugendliche, in denen die Fähigkeit zur Präsenz und zur persönlichen Interaktion entwickelt werden kann. Hier können Prozesse der Persönlichkeitsentfaltung entstehen, die allerdings nicht quantitativ direkt messbar sind.

Deshalb ist es so wichtig, dass darstellendes Spiel, Kunst, kreatives Schreiben und Musik in den Lehrplänen nicht weiter an den Rand gedrängt werden.

Deshalb kann eine Ausbildung der Achtsamkeit ein Gegengewicht gegen Virtualisierung und Reizüberflutung bilden. Kinder und Jugendliche können – authentisch angeleitet – »am eigenen Leib« erspüren, wie die Übungen ihnen guttun und wie sie sich selbst regulieren können. Lehrerinnen und Lehrer, die in der Haltung der Achtsamkeit ausgebildet werden und sie praktizieren, können einerseits ein Vorbild sein, andererseits während der Übungszeit selbst Atem im anstrengenden Schulalltag schöpfen.

Die Situation von Lehrerinnen und Lehrern angesichts der Veränderung der Lebenswelt von Kindern und Jugendlichen

Die Ansprüche an die Lehrer sind gestiegen; oft müssen sie ausgleichen, was im Elternhaus – aus welchen Gründen auch immer – nicht mehr geleistet werden kann.

Den Lehrern obliegt es, die Spannung zwischen der Forderung nach unterrichtlicher Effizienz und pädagogischer Förderung des Einzelnen produktiv zum Wohle aller Schüler zu nutzen. Studien zur Lehrergesundheit belegen, dass diese widersprüchlichen Anforderungen ihren Preis haben. Es müsste doch aufhorchen lassen, dass sowohl bei Lehrern als auch bei Schülern in den letzten Jahren Krankheitsbilder, als deren Auslöser eine chronische Stressbelastung gilt, überproportional zugenommen haben.[1] Eine »Empfehlung zur Gesundheitsförderung und Prävention in der Schule« des Sekretariats der Ständigen Konferenz der Kultusminister der Länder vom 15. 11. 2012 zeigt ermutigende Zielvorgaben. Die Implementierung einer Schulung von Lehrern und Schülern in der Haltung der Achtsamkeit könnte hier einen wichtigen Beitrag zur Erreichung dieser Ziele leisten.

Bewältigungsstrategien zum Umgang mit Außenorientierung und Reaktivität

Welche Bewältigungsstrategien stehen dem Einzelnen zur Verfügung, die ihm helfen, mit dem Übermaß an Außenorientierung, an Entfremdung und Virtualisierung, aber auch mit den inneren Ängsten und Spannungen konstruktiv umzugehen?

In diesem Zusammenhang kommen wir meines Erachtens nicht umhin, die jüngsten Erkenntnisse der Hirnforschung und der Lernforschung im Hinblick auf das enge Wechselspiel zwischen Körper, Gedanken und Gefühlen in ihrer Konsequenz für den schulischen Unterricht zu bedenken. Manfred Spitzers Buch *Lernen. Gehirnforschung und die Schule des Lebens*[2] hat diese Aspekte vor vielen Jahren in die pädagogische Debatte eingebracht. In einem Artikel zur Achtsamkeit in der Zeitschrift *Nervenheilkunde,* in dem Spitzer einige Studien zur Wirkung von Achtsamkeitsübungen zitiert, kommt er zu dem Schluss, dass Achtsamkeitsübungen einen wichtigen Beitrag für die Aufmerksamkeitssteuerung von Kindern und Jugendlichen leisten können.[3]

Joachim Bauer, Gerald Hüther, Gerhard Roth und Manfred Spitzer haben in den letzten Jahren mit ihren Publikationen das Interesse von Lehrern geweckt. Die Ergebnisse von Studien zur engen Verflochtenheit zwischen körperlichen, emotionalen und gedanklichen Prozessen haben aber bislang im schulischen Alltag kaum Veränderungen gezeigt. Ein Grund dafür könnte sein, dass Lehrerinnen und Lehrer nicht ausreichend darin geschult sind, im Unterricht »Erfahrungsräume« bereitzustellen, in denen Schüler ihre Selbstwahrnehmung verfeinern können.

Gerade am Beispiel des Stressgeschehens wird die enge Verbindung zwischen Körper und Geist deutlich. Methoden der Stressbewältigung werden in den Schulen bislang noch kaum vermittelt, und wenn, dann werden die Inhalte nur analytisch und kognitiv vermittelt, ohne sozusagen die Perspektive der ersten Person miteinzubeziehen, d.h. Erfahrungen erlebbar zu machen. Wie kann der einzelne Schüler verstehen, welches seine subjektiven Stressoren sind, wie er persönlich mit Stress umgeht und wie er bessere Bewältigungsmethoden erlernen kann?

Die Notwendigkeit der Schulung
einer differenzierten Selbstwahrnehmung

Die Schulung einer differenzierten Selbstwahrnehmung, besonders hinsichtlich der sinnlich-körperlichen Anteile, hat in unserer Kultur keine verankerte, traditionell gesicherte Selbstverständlichkeit, obwohl es auch in der Disziplin der Pädagogik immer wieder ganzheitliche Konzepte gab und gibt, etwa in der Gestaltpädagogik. Wenn der bewusste Umgang mit Körperwahrnehmungen und Emotionen im Unterricht einen Platz bekommt, stößt das mancherorts noch immer auf Skepsis.

Die zentrale Bedeutung des Körpers bei der Entfaltung von Selbst-Bewusstsein (vgl. Damasio[4]) wird in den schulischen Lehrplänen nicht angemessen beachtet – in den Grundschulen noch eher als in den Oberstufen der Gymnasien.

Die Trennung zwischen Körper und Geist – mit der damit einhergehenden Höherbewertung des Geistes – hat sich tief in unsere Kultur und Sprache eingeschrieben. Das Interesse des Westens an östlichen Wegen der Selbstkultivierung – zum Beispiel der Achtsamkeit – mag auch daher rühren, dass hier dem Wechselspiel zwischen Körper und Geist eine hohe Bedeutung beigemessen wird. Eine jahrtausendealte Bewusstseinsschulung mit entsprechenden Übungswegen umfasst komplexes Erfahrungswissen und ausgefeilte Untersuchungsmethoden des Geistes, die wir anschlussfähig machen können für die Erprobung im westlichen Kontext. Es geht hier um überreligiöse Übungswege, die anknüpfen an unser humanistisches Erbe und die Tradition der Aufklärung. Es geht um die radikale Selbsterforschung und um das Hinterfragen von Erkenntnis. Allerdings finden wir in der Tradition der Aufklärung nur ansatzweise die in östlichen Traditionen verankerte Überzeugung, dass dem Körper als »Erkenntnisorgan« insofern eine fundamentale Rolle zukommt, als dass dort die Bedeutung von Körpersignalen ernst genommen und entschlüsselt wird.

Die Notwendigkeit wirksamer Strategien der Aufmerksamkeitssteuerung und Impulskontrolle

»Passt endlich auf!« Dieser Lehrerruf verhallt oft deshalb folgenlos, weil Kinder und Jugendliche eben nicht wissen, wie sie ihre Aufmerksamkeit lenken können, wie sie sich selbst beruhigen und motivieren können. Um hochkomplexe Informationen aufnehmen zu können, bedarf es eines Zustandes entspannter Wachheit. Wie können Schüler lernen, diese Wachheit bei sich zu evozieren und diesen Zustand über einen längeren Zeitraum aufrechtzuerhalten?

Wie wird im schulischen Bereich damit umgegangen, dass körperlich-emotionale Prozesse den Unterrichtenden wie den Schülern in unterschiedlichsten Formen störend in die Quere kommen? Diese »Störungen« könnten hilfreiche Hinweise auf die »biologische Grundausstattung« geben, die sich ja nicht abschaltet, wenn man sie ignoriert. Je besser die Schüler lernen, mit dieser biologischen Grundausstattung bewusst umzugehen, desto wirksamer können sie steuernd eingreifen. Wer die anflutenden Impulse wahrnimmt, ist ihnen nicht mehr machtlos ausgeliefert. Wer anflutende Impulse wahrnimmt und sich von ihnen distanzieren kann, der verfügt über die Fähigkeit der Selbstregulation, die eine wesentliche Voraussetzung für Selbstkompetenz ist.

In diesem Zusammenhang wird sehr oft das sogenannte »Marshmallow-Experiment« angeführt, das Walter Mischel in den 60er Jahren an der Stanford-Universität mit ca. 650 vier- bis fünfjährigen Probanden durchführte: Man bot ihnen einen Marshmallow (eine Süßigkeit) an und versprach ihnen einen zweiten, wenn sie 15 Minuten lang warten würden, ohne den ersten zu essen. Die Probanden wurden danach nochmals als Achtzehnjährige getestet – mit dem Ergebnis, dass diejenigen, die schon als Kinder eine hohe Impulskontrolle hatten, im sogenannten *Scholastic Aptitude Test*[*] besser abschnitten und zufriedener und sozial erfolgreicher waren. Dieses einzigartige Längsschnittexperiment wurde oft repliziert und hebt die Bedeutung von Impulskontrolle und Selbstregulation im Entwicklungsprozess von Kindern hervor.

Interessant ist, mit welchen Strategien sich die Kinder das Warten erträglich machten: sie sangen, bedeckten sich die Augen, sprachen mit dem Marshmallow. Wer den Marshmallow lange anschaute, erlag der Versuchung am schnellsten.[5,6]

In seinem jüngsten Buch *Focus* erläutert Daniel Goleman, dass die Fähigkeit, sich willentlich von einem Objekt der Begierde distanzieren zu können, das die Aufmerksamkeit mit Macht an sich zieht, eine Grundvoraussetzung für Impulskontrolle ist.[7]

Die Ausbildung eines Selbstbewusstseins setzt die Fähigkeit voraus, sich selbst überhaupt bewusst wahrnehmen zu können. Diese Selbstwahrnehmung erstreckt sich auf Körper, Gedanken und Gefühle, und sie kann trainiert und ausgebildet werden, und zwar durch das Einüben einer Haltung der Achtsamkeit, die nicht begrenzt werden darf auf die Aspekte der Aufmerksamkeitssteuerung und Selbstregulation, sondern einen viel weiteren Horizont eröffnet: Sowohl die ethische Dimension durch die Kultivierung von Mitgefühl als auch die Kultivierung von Selbsterkenntnis und Kreativität entfalten sich auf dieser Basis.

Die Haltung der Achtsamkeit

Die Haltung der Achtsamkeit umfasst den Körper als »Bühne von Gedanken und Gefühlen«[8] und weist ihm eine wichtige Rolle zu. Vor allem die Bedeutung dieser körperorientierten Dimension ist im schulischen Kontext noch nicht so ganz akzeptiert, aber durch die entsprechenden Forschungsergebnisse vergrößert sich langsam das Verständnis.

Die Schulung der Achtsamkeit hat in der fernöstlichen Kultur des Buddhismus, des Yoga und des Qigong eine sehr lange Tradition. Die sogenannte Selbstkultivierung beinhaltet ein bewusstes Wahrnehmen und Steuern der Emotionen und Gefühle und ein Verhalten, das von ethischen Werten wie Mitgefühl, Wertschätzung und der Abkehr von egoistischem Streben getragen wird.

Sich nicht von den eigenen Impulsen forttragen zu lassen, die eigenen festgefahrenen Muster zu erkennen und ein Bewusstsein für das eigene Fühlen und Wollen zu entfalten – das ist die Aufgabe eines Menschen, der Achtsamkeit lebt. Der sechste Sinn meint im Buddhismus die menschliche Fähigkeit, das eigene Fühlen, Denken und Tun ins Bewusstsein zu heben. Der »innere Zeuge« oder der »innere Beobachter« wird diese Instanz genannt, die zur Distanzierung fähig ist und damit zur Reflexion.[9]

Durch das Einüben der Haltung der Achtsamkeit können Kinder und Jugendliche lernen, sich selbst in einen Zustand entspannter Wachheit zu versetzen und ihre Selbstregulation und Selbstwirksamkeit auszubilden.

Definitionen von Achtsamkeit

Der Welt mit begrifflicher Durchdringung beikommen zu wollen, das Besondere dem Allgemeinen zu subsumieren, zu messen und Daten anzuhäufen, um vermeintlich zu objektiven Erkenntnissen zu gelangen: diese Haltung sich selbst und der Welt gegenüber ist im abendländischen Denken vorherrschend. Wenn Heidenreich hingegen betont, dass Achtsamkeit ein stetiges Im-Kontakt-Sein mit dem Körper bewirke[10], dann lenkt dieser Hinweis den Blick darauf, dass dieser Auffassung ein gänzlich anderes Verständnis zugrundeliegt: Erkenntnis bedarf eben auch der Wahrnehmung der körperlichen Verfasstheit des Subjekts.

Paul Grossman definiert Achtsamkeit folgendermaßen:

> »Achtsamkeit ist durch ein gelassenes, nicht wertendes und kontinuierliches Gewahrsein wahrnehmbarer, geistiger Zustände und Prozesse von Augenblick zu Augenblick gekennzeichnet. Dies bedeutet ein anhaltendes, unmittelbares Gewahrsein körperlicher Empfindungen, Wahrnehmungen, Affektzustände, Gedanken und Vorstellungen.«[11]

Und Jon Kabat-Zinn formuliert es folgendermaßen:

> »Im Grunde genommen ist Achtsamkeit ein ziemlich einfaches Konzept. Seine Kraft liegt in der praktischen Umsetzung und Anwendung. Achtsamkeit beinhaltet, auf eine bestimmte Art und Weise aufmerksam zu sein: bewusst im gegenwärtigen Augenblick und ohne zu bewerten.«[12]

»Ohne zu bewerten« – was meint Kabat-Zinn damit? Diese Aussage sollten wir genauer unter die Lupe nehmen. Die Fähigkeit zu bewerten gehört zu unserer »biologischen Grundausstattung«, nämlich, zu etwas hingezogen zu werden, weil es Lust verspricht, oder etwas zu meiden oder zu bekämpfen, weil es bedrohlich ist. Diese Fähigkeit unseres Organismus hat uns evolutionär als Gattung phylogenetisch das Überleben gesichert.

Dazu kommt, dass jeder Mensch sein ganz persönliches Bewertungssystem hat – als Ergebnis seiner biographischen und kulturellen Auseinandersetzung mit seiner Umwelt. Viele dieser Bewertungen sind uns nicht bewusst, aber sie beeinflussen dennoch unser Fühlen, Denken und Handeln. Wenn Kabat-Zinn davon spricht, dass die Haltung der Achtsamkeit ein nicht-wertendes Gewahrsein intendiert, dann ist damit gemeint, dass sich der Einzelne die unwillkürlich auftretenden Bewertungen ins Bewusstsein heben kann. Es ist nicht möglich und sicherlich auch nicht wünschenswert, den Bewertungsmechanismus des Organismus außer Kraft zu setzen, denn er sichert uns das Überleben. Es ist aber sehr wohl wünschenswert, das Wirken dieses Mechanismus wahrzunehmen und gegebenenfalls durchaus bewusst zu beherrschen.

Neurowissenschaftliche Grundlagen der Achtsamkeitsforschung

An dieser Stelle sollten wir noch einen weiteren Blick auf die Gegebenheiten des menschlichen Organismus werfen. Die Achtsamkeitsforschung widmet sich in den letzten Jahren unter anderem den Wegen der Informationsverarbeitung, die uns zur Verfügung stehen, und den Möglichkeiten der Einflussnahme und Steuerung (exekutive Kontrolle), die wir haben. Wenn wir diese Zusammenhänge verstehen, wird auch klar, weshalb Selbstkompetenz eingeübt werden muss und nicht naturwüchsig entsteht.

Nehmen wir das Beispiel eines Menschen, der durch einen Olivenhain geht und plötzlich alarmiert zur Seite springt, weil er vermeintlich eine gefährliche Viper gesehen hat. Die Schlange als Schlüsselreiz hat bewirkt, dass über den Weg vom sensorischen Thalamus zur Amygdala direkt eine automatisierte Schreckreaktion einsetzte. Ohne nachzudenken, sprang der Mensch zur Seite. Dies ist der direkte, kurze Weg der Informationsverarbeitung. Wir haben aber auch den längeren, genaueren Weg über den Kortex. Hier kann der Reiz überprüft und eingeordnet werden. Das Verhalten dem Reiz gegenüber ist nun bewusst gewählt. Die vermeintliche Schlange kann genauer betrachtet und zum Beispiel als harmloser Stock identifiziert werden.

Diese Fähigkeit des Menschen, sich von der ersten unwillkürlichen Reaktion zu distanzieren, kann trainiert werden. Hier ist das Terrain, die Selbstregulation einzuüben. In der

Sprachregelung der Psychologie spricht man hier von *Bottom-up-* und *Top-down-*Prozessen.

Philip David Zelazo setzt sich in einem Artikel mit der Frage auseinander, weshalb Achtsamkeitstraining die Selbstregulation erhöht. Er geht auf mehrere Studien zur Wirkung von Achtsamkeit bei Kindern und Jugendlichen ein. Die Selbstregulation von Kindern finde im dynamischen Austarieren zwischen automatisierten *Bottom-up-* (Ängste, Stress, aber auch Neugier) und kontrollierenden *Top-down-*Prozessen statt.[13]

*Bottom-up-*Prozesse sind auch habitualisierte und automatisierte Verhaltensmuster. Es gibt hilfreiche Automatismen und Gewohnheiten. Erfahrene Autofahrer können sich problemlos mit einem Mitfahrer unterhalten und dennoch sicher durch den Verkehr steuern. Es gibt aber auch hinderliche »Autopilot«-Muster: z. B. bestimmte Selbstzuschreibungen, Bewertungen und manche Verhaltensweisen im sozialen Umgang.

Selbst wenn solche Muster ins Bewusstsein gehoben werden, können sie nicht umgehend willentlich verändert werden – das weiß jeder, der schon einmal versucht hat, Diät zu halten oder mit dem Rauchen aufzuhören.

Ein gutes Beispiel für die Hartnäckigkeit automatisierter Muster ist der *Stroop Test*. Dabei werden Probanden gebeten, die Farbe zu benennen, in der Wörter geschrieben sind, die ihnen hintereinander (z. B. auf einem Computermonitor) dargeboten werden. Dabei sind diese Wörter in einem ersten Durchgang in derselben Farbe geschrieben, die das Wort bezeichnet; das Wort »grün« ist also grün geschrieben. In einem zweiten Durchgang erscheinen die Farbnamen in einer anderen Farbe: das Wort »grün« ist nun also z. B. in blauer Farbe zu sehen. Die Probanden, die im ersten Durchgang die Namen rasch nennen konnten, merken, wie schwierig es ist, nun nicht die Wörter zu lesen, sondern – wie verlangt – den Namen der Farbe zu nennen, in der die Wörter geschrieben sind. Hieran zeigt sich, dass trainierte Handlungen (hier das Lesen) nahezu automatisch ablaufen, während ungewohnte Handlungen eine größere Aufmerksamkeit benötigen (hier das Nennen der Farbe, in der die Wörter geschrieben sind).

Diese Fähigkeit kann aber trainiert werden. Viele automatisierte Muster können durch Training verändert werden. Die Haltung der Achtsamkeit schult das Innehalten angesichts eines Reizes, die Fähigkeit, aus der Reaktivität auszubrechen und eine bewusste Entscheidung zu treffen.[14]

Seit einiger Zeit richtet sich das Interesse der Neurowissenschaften auf die Wirkungen von Meditation und Achtsamkeitsübungen. Das Üben des Gewahrseins verändert uns und hinterlässt Spuren. Die Haltung der Achtsamkeit entstammt zwar der buddhistischen Bewusstseinsschulung, aber letztlich ist sie überreligiös, d. h., sie entspricht der Fähigkeit des Menschen zum bewussten Erleben und Reflektieren.

Es ist spannend, zu hinterfragen, weshalb das Interesse der westlichen Wissenschaftler an Meditation in den letzten Jahren zu einem regen Austausch zwischen östlichen Langzeitmeditierenden und westlichen Wissenschaftlern (zunächst meist aus den USA) geführt hat. Viele der Hirnforscher, die jetzt die Wirkung von Meditation und Achtsamkeit untersuchen, haben als Studenten bzw. als junge Wissenschaftler selbst meditiert, Yoga praktiziert oder in asiatischen Klöstern Retreats besucht, allerdings ohne dies in der Wissenschaftsgemeinde publik zu machen, denn das hätte damals ihrem Ruf als seriöser Wissenschaftler schaden können. Erst seit u. a. mit Hilfe der Magnetresonanztomographie die Wirkung von Meditation wissenschaftlich untersucht werden und tatsächlich positive Effekte hinsichtlich Selbstregulation und Aufmerksamkeitssteuerung nachgewiesen werden konnten, wurde es hoffähig, auch die eigene Meditationspraxis als eine relevante Erfahrung einzubringen. Matthieu Ricard etwa, selbst studierter Molekularbiologe, der jahrzehntelang in Klöstern in Asien meditierte, stellte sich dem Hirnforscher Richard Davidson als Testperson zur Verfügung. Davidson hat inzwischen in einer Vielzahl von Studien nachgewiesen, dass mittels Achtsamkeitsübungen die Aufmerksamkeitsleistung, die emotionale Selbstregulation und die Stressresilienz erhöht werden können.[15]

Wegweisend im wissenschaftlichen Dialog zwischen buddhistischen Mönchen und Wissenschaftlern ist u. a. das Mind and Life Institute, das in alljährlichen Konferenzen den persönlichen Austausch zwischen Meditierenden einschließlich des Dalai Lama und Wissenschaftlern unterstützt und so die interdisziplinäre Verbindung zwischen Geistes- und Naturwissenschaften fördert. Gerade hinsichtlich der Bewusstseinsforschung ist eine breite erkenntnistheoretische Debatte unerlässlich und beugt einem Reduktionismus vor.

In diesem Zusammenhang ist auch eine Konferenz erwähnenswert, die im November 2013 in Zürich Achtsamkeitsforscher und Pädagogen aus ganz Europa unter der Leitung von Prof. Dr. A. Zajonc zu einem Austausch mit dem Ziel zusammengeführt hat, eine Vernetzung einzelner Initiativen im universitären und schulischen pädagogischen Bereich zu ermöglichen.

Achtsamkeit in der Schule in den USA und in Großbritannien

Mindfulness in Education ist in den USA inzwischen ein recht etablierter Bereich mit unterschiedlichsten Konzepten, die zum Teil mit Studien begleitet werden. Jon Kabat-Zinn unterstützt diese Arbeit, Susan Kaiser Greenland hat einen wichtigen Anteil an der Ausarbeitung verschiedener Programme für Schulen und unterschiedliche Altersgruppen, z. B. *Inner Kids* oder *MindUP*[TM]. Katherine Weare gibt einen Überblick[16]: Bei der Auswertung von *Inner Kids* fand man heraus, dass vor allem die Exekutivfunktionen (die Steuerungsfunktionen) der beteiligten

Kinder (zwischen 7 und 9 Jahren) sich verbesserten. Kimberley Schonert-Reichl und Shelley Hymel untersuchten das *Mind-UP*™-Programm, das vor allem die Konzentrationsfähigkeit von 9- bis 13-Jährigen fördert.

Für die Gruppe der älteren Jugendlichen (17 bis 19 Jahre) wurde von Patricia Broderick und Stacie Metz das Programm *Room to Breathe* getestet – mit dem Ergebnis, dass sich sowohl die Emotionsregulation verbesserte als auch die Selbstakzeptanz erhöhte.[17,18]

In Großbritannien ist in Zusammenarbeit mit Prof. Dr. Mark Williams das Programm *dot-be* (»Stop, Breathe and Be!«)[19] für weiterführende Schulen entstanden.[20]

Achtsamkeit in der Schule in Deutschland

In Deutschland hat Prof. S. Schmidt vor einigen Jahren ein Forschungsnetzwerk zur Achtsamkeit gegründet, das sich derzeit auch mit Anwendungsmöglichkeiten von Achtsamkeitskonzepten in der Pädagogik befasst. Ein großangelegtes Forschungsprojekt zu Muße und Achtsamkeit, geleitet von Prof. J. Bauer und Prof. S. Schmidt, wird sicherlich neue Erkenntnisse über die Bedeutung der Haltung der Achtsamkeit im pädagogischen Umfeld zutage fördern.[21]

Prof. Dr. Kohls (früher Ludwig-Maximilians-Universität München, jetzt Hochschule Coburg) forscht seit vielen Jahren zu Achtsamkeit und hat auch eine Studie zum Programm *AISCHU*® – *Achtsamkeit in der Schule* durchgeführt.[22] In dieser Pilotstudie wurden die Auswirkungen dieses achtsamkeitsbasierten Trainings mit einer aktiven und einer passiven Kontrollgruppe (Lesetraining bzw. keine Intervention) hinsichtlich Aufmerksamkeitsleistung, Lebensqualität, Wohlbefinden und Stress analysiert. Dazu wurden Schüler und Schülerinnen dreier fünfter Klassen eines hessischen Gymnasiums aus dem Raum

Frankfurt am Main untersucht. Während die neuropsychologischen Effekte mit Hilfe eines etablierten, computergestützten Aufmerksamkeitstests erfasst wurden, dienten zwei etablierte Fragebogen zur Erfassung von Lebensqualität, Wohlbefinden und Stress. Insgesamt sprechen die Ergebnisse für Wirksamkeit und Nutzen von *AISCHU*®. Allerdings sind die Ergebnisse aufgrund des Pilotcharakters der Untersuchung nur als erste Anhaltspunkte zu interpretieren und bedürfen weiterer Absicherung. Eine Folgestudie startet im Schuljahr 2014/2015, ebenfalls unter der Leitung von Prof. Dr. Kohls.

Die wissenschaftliche Begleitung und Evaluation von Achtsamkeitsprojekten an Schulen ist dringend geboten. In einer systematischen Untersuchung[23] wurden die Ergebnisse von 24 Studien, die sich speziell auf achtsamkeitsbasierte Trainingsprogramme innerhalb des Schulkontextes bezogen, zusammengefasst. Es zeigte sich, dass diese Interventionen von allen Beteiligten überwiegend positiv aufgenommen wurden und sich außerdem gut in den Schulalltag integrieren ließen. Bezüglich der Wirksamkeit sind derartige Projekte mit schulbasierten Programmen zum sozialen und emotionalen Lernen vergleichbar. Die größten Effekte zeigten sich im Bereich kognitiver Leistung (z. B. Aufmerksamkeit und Kreativität), daneben wurden mittlere bis kleine Effekte für die Bereiche Stresserleben und Stressbewältigung sowie Faktoren der Resilienz festgestellt. Keine bzw. nur sehr kleine Effekte konnten bezüglich emotionaler Probleme beobachtet werden. Zudem zeigten sich bei Programmen mit hoher Übungsintensität (Gruppentermine und individuelle Praxis) größere Effekte. Obwohl die Ergebnisse im Einklang mit denen verwandter Forschungsfelder stehen, sollten sie als vorläufig betrachtet werden; insbesondere die beträchtliche Variationsbreite der eingeschlossenen Studien, zum Beispiel in Bezug auf die eingesetzten Messinstrumente, die gewählte Stichprobe oder das Interventionsprogramm, erfordert eine sehr differenzierte Betrachtung und erschwert verallgemeinernde Aussagen. Das Ergebnis des Reviews ist, dass die Umsetzung von Achtsamkeitsinterventionen im Schulkontext weiterhin als vielversprechender Ansatz diskutiert und untersucht werden sollte. In Bezug auf das Forschungsfeld ist zu beachten, dass die Ergebnisse in methodisch höherwertigen bzw. weiterentwickelten Folgestudien abgesichert und ausdifferenziert werden sollten.

Grundlegende Aspekte des Interventionsprogramms *AISCHU*®

Die jüngsten neurowissenschaftlichen Ergebnisse der Forschung zu Achtsamkeit legen nahe, dass nur eine kontinuierliche Übung die Fähigkeit zur Aufmerksamkeitssteuerung und Impulskontrolle entwickeln kann und dass eine Verschränkung zwischen Selbstwahrnehmung und Psychoedukation die Fähigkeit der Schüler hinsichtlich Selbstkompetenz und Selbstwirksamkeit am besten fördert.

Es geht also zunächst darum, Voraussetzungen für ein kontinuierliches Üben zu schaffen. Die Neuroplastizität des Gehirns kommt am besten zum Tragen, wenn stetig und über einen längeren Zeitraum geübt werden kann.

So kann es gelingen, Bewusstsein zu schaffen

– durch Information (Psychoedukation)
– durch Erfahrung mittels praktischer Achtsamkeitsübungen
– durch Reflexion der persönlichen Bewertungsmuster
– durch Erfahrungsaustausch

Wesentliche Erkenntnisse der Hirnforschung, der Psychologie und der Pädagogik sind in das Konzept *AISCHU*® eingeflossen; es kann von Lehrern, die entsprechend weitergebildet sind, in den täglichen Schulunterricht eingefügt werden. Das Programm wurde zur Qualitätssicherung und zur replizierbaren

Evaluation geschützt. Nur gut ausgebildete Lehrkräfte, die selbst eine Haltung der Achtsamkeit vorleben, können Kinder und Jugendliche motivieren, »in eigener Sache zu forschen«. Und dazu bedarf es einer methodisch fundierten Abfolge von Übungsangeboten, Anleitungen und Angeboten zum Erfahrungsaustausch und zur Interaktion.

Der wichtigste Aspekt des Curriculums besteht darin, die Achtsamkeitsphasen kontinuierlich in den Unterricht einzufügen – mindestens über ein Schuljahr hinweg, am besten natürlich als Teil des Schulprogramms, so dass die Übungen selbstverständlicher Teil des schulischen Lernens und auch Teil der Schulkultur werden und dann auch im Alltag der Schüler weiterwirken können.

Die einzelnen Übungen bauen aufeinander auf und unterscheiden sich hinsichtlich des Fokus der Wahrnehmung: Sie sind entweder eher körperorientiert oder dienen der Erforschung der persönlichen kognitiven Muster. Die körperorientierten Übungen beinhalten Übungen im Stehen (u.a. aus dem Qigong) und Sitzen mit jeweils unterschiedlichem Fokus, sei es auf die Atmung, auf die Bewegung, auf bestimmte Sinneswahrnehmungen. Wichtig hierbei ist, dass die Schüler angeleitet werden, die Empfindungen bewusst wahrzunehmen, denn gerade das Bewusstsein für den engen Zusammenhang zwischen Körper und Geist wird so geschult. Deshalb sind Elemente der Psychoedukation auch zentraler Bestandteil des Konzeptes.

Informationen zur Funktionsweise unseres Gehirns oder zum Stressgeschehen, altersgerecht formuliert, erhöhen das Verständnis der Schüler für ihre »biologische Grundausstattung«. Die Vermittlung grundlegender Kenntnisse über den menschlichen Organismus, über den Aufbau des Gehirns, über die Bedeutung von Emotionen, Steuerungsmechanismen und unwillkürlich ablaufender körperlicher Prozesse ist wichtig: Die Informationen über das Wechselspiel zwischen persönli-

cher Bewertung und der Stressreaktion des Organismus können dann zum Beispiel mit der eigenen Erfahrung in bestimmten Übungen und im Alltag abgeglichen werden. So verbinden
sich Erfahrung und Reflexion.

Besonders wichtig ist auch der Erfahrungsaustausch nach
den Übungen. Das Versprachlichen der oft diffusen Wahrnehmungen gleicht einem vorsichtigen Tasten nach treffenden
Worten und Ausdrücken. Hierbei greifen die Schüler – wenn
sie ermutigt werden – zu Metaphern und poetischen Sprach-
bildern.

Schreiben zur Selbst-Erfahrung bietet sich ebenfalls an.
Kreatives Schreiben ist ja längst Teil des Deutschunterrichts –
hier ergeben sich vielfältige Anknüpfungsmöglichkeiten.

Die Achtsamkeitsübungen fügen sich mit der Zeit nahtlos in
den Unterricht ein, d. h., Phasen der Selbstwahrnehmung im
Sitzen oder beim achtsamen Bewegen werden so »normal« wie
Lesen und Schreiben. Der Körper bekommt einen selbstverständlichen Raum im Unterricht. Aus der Hirnforschung wissen wir, welche Bedeutung wiederholendes Üben für die neuronalen Bahnungen hat. Je öfter die Kinder in einer bestimmen
Haltung mit ihrer Wahrnehmung dem Atem folgen, sich dabei
wohlfühlen und zur Ruhe kommen, desto leichter rutschen sie
jedes Mal, wenn sie diese Haltung einnehmen, in den Zustand
entspannter Wachheit, desto differenzierter wird die Fähigkeit
der Aufmerksamkeitssteuerung geschult.

Für die Schülerinnen und Schüler, die an diesem Programm
teilnehmen, ist es inzwischen zur Selbstverständlichkeit geworden, am Beginn einer Stunde, vor einer Klassenarbeit oder in
einer anderen Phase des Unterrichtes Achtsamkeitsübungen
durchzuführen.

Dieses Innehalten – in seinen unterschiedlichen Ausprägun-
gen – gehört für sie zum Alltag; und wenn die Lehrer die
Übungen einmal vergessen, weil sie sich von ihrem Lehrpen-
sum hetzen lassen, dann fordern die Schüler die Übungen ein.

Organisatorische Voraussetzungen

Die Vorbereitung eines solchen Übungsweges bestimmt das Gelingen der Reise: Absprachen mit der Schulleitung, Gespräche mit der Klasse und die Information der Eltern über die Bedeutung und Zielsetzung einer solchen Arbeit sind wichtig. Aufmerksamkeitssteuerung, Stressbewältigung und emotionale Selbstregulation werden als Zielsetzung einer solchen Arbeit akzeptiert. Die Eltern begrüßen die Achtsamkeitsarbeit, vor allem auch, weil sie spüren, wie gut ihren Kindern diese Arbeit tut. Informationsveranstaltungen zum Thema werden gerne angenommen, vor allem weil die Verknüpfung von theoretischer Information, z. B. über das Stressgeschehen, und das praktische Einüben von Strategien zur Selbstberuhigung ein Anstoß für Eltern sein kann, die eigenen Bewältigungsstrategien wahrzunehmen. Diese funktionalen Ziele verengen die Haltung der Achtsamkeit zwar, aber – auch das habe ich bei Jon Kabat-Zinn gelernt –: Fangen wir klein an! Im Tun entfaltet sich die Kraft der Achtsamkeit. Eine Schülerin äußerte sich so: »Ich befreunde mich mit mir durch die Übungen.« Diese Selbstannahme führt dann zum Mitgefühl für den anderen.

Motivation der Schüler

Wenn der organisatorische Rahmen der Arbeit etabliert ist, dann beginnt die wirklich große Herausforderung, nämlich die Schülerinnen und Schüler darauf neugierig zu machen, in eigener Sache zu forschen, und sie zu motivieren. Das gelingt leicht, wenn sie merken, dass es hier um sie geht, wenn sie merken, dass sie plötzlich im Unterricht vorkommen als Person, so wie sie sind, ja, dass sie ausdrücklich die Erlaubnis bekommen, einmal nichts zu verändern. Die Haltung der Achtsamkeit birgt eine große Entlastung: Hier ist jeder gut genug.

Nichts muss anders sein, besser, schneller, sondern das, was ist, darf erforscht werden. Gerade auch die Schwierigkeit mancher Schüler, ruhig zu sitzen, wird ernst genommen. Im persönlichen Gespräch mit dem Schüler kann man ausloten, was ihm Schwierigkeiten bereitet, um ihm dann Vorschläge zu machen, wie er mit seiner inneren Unruhe umgehen kann. In dieser Phase wird der Forschergeist der Schüler geweckt.

Am Anfang der Arbeit stehen »Forschungsexperimente«, die alle das Ziel haben, die Wahrnehmung für das Wechselspiel zwischen Körper, Emotionen, Gefühlen und Gedanken erlebbar zu machen. Wie bewusste oder unbewusste Bewertungen im Organismus Reaktionen auslösen, wie eine Sinneswahrnehmung Erinnerungen wecken und Gefühle evozieren kann, wie sich daran Gedankenketten heften – diese Prozesse können bewusst am eigenen Leib erforscht werden. So fließen neueste Erkenntnisse der Achtsamkeitsforschung in erlebbare Übungen ein.[25,26]

Das »Ungewissheitsexperiment«

In kleinen Schritten erforschen die Schüler, was in ihnen vorgeht, wenn sie die Augen geschlossen haben und etwas (z. B. eine Rosine) in die Hand gelegt bekommen. Das »Experiment« wird (anders als im *MBSR*-Programm) mit geschlossenen Augen durchgeführt. In kleinen Schritten erforschen die Schüler, was in ihnen vorgeht, wenn sie »etwas« in die Hand gelegt bekommen und es nicht sofort mit den Augen identifizieren können. So können die Schüler erfahren, wie sie mit Ungewissheit umgehen. Die Bedeutung des Sehsinns, Dinge einordnen zu können, wird so erfahrbar, ebenso wie das Entstehen von Gedanken, an die sich wiederum Gefühle der Angst oder der Freude heften: »Was mag das für ein Ding sein? Ist es vielleicht eklig oder angenehm?«

So wird erfahrbar, wie Erwartungen und Befürchtungen die innere Wirklichkeit formen. Im anschließenden Erfahrungsaustausch zeigt sich, wie unterschiedlich diese Ungewissheit empfunden wird. Verblüfft berichten die Schüler auch in der Auswertungsphase, wie der Speichelfluss sie überrascht hat, der sich einstellte, als sie die Rosine mit den Lippen berührten. Die Erinnerungen, die der Geruch auslöst, ruft oft interessante »Rosinengeschichten« hervor: Die Schüler sind überrascht, wie eine Sinneswahrnehmung die Erinnerung an eine Situation samt der emotionalen Tönung hervorlocken kann. Mit dieser Erkenntnis kann dann später weitergearbeitet werden, wenn zum Beispiel freudige Erlebnisse erinnert und mit Übungen in der Gegenwart verknüpft werden.

Wie der Körper »Stimmung macht«

Eine weitere Vorbereitung gilt der Bewusstmachung des Wechselspiels zwischen Körperhaltung und Empfinden. Es geht darum, zu erforschen, wie der Körper die Stimmung beeinflusst.

»Miesi und Schlurfi« – so haben die Schüler die Übung getauft, bei der sie erspüren sollen, wie ihre Haltung einen Einfluss auf ihr Empfinden hat. Wenn sie zusammengesunken dasitzen oder mit hängenden Schultern umherschlurfen und ein trauriges Gesicht machen, fühlen sie sich anders, als wenn sie federnden Schrittes und mit einem Lächeln auf dem Gesicht gehen. Um den Zusammenhang zwischen Haltung und innerem Empfinden zu erforschen, bieten sich eine Reihe von szenischen Übungen aus der Theaterpädagogik an. Das Erforschen der äußeren Haltung birgt die Erkenntnis, dass die innere Gestimmtheit damit zusammenhängt (vgl. die interessante Forschung auf diesem Gebiet[27,28]).

Mit diesen Übungen wird das Bewusstsein für derartige Zusammenhänge geschult, d. h., es werden so auch die Voraussetzungen für ein Verständnis für die Qigong-Übungen geschaffen, die ich im Laufe des Curriculums einfüge. Diese Übungen umfassen den bewussten Umgang mit Haltung, Bewegung, Atmung und Vorstellungskraft.[29]

Die Bereitschaft, an der eigenen Haltung zu arbeiten, wächst durch diese spielerischen Übungen, genauso wie die Fähigkeit, im Alltag genauer auf den Körper zu achten – z. B. zu bemerken, dass man bei innerer Spannung und Angst die Schultern hochzieht.

Nach diesen ausführlichen, vorbereitenden Übungen und Gesprächen wird dann eine erste Stillephase angeboten, bei der die Schüler die Augen schließen und auf den Atem achten, ohne ihn zu verändern. Bei diesen allerersten Stilleübungen, die allmählich zeitlich ausgedehnt werden, erleben die Schüler, wie viele Gedanken ihnen durch den Kopf jagen, wie sie an Vergangenes oder Zukünftiges denken und den Fokus der Wahrnehmung auf den Atem schnell verlieren.

Die Anweisung, diese Abschweifungen liebevoll zur Kenntnis zu nehmen und die Aufmerksamkeit sanft wieder zum Atem zurückzuholen, entlastet die Schüler. Das Einüben dieses Rückholvorgangs schult die Fähigkeit, den Fokus der Aufmerksamkeit zu halten, und bewirkt langfristig eine Erhöhung der Aufmerksamkeitsleistung. Auch hilft er dabei, sich nicht in Gedankenketten zu verstricken. Die neurowissenschaftliche Forschung der letzten Jahre hat gezeigt, dass durch Achtsamkeitstraining die Leistung von Aufmerksamkeitsnetzwerken gesteigert werden kann.[30]

Dem sonst vorherrschenden »Gedankenmodus« (»mode of doing«) können die Schüler nun den »Seinsmodus« (»mode of being«; diese Begrifflichkeit wird z. B. von Mark Williams verwendet[31]), hier in Form der Atemwahrnehmung, entgegensetzen. Wenn dieser Rückholvorgang immer wieder erprobt wird, bildet sich eine Fähigkeit aus, die auch außerhalb der formalen Übungszeit einen großen Nutzen hat: Die Schüler lernen, selbsttätig »Grübelketten« zu unterbrechen und dadurch ihrem Körper eine Art Entwarnung zu geben.

Der Ablauf der Achtsamkeitsphasen in Unterricht

Der Ablauf der Achtsamkeitsphasen im Unterricht ist ritualisiert und wird durch das Üben auch zur Selbstverständlichkeit: Die Schüler nehmen zunächst im Sitzen oder Stehen eine bestimmte Haltung ein, anschließend wird die Übung durchgeführt und schließlich mit einem Ritual (Reiben der Hände) beendet. An die Übungsphasen schließt sich zu Beginn der Arbeit immer ein Erfahrungsaustausch an; später können die Übungen auch einfach kommentarlos in den Unterricht integriert werden.

Jede einzelne Übung bietet einen Erfahrungsraum. Durch das kontinuierliche Üben über mindestens ein Schuljahr hinweg ist Zeit für Sorgfalt und Genauigkeit. Die Atembeobachtung ist die Basisübung, die immer wieder eingesetzt wird. Daneben gibt es andere Übungen, deren Fokus auf der körperlichen Wahrnehmung liegt (z. B. Bauchatmung, in die einzelnen Finger atmen, in einzelne Körperteile hineinspüren). Ich setze auch Übungen aus dem Qigong ein, das die Arbeit mit der Vorstellungskraft, mit dem Atem und mit einfachen Bewegungen umfasst. Forschungen aus dem Bereich des *Embodiment*[27, 28, 32, 33] zeigen, wie durch muskuläre Spannungsregulation eine innere Beruhigung eintritt und wie diese wiederum auf den Muskeltonus zurückwirkt.

Die Arbeit mit kognitiven Mustern

Das Erforschen der persönlichen Muster und Bewertungen ist eine sehr vielschichtige Arbeit. Über den Begriff des »Autopiloten«, den u. a. Jon Kabat-Zinn für habitualisierte Denk-, Fühl- und Erlebensmuster verwendet, eröffnet sich den Schülern ein Einblick in ihre eigenen, automatisierten Muster. (Auf die Unterschiede zwischen notwendigen und hinderlichen Automatisierungsprozessen kann hier nicht eingegangen werden.)

Die innere Arbeit führt dazu, dass den Schülern z. B. abwertende Selbstzuschreibungen immer öfter auffallen. In der Schreibübung *Hitliste der Höllensätze* listen die Schüler die Sätze auf, mit denen »man« sich die Hölle heißmachen kann (ausdrücklich wird so allgemein gefragt, damit dem Einzelnen die Möglichkeit der Distanzierung gegeben ist): »Ich kann kein Mathe!«, »Ich bin eben eine ganz Stille!«, »Ich werde in Sport nie eine gute Note haben!« etc. Die Schüler lernen, diese Zuschreibungen zunächst wahrzunehmen und dann zu hinterfragen. Diese Arbeit kann heikel sein; es ist sehr wichtig, dass die Lehrperson gelernt hat, wie diese Phase anzuleiten ist. Sie muss wissen, wie sie Distanzierungsmöglichkeiten eröffnet und behutsam vorgeht. Im Austausch mit anderen wird die Relativität persönlicher Bewertungen deutlich. Die Schüler erleben, dass sie einander ähnlich sind, aber auch verschieden. So kann ein Selbstwertgefühl entstehen, das nicht darauf gründet, dass der andere entwertet wird. Wenn der eigene Schatten erforscht wird, muss er nicht mehr auf den anderen projiziert werden.

Abwertende Selbstzuschreibungen, Zweifel an der eigenen Leistung, inneres Antreiben, Erwartungsdruck, Ängste, aggressive Impulse – Kinder und Jugendliche sind diesen inneren Vorgängen weniger hilflos ausgeliefert, wenn sie sich bewusst damit befassen. Im besten Sinne ist diese Arbeit deshalb auch präventiv, weil die Schüler eine Art der Spannungslösung erlernen, die nicht auf Substanzen von außen vertraut, sondern auf Eigenregie beruht. Viele Jugendliche haben für sich Wege der Spannungslösung entdeckt, die kurzfristig Erleichterung schaffen, aber langfristig fatal sind: denken wir an Rauchen, übermäßiges Essen, Alkohol, Drogen.

Arbeit mit der Vorstellungskraft

Ein weiterer Aspekt der Arbeit ist die Nutzung der Vorstellungskraft (durch geführte Imaginationen) und die Erinnerung, um in der Gegenwart angenehme, beruhigende Gefühle der Freude und Zufriedenheit zu evozieren.[34] Besonders im Bereich des kreativen Schreibens im Deutschunterricht eröffnen sich hier vielfältige Übungsmöglichkeiten, die inneren Bilder auf kreative Weise zum Beispiel beim Schreiben von Gedichten, Erzählungen oder Impressionen sich entfalten zu lassen. In diesem Bereich wird auch schrittweise die Mitgefühlsmeditation angeleitet.

Der *Achtsame Dialog* – Mitgefühl kann man lernen

Teil des Curriculums ist auch eine Form des *Achtsamen Dialogs*[35], bei dem die Kinder sich zu zweit zu bestimmten Themen austauschen oder ihre Erfahrung mit den Übungen thematisieren. Der achtsame Dialog ist ritualisiert (angelehnt an die von Meditationslehrer Gregory Kramer entwickelte Form); zwischen den kurzen Redephasen werden immer wieder die Augen geschlossen, und die Schüler können nachspüren, wie das, was der Partner gesagt hat, in ihnen nachklingt. Oder sie können erforschen, was sie gern gesagt hätten, aber nicht taten. So werden Reflexionsprozesse in Gang gesetzt, die auch im Alltag weiterwirken.

Auch hier lernen die Schüler, ihren Mustern in der Gegenwart nachzuspüren. Schon die Aufgabe, miteinander auszuhandeln, wer zu erzählen beginnt, regt die Reflexion darüber an, ob man eher gewohnt ist, forsch zu sein und aktiv die Situation zu bestimmen, oder ob man eher abwartet.

Die kontinuierliche Übung in der Haltung der Achtsamkeit wirkt über die formale Übungszeit hinaus. In dem Maße, wie die Schüler Zugang zu sich selbst bekommen, wie sie sich ihrer Muster bewusst werden und auch auf ihre Körperempfindungen achten, wächst ihr Selbst-Bewusstsein. Die Einsicht in die Relativität der eigenen Weltsicht erleichtert die Perspektivübernahme. Das Verständnis füreinander wächst.

Mitgefühl kann trainiert und kultiviert werden. In diesem Zusammenhang sei die wegweisende Arbeit des Forschungsteams von Prof. Dr. Tania Singer (Max-Planck-Institut für Kognitions- und Neurowissenschaften in Leipzig) erwähnt. Das kostenlose E-Book *Mitgefühl. In Alltag und Forschung* (herausgegeben von Tania Singer und Matthias Bolz) erläutert den Unterschied zwischen Empathie und Mitgefühl und erklärt, wie sich das Gehirn durch mentales Training verändert. Das E-Book ist aus dem Workshop *How to raise compassion* entstanden. In diesem Kontext ist auch ein sehr sehenswerter Dokumentarfilm entstanden, *Raising Compassion* (Tania Singer, Olafur Eliasson), der einen Einblick in die Arbeit während des Workshops gibt. Die Forschungsarbeit von Tania Singer kann Lehrerinnen und Lehrer ermutigen, in ihrem Unterricht Erfahrungsräume für ein kontinuierliches Mitgefühlstraining bereitzustellen. Die Forschungsergebnisse könnten die verantwortlichen Bildungspolitiker dazu ermutigen, dieser Arbeit schon in der Lehrerausbildung und dann in der Weiterbildung einen gebührenden Platz einzuräumen.

In den Klassen, die diese Übungen kontinuierlich praktizieren, herrscht ein freundlicher Geist der Wertschätzung und der Kreativität, der auf dem Boden entspannter Wachheit gedeiht.

Die Einübung einer achtsamen Haltung hat zudem eine Bedeutung für die Gesundheitsförderung, die Gewaltprävention und die Suchtprävention. Wenn Kinder und Jugendliche den anflutenden Impulsen nicht mehr ausgeliefert sind, sondern sie wahrnehmen, bekommen sie die Freiheit, ihre Reaktionen bewusst zu wählen.

Die Haltung der Achtsamkeit
für Lehrerinnen und Lehrer

Damit Lehrpersonen die Haltung der Achtsamkeit vermitteln und die oben beschriebenen Übungen authentisch anleiten können, brauchen sie eine entsprechende Ausbildung und eine eigene, kontinuierliche Achtsamkeitspraxis. Wenn auch nur ein Lehrer einer Klasse Achtsamkeitsphasen in seinen Unterricht einführt, kann das schon positive Auswirkungen auf den täglichen Unterricht haben.

In der Lehrerfortbildung gibt es noch viel zu wenige Angebote, die Lehrer einerseits in die theoretischen Hintergründe dieser Arbeit einführen und andererseits Interessierte dabei unterstützen, eine eigene Übungspraxis zu etablieren und sich darüber mit Kollegen auszutauschen. Hinzu kommt, dass eine eigene Achtsamkeitspraxis eine wirksame Burn-out-Prophylaxe darstellt.

Lehrer bedürfen in besonderem Maße einer Schulung ihrer Präsenz, ihrer kontinuierlichen Selbstwahrnehmung und Selbstreflexion (vgl. das Programm *Achtsame Acht Wochen*[36] von Vera Kaltwasser). Es wäre zu wünschen, dass angehenden Lehrern schon im Studium und in der Referendarausbildung entsprechende Angebote gemacht würden.

Nur wenn Lehrer selbst eine achtsame Haltung verkörpern, können sie den Schülern die Qualität von Achtsamkeit vermitteln. Ihre Präsenz und Wertschätzung teilt sich in ihrem Verhalten und in der Gestaltung ihrer Beziehung zu den Kindern und Jugendlichen mit. Das hohe Maß an Selbstreflexionsfähigkeit ermöglicht es den Lehrpersonen, ihre eigenen automatisierten Muster zu erkennen und sich davon zu distanzieren. Sie können innehalten, denn sie haben gelernt, aus ihrem reaktiven Modus auszusteigen und ihr Verhalten bewusst zu wählen. Eine Ausbildung in Achtsamkeit sollte deshalb professionell mit Supervision begleitet werden und genügend Raum für Selbsterfahrung und Erfahrungsaustausch bieten.

Eine einjährige Multiplikatorenschulung zu *AISCHU*® wird von Arbor-Seminare in Freiburg angeboten. Lehrerinnen und Lehrer, die schon eine Ausbildung in *MBSR* oder einem anderen körperorientierten Verfahren haben, qualifizieren sich dazu, *AISCHU*® im Unterricht anzuwenden und nach einer Supervisionsphase die Ausbildung selbst anzubieten. Das Staatliche Schulamt Darmstadt in Kooperation mit SchuleKreativ bietet ebenfalls eine einjährige Weiterbildung an. Die Weiterbildung wird von Dr. M. Frenkel von der Universität Heidelberg wissenschaftlich begleitet. Hierbei scheint mir eine fundierte Qualitätssicherung und Evaluation besonders wichtig zu sein, damit die Komplexität der Achtsamkeitsarbeit gewahrt wird; denn es geht hier nicht um eine Sammlung von Übungen oder einen Methodencocktail, sondern um eine grundlegende Haltung, die das Ziel der »allseits gebildeten Persönlichkeit« verfolgt und den Schülern Erfahrungsräume bereitstellt, in denen sie mit sich selbst bekannt werden – und damit auch die Voraussetzung erlangen, Mitgefühl für ihr Gegenüber zu entfalten.[37] Die Haltung der Achtsamkeit ruht auf einem ethischen Fundament gegenseitiger Wertschätzung und praktischer Umsetzung von Werten wie Toleranz und Verantwortung füreinander und für die Umwelt. Der Auftrag der Schule ist nicht nur die Vermittlung von Fachwissen, sondern der Bildungsauftrag greift weiter: Wer gelernt hat, sich selbst zu hinterfragen, sich zu ermutigen und eigene Sichtweisen zu entwickeln, der öffnet sich in die Welt hinein und ist zum Perspektivenwechsel fähig. Auf diesem Boden wachsen Mitgefühl und Verständnis für den anderen ebenso wie Kreativität, die nur jenseits von Angst und Befürchtungen erblühen kann.

Literatur

1. Siehe hierzu die *Potsdamer Lehrerstudie* von Uwe Schaarschmidt zur Lehrergesundheit. Des Weiteren: Schaarschmidt U, Fischer AW. *AVEM-Manual.* London/Frankfurt; 2008. Sowie: Schaarschmidt U, Kieschke U (Hrsg.). *Gerüstet für den Schulalltag. Psychologische Unterstützungsangebote für Lehrerinnen und Lehrer.* Weinheim: Beltz; 2007.

2. Spitzer M. *Lernen. Gehirnforschung und die Schule des Lebens.* Heidelberg/Berlin: Spektrum; 2002.

3. Spitzer M. Achtsamkeit. *Nervenheilkunde* 6/2013.

4. Damasio A. *Selbst ist der Mensch. Körper, Geist und die Entstehung des menschlichen Bewusstseins.* München: Siedler; 2010.

5. Eisenberg N, Spinrad TL, Fabes RA, Reiser M, Cumberland A, Shepard SA, Thompson M. The Relations of Effortful Control and Impulsivity to Children's Resiliency and Adjustment. *Child Development.* 2004;75(1):25–46. doi: 10.1111/j.1467-8624.2004.00652.x

6. Tangney JP, Baumeister RF, Boone AL. High Self-Control Predicts Good Adjustment, Less Pathology, Better Grades, and Interpersonal Success. *Journal of Personality.* 2004;72(2):271–324. doi: 10.1111/j.0022-3506.2004.00263.x

7. Goleman D. *Focus: The Hidden Driver of Excellence.* New York, NY: Harper Collins; 2013.

8. Damasio A. *Descartes' Error: Emotion, Reason, and the Human Brain.* New York: Putnam; 1994, S. 155.

9. Anderssen-Reuster U. *Achtsamkeit in Psychotherapie und Psychosomatik. Haltung und Methode.* Stuttgart: Schattauer; 2007.

10. Heidenreich T, Michalak J (Hrsg.). *Achtsamkeit und Akzeptanz in der Psychotherapie.* Tübingen: dgvt-Verlag; 2004.

11. Grossman P. Das Üben von Achtsamkeit. In: Heidenreich T, Michalak J (Hrsg.). *Achtsamkeit und Akzeptanz in der Psychotherapie.* Tübingen: dgvt-Verlag; 2004.

12. Kabat-Zinn J. *Im Alltag Ruhe finden. Meditationen für ein gelassenes Leben.* Frankfurt: Fischer; 2007, S. 18.

13. Zelazo PD, Lyons KE. The Potential Benefits of Mindfulness Training in Early Childhood: A Developmental Social Cognitive Neuroscience Perspective. *Childhood Development Perspectives*. 2012;6(2):154–160.

14. Unter http://www.uni-ulm.de/uni/fak/medizin/psychologie/strooptest/ können Sie diesen Test selbst ausprobieren.

15. Davidson R, Begley S. *Warum wir fühlen, wie wir fühlen. Wie die Gehirnstruktur unsere Emotionen bestimmt – und wie wir darauf Einfluss nehmen können*. München: Goldmann Arkana; 2012.

16. Weare K. Achtsamkeitspraxis bei Kindern und Jugendlichen. In: Zimmermann M, Spitz C, Schmidt S (Hrsg.). *Achtsamkeit. Ein buddhistisches Konzept erobert die Wissenschaft*. Bern: Huber; 2012.

17. Burke CA. Mindfulness-Based-Approaches with Children and Adolescents: A Preliminary Review of Current Research in an Emergent Field. *Journal of Child And Family Studies*. 2009;19(2):133–144.

18. Harnett PH, Dawe S. The Contribution of Mindfulness-Based Therapies for Children and Families and Proposed Conceptual Integration. *Child and Adolescent Mental Health*. 2012;17(4):195–208.

19. Siehe unter http://www.mindfulnessinschools.org bzw. http://mindfulnessinschools.org/what-is-b/.

20. Eine ausführliche Liste zu den wesentlichen Organisationen und Forschungsinstituten und zu Studienergebnissen in den USA ist auf der Website des Garrison-Instituts, http://www.garrisoninstitute.org, unter »Contemplative Educational Links« zusammengestellt.

21. Muße im schulischen Kontext – Förderung von Muße, Kreativität und seelischer Gesundheit durch eine achtsamkeitsbasierte Intervention. Sonderforschungsbereich 1015, Teilprojekt A4; Gesamtprojekt: Muße. Konzepte, Räume, Figuren. Albert-Ludwigs-Universität Freiburg; Projektleiter: Prof. Dr. Joachim Bauer und Prof. Dr. Stefan Schmidt.

22. Erläuterung des Programms *AISCHU*® und detaillierte Forschungsergebnisse: Kaltwasser V, Kohls N, Sauer S. Mindfulness in German Schools (MISCHO): A Specifically Tailored Training Program:

Concept, Implementation and Empirical Results. In: Schmidt S, Walach H (editors). *Meditation – Neuroscientific Approaches and Philosophical Implications. Studies in Neuroscience, Consciousness and Spirituality, Volume 2.* New York, NY: Springer; 2014, S. 381–404. Außerdem zur Achtsamkeitsarbeit in der Schule: Kaltwasser V. *Achtsamkeit in der Schule. Stille-Inseln im Unterricht: Entspannung und Konzentration.* Weinheim und Basel: Beltz Verlag; 2008, und Kaltwasser V. Achtsamkeit in der Schule. In: Zimmermann M, Spitz C, Schmidt S (Hrsg.). *Achtsamkeit. Ein buddhistisches Konzept erobert die Wissenschaft.* Bern: Huber; 2012.

23. Zenner C, Herrnleben-Kurz S, Walach H. Mindfulness-based interventions in schools – a systematic review and meta-analysis. *Front. Psychol.* 30 June 2014. doi: 10.3389/fpsyg.2014.00603

24. Das Programm ist zwecks Qualitätssicherung und replizierbarer Evaluation geschützt.

25. Williams M, Penman D. *Meditation im Alltag. Gelassenheit finden in einer hektischen Welt.* München: Goldmann Arkana; 2011.

26. Siegel DJ. *Mindsight: The New Science of Personal Transformation.* New York, NY: Bantam Books; 2010.

27. Michalak J, Troje N, Heidenreich T. Don't forget your body: Mindfulness, embodiment and treatment of depression. *Mindfulness.* 2012;3(3):190–199.

28. Storch M, Cantieni B, Hüther G, Tschacher W. *Embodiment. Die Wechselwirkung von Körper und Psyche verstehen und nutzen.* Bern: Huber; 2006.

29. Fischer C, Schwarze M. *Qigong in Psychotherapie und Selbstmanagement.* Stuttgart: Klett-Cotta; 2008.

30. Lutz A, Slagter HA, Dunne JD, Davidson RJ. Attention regulation and monitoring in meditation. *Trends Cogn Sci.* 2008;12(4):163–169.

31. Williams M, Penman D. *Meditation im Alltag. Gelassenheit finden in einer hektischen Welt.* München: Goldmann Arkana; 2011.

32. Michalak J, Burg J, Heidenreich T. Mindfulness, embodiment, and depression. In: Koch SC, Fuchs T, Summa M, Müller M (editors).

Body Memory, Metaphor and Movement. Amsterdam und Philadelphia, PA: John Benjamins Publishing Company; 2012, S. 393–413.

33. Tschacher W, Storch M. Die Bedeutung von Embodiment für Psychologie und Psychotherapie. *Psychotherapie in Psychiatrie, Psychotherapeutischer Medizin und Klinischer Psychologie.* 2012;17(2):259–267.

34. Kaltwasser V. *Persönlichkeit und Präsenz. Achtsamkeit im Lehrerberuf.* Weinheim und Basel: Beltz Verlag; 2010, S. 89 ff.

35. Kramer G. *Einsichts-Dialog. Weisheit und Mitgefühl durch Meditation im Dialog.* Freiamt im Schwarzwald: Arbor Verlag; 2009. Online-Unterrichtsmaterial zum »achtsamen Dialog« von Vera Kaltwasser: http://www.dguv-lug.de/achtsamer_dialog.php.

36. Das Programm ist vom Institut für Qualitätsentwicklung Wiesbaden für die Lehrerfortbildung in Hessen akkreditiert. Das gesamte Programm finden Sie in: Kaltwasser V. *Persönlichkeit und Präsenz. Achtsamkeit im Lehrerberuf.* Weinheim und Basel: Beltz Verlag; 2010. Weitere Online-Materialien von Vera Kaltwasser finden Sie auf den Internetseiten der Deutschen Gesetzlichen Unfallversicherung (DGUV):
Konzentration – aber richtig!: http://www.dguv-lug.de/konzentration.php
Achtsames Bewegen: http://www.dguv-lug.de/qigong.php
Achtsamer Dialog: http://www.dguv-lug.de/achtsamer_dialog.php

37. Die Forschungen unter der Leitung von Tania Singer sind hier wegweisend. Siehe http://www.cbs.mpg.de/depts/singer.

* ein US-amerikanischer Test, mit dem die Studierfähigkeit von Studienplatzbewerbern ermittelt werden soll

Achtsamkeit im Berufsalltag

Nicole Stern

Bei meinen Achtsamkeitstrainings in Firmen stelle ich den Teilnehmern oft eine Eingangsfrage: »Was glauben Sie, wie werden sich die Anforderungen in Ihrem Arbeitsbereich in den nächsten Jahren für Sie entwickeln? Rechnen Sie mit einem Rückgang der Aufgaben, der Informationsflut und der Komplexität? Wird es kaum Veränderungen geben? Oder erwarten Sie einen stetigen und deutlichen Anstieg der Arbeitsanforderungen und der Arbeitsmenge?« Über 90 Prozent der Befragten antworten spontan und sind sich sicher: Die Anforderungen werden weiter deutlich ansteigen. Sie erwarten mehr Beanspruchung und eine höhere Arbeitsbelastung. Ratlosigkeit macht sich breit, wenn ich weiterfrage: »Fühlen Sie sich dieser Herausforderung gewachsen? Wie werden Sie darauf reagieren – gesundheitlich und emotional? Werden Sie von Ihrem Arbeitgeber auf diese zu erwartende Entwicklung vorbereitet?«

Der Arbeitsalltag ist für viele Menschen von Hektik und hohem Termin- und Leistungsdruck geprägt. Stress ist allgegenwärtig geworden und hat deutliche Spuren hinterlassen. Die Zahl der psychisch bedingten Krankentage und die für die Unternehmen damit verbundenen Kosten steigen stetig. Die Zahlen des *Stressreports 2012* sowie Untersuchungen von Krankenkassen und der WHO weisen eindeutig auf die hohe Prävalenz psychischer Erkrankungen und den damit verbundenen Produktivitätsausfall hin.[1,2] Bereits jeder fünfte Arbeitnehmer leidet unter gesundheitlichen Stressfolgen – von Schlafstörungen bis hin zum Herzinfarkt. Bis zu 13 Millionen Arbeitnehmer in Deutschland sind nach Schätzungen von Gesundheitsexperten und Krankenkassen von Burn-out betroffen. 41 Prozent aller Frühverrentungen wegen verminderter Erwerbsfähigkeit sind auf psychische Störungen zurückzuführen. Psychische Belastungen sind damit inzwischen die Ursache Nummer eins für Frühverrentungen. Der jährliche Ausfall an Bruttowertschöpfung wird auf 10,3 Milliarden Euro beziffert, die Produktionsausfallkosten belaufen sich auf 5,9 Milliarden Euro.

Diese alarmierenden Fakten haben Arbeitgeber und Arbeitnehmer dazu angeregt, nach Präventions- und Bewältigungsstrategien zu suchen. Achtsamkeitstraining im beruflichen Kontext ist ein vielversprechender, gesundheitsfördernder und lösungsorientierter Ansatz. Im Mittelpunkt stehen Übungen zur Entspannung und Entschleunigung, ein Training von Selbstwahrnehmung und Selbstführung sowie eine Stärkung der Reflexionsfähigkeit.

Wie kann uns Achtsamkeitspraxis in der Arbeit unterstützen?

Vor dieser Frage stand ich selbst, als ich nach einer langjährigen Ausbildung zur Achtsamkeits- und Meditationslehrerin in verschiedenen Klöstern in Asien und Amerika 2007 zurück nach Deutschland kam und wieder ins Berufsleben einstieg. Als Führungskraft in einer schnell wachsenden Unternehmensberatung schien es keine Zeit, Ruhe und Anknüpfungspunkte für eine Achtsamkeitspraxis inmitten der Arbeitsanforderungen zu geben. Kreativität war gefragt, und ich erforschte, wie ich zunächst für mich persönlich, aber schließlich auch in Arbeitsabläufen, im Umgang mit Kollegen und in herausfordernden beruflichen Situationen hilfreiche Achtsamkeitsübungen einsetzen konnte. Unterstützend und inspirierend war der Austausch mit Gleichgesinnten, d.h. mit Berufstätigen und Führungskräften, die sich schon lange mit Achtsamkeit beschäftigt hatten und diese aktiver in ihre Arbeitsfelder hineintragen wollten. In Achtsamkeitsmeditationskursen und Coachings hörte ich bewegende Erfahrungsberichte. Achtsamkeitspraxis im persönlichen Alltag schien viel leichter zu gelingen als in den Spannungsfeldern der Berufswelt. Konzerne aus der Versicherungs-, Automobil- und Medienbranche begannen, sich vermehrt für das Thema Achtsamkeit zu interessieren und luden mich zu Vorträgen, Workshops und Führungskräftetrainings in ihre Unternehmen ein.

Auf der Basis meiner Erkenntnisse möchte ich Orientierung zum Thema geben. Fallbeispiele zeigen auf, wie Achtsamkeitspraxis auf den Einzelnen wirkt und auf welchen Kanälen sie in die Berufswelt gelangen kann. Sie finden zwei Übungsanleitungen zum Ausprobieren und Verweise auf berufsrelevante Studien sowie Programme, die bisher für den Arbeitskontext angeboten werden. Es werden Erfolgsfaktoren beschrieben und Impulse gegeben, wie jeder von uns zu mehr Achtsamkeit am Arbeitsplatz beitragen kann. (Es ist zu beachten, dass hier nur auf einen Teil unserer Berufsfelder Bezug genommen wird und besondere Bedingungen wie z. B. Schichtarbeit oder öffentlicher Dienst nicht berücksichtigt werden.)

Achtsamkeit ermöglicht Führung und Überblick

Achtsamkeit wird bereits seit mehr als 2500 Jahren als eine wesentliche natürliche Qualität unseres Geistes beschrieben (siehe den Beitrag von Stefan Schmidt). Das Wort *sati* (Pali) wurde zunächst mit *mindfulness* und dann im Deutschen als »Achtsamkeit« übersetzt. Es könnte aber eindeutiger als »Geistesklarheit« oder auch »Wissensklarheit« interpretiert werden[3], denn »achtsam sein« wird in unserem Sprachgebrauch leicht mit »aufpassen« oder »vorsichtig sein« verwechselt.

In den alten Quellen der buddhistischen Weisheitslehre wird *sati* mit Hilfe von Bildern erklärt, z. B. mit einem umsichtigen Wagenlenker oder jemandem, der eine höher gelegene Plattform erklimmt und so Übersicht gewinnt.[3] Übersetzen wir das in unsere heutige Zeit, können wir von Führung und Überblick sprechen. Diese Kompetenzen benötigen wir dringend für unseren Berufsalltag.

Fokussierter und gelassener werden

Achtsamkeit entsteht ganz natürlich, wenn wir unsere Aufmerksamkeit sammeln. In der Zerstreutheit des Arbeitsalltages fällt dies zunehmend schwer.

Seitdem Christian zum leitenden Angestellten befördert wurde, nahmen der Druck und die Verantwortung zu. Er bemerkte, wie er den ganzen Tag unter Strom stand, kaum Pausen machte und sich selbst kaum spürte. Sport hatte ihn früher von der Arbeit abgelenkt und ihm Ausgleich verschafft. Doch jetzt ging er joggen und dachte weiter an die Arbeit. Gut einschlafen konnte er schon lange nicht mehr; der Kopf machte, was er wollte, und er fand einfach den »Aus-Schalter« nicht mehr, wie er berichtete. Er wollte unbedingt wieder »da oben« zur Ruhe kommen. Christian beschrieb, was das Training bei ihm bewirkt hatte:

Achtsamkeitstraining war meine Rettung. Ich habe im Kurs gelernt, wie ich einen Fokus halten kann, d.h., bewusst bei einer Sache zu bleiben. Wenn meine Aufmerksamkeit wieder abdriftete, nahm ich es mit Achtsamkeit wahr und lenkte sie wieder zum Fokus zurück. Als Perfektionist fand ich es ungemein erleichternd, dass ich hier nicht scheitern konnte. Jedes Bemerken des Abdriftens zeigte mir, wie viel achtsamer ich schon geworden war. Ich habe in einer Übung erlebt, dass Multitasking ein Mythos ist, dem ich blind gefolgt war. Umgehend beschloss ich, meine Arbeitsweise zu ändern; seither arbeite ich nicht mehr an drei Dingen gleichzeitig. Allein das hat mir mehr Gelassenheit verschafft. Ich meine auch, dass ich bei der Arbeit effektiver geworden bin. Zusätzlich mache ich

jetzt regelmäßig viele kleine achtsame Pausen. Verrückt – ich
hatte einfach vergessen, wie ich wieder Momente der Muße in
mein Leben bringen kann.

Klarer sehen

Wie funktioniert Achtsamkeit? Wir können uns vorstellen,
dass Achtsamkeit gebündelte Aufmerksamkeit ist, die wie ein
Lichtstrahl wirkt, der alles klarer und deutlicher erscheinen
lässt. Stellen wir uns einen dunklen Raum mit einer winzig
kleinen Lichtquelle vor. Gehen wir dort hinein, erkennen wir
die Dinge nur schemenhaft. Nutzen wir eine starke Halogen-
lampe, wird es hell, und wir erkennen nun alle Gegenstände im
Raum klar und deutlich.

Achtsamkeit kann uns dazu verhelfen, klarer zu erkennen,
was gegenwärtig um uns herum und in uns vorgeht. Damit
wird die Grundlage für Veränderung gelegt.

Unterscheidungsvermögen schärfen – Zusammenhänge verstehen

Achtsamkeit wurde in den buddhistischen Weisheitslehren im
Zusammenhang mit der Schulung ethischen Unterscheidungs-
vermögens gelehrt. Mit der sich immer weiter entfaltenden
Achtsamkeit können wir erkennen (wenn wir genau hinschau-
en),

– was wesentlich und was unwesentlich ist,
– was nützlich und sinnvoll ist und
– was schadet – uns und anderen[4].

Dieses Unterscheidungsvermögen unterstützt uns dabei, innere
Wertmaßstäbe zu entwickeln, die dann das Verhalten leiten. Im
Arbeitsalltag schenkt es grundlegende Orientierung, und Prio-

ritäten können klarer gesetzt werden. Zunächst können wir lernen, unsere Wahrnehmungen sehr bewusst zu verfolgen. Erst dieses achtsame Verfolgen und das Reflektieren unserer Wahrnehmungen lässt uns Schlüsse ziehen, mit denen wir unterscheiden und entscheiden können. Auf dieser Basis sind sinnvolle Ausrichtung und Verhaltensänderung möglich, auf die am Ende des Beitrages ausführlicher eingegangen wird.

Das Angebot wächst stetig

Suchen wir im Internet nach Begriffen wie »Achtsamkeit im Beruf«, finden sich ca. 300 000 Einträge in deutscher Sprache. Das Angebot wächst und droht, unübersichtlich zu werden. Auffallend ist, dass Achtsamkeit häufig mit Stressreduzierung gleichgesetzt wird. Hier sollten wir klar unterscheiden: Achtsamkeitspraxis ist ursprünglich eine umfassende Übung aus der buddhistischen Geistesschulung, die Geistesklarheit und Entspannung erzeugt. Stressreduzierung ist eine Auswirkung dieser Übungspraxis. Die Kultivierung der Achtsamkeit hat jedoch – wie in diesem Buch dargestellt – eine weit größere Wirkkraft und sollte, gerade auch im beruflichen Kontext, mit dem Ziel verfolgt werden, zu einer bewussteren und damit gesünderen Arbeitskultur beizutragen.

Tore in die Arbeitswelt

Achtsamkeitsübungen gelangen über verschiedene Kanäle an den Arbeitsplatz:

1. persönliche Initiative des Berufstätigen
2. betriebliche Initiative des Arbeitgebers
3. im Zuge der Entwicklung einer Unternehmenskultur.

Jede dieser Initiativen ist durch unterschiedliche Bedingungen und Ziele charakterisiert.

1. Die persönliche Initiative
Stressreduzierung und Selbstfürsorge

Oft ist es der persönliche Entschluss eines Berufstätigen, in der Freizeit Kompetenzen zu erlernen, um mit den Herausforderungen in der Arbeit besser umgehen zu können. Die Gründe dafür sind unterschiedlich. Meist ist ein starker innerer Druck oder ein Stressempfinden spürbar, das bereits erheblich auf das Wohlbefinden Einfluss genommen hat. Viele Menschen beginnen, sich mit Achtsamkeit zu beschäftigen, weil sie kritische Anzeichen großer innerlicher, mentaler, seelischer oder körperlicher Erschöpfung oder innere Unruhe und Unzufriedenheit bemerken. Immer öfter wird im Zuge einer ärztlichen oder therapeutischen Behandlung bei einer Burn-out-Gefährdung ein achtsamkeitsbasierter Kurs zur Stressreduzierung als vorbeugende Maßnahme oder als effektive Nachsorge empfohlen.

Der wissenschaftlich sehr eindrucksvoll und gründlich erforschte *MBSR*-Kurs (siehe den Beitrag von Britta Hölzel) wird häufig zum Erlernen effektiver Strategien im Umgang mit dem eigenen Stresserleben empfohlen. Manchmal liegt die persönliche Motivation für einen Achtsamkeitskurs auch darin, Kompetenzen wie Entscheidungs- und Führungskraft sowie die empathischen Fähigkeiten zu stärken, die der persönlichen und beruflichen Weiterentwicklung dienen.

Beispiel: Stress und persönliche Überlastung

Sabine ist Angestellte in einem mittelständischen Betrieb. Die Umstrukturierung vor einem Jahr war für sie und viele ihrer Kollegen sehr kraftraubend. Gewohnte Arbeitsabläufe wurden verändert, der Abteilungsleiter wechselte, drei Mitarbeiter gingen, und eine neue, komplizierte Software wurde eingeführt. Zudem wuchs das Arbeitsaufkommen, weil Stellen eingespart wurden und die Arbeit auf die verbleibenden Mitarbeiter verteilt wurde. Das war alles zu viel für sie: Ohnmachtsgefühle, Enttäuschung und leiser Frust machten sich breit. In der späteren Reflexion erkannte sie, dass in dieser Zeit die ständige Unkonzentriertheit, Lustlosigkeit und auch die Schlafstörungen begonnen hatten. Immer wieder litt sie unter Attacken von Rücken- und Nackenschmerzen, die jedoch am Wochenende verflogen waren. Pünktlich am Montagmorgen stellten sie sich wieder ein. Eigentlich hatte sie gar keine Lust mehr, aufzustehen. Ihren Kollegen ging es ähnlich, alle stöhnten über den Personalabbau und das Arbeitspensum. Freude und Leichtigkeit waren ihr abhandengekommen. Früher war das Betriebsklima doch viel besser gewesen, viel familiärer; jetzt war es nur noch rauh und oftmals trostlos. Als ihr eine Freundin von einem Achtsamkeitskurs erzählte, nahm sie ein Informationsgespräch wahr und meldete sich gleich danach für den mehrwöchigen Kurs an. Endlich hatte sie das Gefühl, nicht mehr alleine mit diesen belastenden Themen zu sein. In der Abendgruppe sprachen Teilnehmer offen über ihre Motivation, beim Kurs mitzumachen. Alle waren berufstätig, die meisten angestellt, einige waren selbständig, und auch eine Führungskraft nahm teil. Die Führungskraft klagte ebenfalls über den zunehmenden Druck von allen Seiten und hatte bereits einen Burn-out hinter sich. Die wöchentlichen Treffen in der Gruppe taten Sabine sehr gut. Der Austausch war hilfreich, die Übungen praktizierte sie täglich für sich bzw. unter Anleitung mit der Gruppe. Schon in der zweiten Woche berichtete sie von wahrnehmbaren Veränderungen. Sie fühlte sich ruhiger und entspannter – dabei hatte sich doch an den Arbeitsbedingungen gar nichts geändert. Ihre veränderte innere Haltung machte den Unterschied aus. Sie berichtete von weiteren Erkenntnissen:

Ich habe bemerkt, wie oft ich im »Autopilot-Modus«[*] unterwegs war. Mit Hilfe der Achtsamkeitspraxis konnte ich immer besser wahrnehmen, wann ich in diesem automatischen Modus war. Ich lernte auch, mein Gedankenkreisen wahrzunehmen und mitzubekommen, wie ich mich in nutzlosen Sorgen verlor. Ich erkannte, wie meine automatisch ablaufenden Reaktionen oft mit einem Gefühlsausdruck von Resignation verbunden waren, wenn es um meinen Job ging. Deshalb hatte ich mich manchmal so gelähmt gefühlt. Das wache Bemerken und die kleinen Momente des Innehaltens haben mir sehr geholfen, immer öfter aus dem »Autopilot-Modus« auszusteigen und stattdessen bewusster und gegenwärtig zu sein. Endlich habe ich den Eindruck, etwas verändern zu können – erst mal bei mir selbst.

Im Laufe des Achtsamkeitskurses wurde Sabine klarer, wieso sie sich unter den schwierigen Arbeitsbedingungen zunehmend ohnmächtiger gefühlt hatte. Mit dem geschärften Blick der Achtsamkeit konnte sie zunehmend besser erkennen, was sie in ihrem Arbeitsfeld verändern konnte. Sie entschied sich dafür, im Betriebsrat mitzuwirken und sich für bessere Arbeitsbedingungen einzusetzen. Das gab ihr Auftrieb und neuen Mut.

2. Betriebliche Initiative des Arbeitgebers
Fürsorge und Leistungserhaltung

Der Erhalt der Arbeits- und Leistungsfähigkeit scheint der Hauptgrund zu sein, warum sich immer mehr Unternehmen dafür entscheiden, *Betriebliches Gesundheitsmanagement (BGM)* in ihre Unternehmensstrategie zu implementieren. Dazu gehören neben klassischen gesundheitsfördernden Angeboten wie Rückentraining und gesunder Ernährung auch immer mehr Trainings, Vorträge und Workshops zum Thema Achtsamkeit.

Ein Beispiel aus der Bankenbranche

Eine Personalentwicklerin einer großen deutschen Sparkasse:

In der Bankenbranche werden wir mit zahlreichen Anforderungen konfrontiert. Achtsamkeit bietet hier eine gute Möglichkeit zur Stressbewältigung, zur Rückbesinnung auf sich selbst und den achtsamen Umgang mit sich und der Umwelt. Wir bieten unseren Mitarbeitern seit einigen Jahren im Rahmen der Personalentwicklung und der Betrieblichen Gesundheitsförderung immer wieder Achtsamkeitsseminare an. Die Resonanz und Nachfrage sind durchweg sehr gut. Die Achtsamkeitslehre vereint verschiedene Techniken und Entspannungsaspekte, die sich durch Übungen gut in den Alltag integrieren lassen. Das fördert eine achtsame Einstellung und einen gesunden Umgang mit sich und seinen Mitmenschen. Es ist uns sehr wichtig, dies zu unterstützen.

3. Entwicklung einer Unternehmenskultur

Manchmal werden Achtsamkeitstrainings in die Führungskräfte- und Teamentwicklung aufgenommen, weil sich ein Unternehmen dafür entscheidet, bestimmte Werte bewusster in der Unternehmenskultur zu verankern.

Ein Beispiel aus der Automobilbranche

Der Leiter der Personalentwicklung eines DAX-Unternehmens berichtet: »Ich bin der Überzeugung, dass Führungskräfte nur dann exzellent führen können, wenn sie sich zuerst selbst führen lernen. Dazu gehört auch Zeit zur Selbstreflexion, um Achtsamkeit zu lernen und mit der inneren Mitte verbunden zu sein.« Sein Unternehmen hat einige Pilotprojekte im mittleren und oberen Management durchgeführt, in denen Achtsamkeitsübungen und Elemente der Achtsamkeitsmeditation in klassische Trainings der Führungskräfteentwicklung integriert waren. Die Teilnehmer wurden auf diese Weise für einen gesundheitsorientierten Führungsstil sensibilisiert. Sie erlebten, dass ihre inneren Haltungen und damit ihr gelebtes Führungsverhalten sehr stark auf ihre Teams wirken.

Immer mehr Unternehmen möchten eine Kultur der Achtsamkeit auf Gesundheit, mit neuen Leitbildern der Unternehmensführung und einem Wandel von Strukturen und Routinen etablieren. Achtsamkeitsübungen sind hier Mittel zum Zweck; sie sensibilisieren und schaffen die Grundlage für diesen Wandel. Die Bertelsmann-Stiftung setzt sich im Diskussionsbeitrag *Die erschöpfte Arbeitswelt*[5] ausführlich mit den Zusammenhängen von Leistungsvermögen und Gesundheit von Arbeitnehmern in Unternehmen auseinander. Sie sieht die Notwendigkeit, eine Kultur der Achtsamkeit von oben anzustoßen und vorzuleben. Die Führungsqualitäten erfordern Selbstwahrnehmung, Selbstbeherrschung, Einfühlungsvermögen, Sensibilität für Situationen sowie die Fähigkeit, an einer positiven Gestaltung mitzuwirken.

Berufsrelevante Studien

In über 2500 Studien wurden Achtsamkeit und zugehörige Übungspraktiken im Rahmen von *MBSR (Mindfulness-Based Stress Reduction)* wissenschaftlich untersucht.[6] Die Ergebnisse sind besonders für Berufstätige von Bedeutung: Reduzierung des Stresserlebens[7], Verbesserung der Gedächtnisleistung[8], Förderung der Reaktionsfähigkeit[8], Erhöhung der Aufmerksamkeit und Konzentration[8], Verbesserung der Schlafqualität[9] und andere[6]. Die Studienergebnisse finden Beachtung in der Wirtschaftswelt und sensibilisieren auch Skeptiker für das Thema.

Prof. Dr. Niko Kohls, Professor für Gesundheitswissenschaft mit Schwerpunkt Gesundheitsförderung an der Hochschule für angewandte Wissenschaft Coburg, äußert sich in einem Artikel wie folgt: »Obwohl das *MBSR*-Training zunächst im medizinischen Kontext entwickelt wurde, ist in den letzten Jahren deutlich geworden, dass Achtsamkeit nicht nur Stress reduzieren kann, sondern auch dazu beitragen kann, Kreativität zu steigern sowie Kommunikations-, Interaktions- und Lernkompetenz von Individuen und Organisationen zu verbessern.«[10]

Mit Spannung sind die Ergebnisse des Evaluationsprojektes »Erfolg kommt von innen – Belastbarkeit, Zufriedenheit und kooperative Zusammenarbeit im Unternehmensalltag« zu erwarten. Die im Frühjahr 2013 begonnene Studie erforscht die Wirkung von Achtsamkeitsmeditation am Arbeitsplatz. Bisher sind für dieses Projekt bereits über 15 Unternehmen in Deutschland rekrutiert worden, die jeweils bis zu 25 Mitarbeiter und Führungskräfte über einen Zeitraum von drei Monaten in diesen Methoden trainieren lassen.[11]

Immer mehr Unternehmen und Organisationen erkennen, dass Achtsamkeitstraining zu einer empathischen, sinnstiftenden und nachhaltigen Unternehmenskultur beitragen kann. In den USA gibt es bereits eindrucksvolle Initiativen: Google hat sein 2007 gestartetes internes Achtsamkeitstraining *Search Inside Yourself*[12] als wesentliches Element in der Entwicklung einer erfolgreichen Führungskultur identifiziert und eine Führungsakademie dazu gegründet. Der Programmschwerpunkt liegt auf der Schulung von Achtsamkeit und auf dem Training der emotionalen Intelligenz, mit den fünf Kernbereichen Selbstwahrnehmung, Selbstkontrolle, Motivation, Empathie und soziale Kompetenz. Inzwischen werden international Trainer ausgebildet, die dieses Programm auch in anderen Unternehmen unterrichten.

US-amerikanische und auch europäische Wirtschaftshochschulen nehmen Achtsamkeitsprogramme in ihren Lehrplan auf. In Fortbildungskursen und im Rahmen des MBA-Studiums bieten Hochschullehrer Techniken an, die ihren Studenten dabei helfen, den Geist zu beruhigen und die Konzentration zu fördern. Jeremy Hunter, Lehrer an der School of Management an der Claremont Graduate University, befürwortet, dass Achtsamkeit im Mittelpunkt des Lehrplans für Business Schools stehen sollte. An der Harvard Business School konzentriert sich William George, der leitende Professor, darauf, Unternehmern zum besseren Verständnis ihrer Emotionen zu verhelfen; er selbst praktiziert seit 1975 Achtsamkeitsmeditation.

Übungen für den beruflichen Kontext

1. Achtsamkeitsmeditation

Die klassische und zentrale Übung ist die Achtsamkeitsmeditation. Sie gilt als eine der effektivsten Methoden, um die Fähigkeit zur Selbstwahrnehmung und Selbstreflexion zu erhöhen. Folgende Elemente sind enthalten: still werden, den Fokus auf den Atem richten, wahrnehmen, erforschen. In Varianten dieser Kernübung richten wir den Fokus gezielt auf den Körper (z.B. in der *Bodyscan*-Übung), auf unsere Gedanken, unsere Gefühle und Stimmungen und auf unser Verhalten. Die Praxis der Achtsamkeitsmeditation unterstützt immer mehr Menschen dabei, sich bereits vor Arbeitsbeginn innerlich zu sammeln oder nach der Arbeit ganz bewusst zur Ruhe zu kommen. Die Grundlagen werden in der Regel in *MBSR*-Kursen vermittelt oder sind Teil von Achtsamkeitsprogrammen. Mit fortschreitender Übung wächst die Fähigkeit, sich selbst Zuwendung und Zeit zu schenken, was häufig als kostbar erlebt wird. Die Wahrnehmung verfeinert und differenziert sich. Mit zunehmender Aufmerksamkeit und Präsenz entwickelt sich die Sensibilität für den eigenen Körper, die eigenen Grenzen und Potentiale. Die Fähigkeiten zur positiven Lebensgestaltung –

auch im Berufsalltag – wachsen. Auf diese Weise aktivieren sich die inneren gesundheitserhaltenden und -fördernden Kräfte.

2. Achtsamkeitsübungen für den Alltag

Hier handelt es sich um Übungen, die der Vorbereitung und Vertiefung der Achtsamkeitspraxis dienen. Sie betreffen die Körper-, die Geistes-, die Emotions- und die Verhaltensebene und beinhalten z. B. achtsam ausgeführte Bewegungen (z. B. Yoga oder achtsames Gehen), Entspannungsübungen, Aufmerksamkeitslenkungen, kurzes Innehalten, zu lernen, aus dem »Autopilot-Modus« auszusteigen, das Reflektieren innerer Einstellungen, Impulsdistanz aufzubauen und andere. Achtsamkeitsübungen sind leicht in den Berufsalltag integrierbar. Sie unterstützen uns dabei, Routinen zu unterbrechen, unser körperliches Befinden wahrzunehmen und dadurch zunehmend bewusste Momente zu erleben. So erforschen wir, wie sich z. B. Termindruck, Überlastung und Erschöpfung körperlich anfühlen, an welchen Stellen im Körper die Belastungen besonders spürbar werden und wie der Umgang damit verändert werden kann.

3. Achtsamkeitsübungen in Verbindung mit klassischen beruflichen Weiterbildungsmaßnahmen

Achtsamkeitsübungen werden immer häufiger in Trainings integriert, z. B. bei Teambildung, Konfliktklärung, Steigerung der Kunden- und Mitarbeiterzufriedenheit, Kommunikation, Selbstmanagement, Resilienz, Führungskräfteentwicklung und Changemanagement. Achtsamkeit wird auf diese Weise ein immer selbstverständlicherer Aspekt unseres Arbeitslebens.

Zwei Übungen zum Ausprobieren

Übung Achtsames Innehalten

Besonders effektiv erweist sich im Berufsalltag eine kleine Achtsamkeitsübung, die gewohnte Abläufe und Tätigkeiten sowie ein eingefahrenes Kommunikationsverhalten und Denkprozesse unterbricht und so zu mehr Geistesgegenwärtigkeit führt. Die Übung ist einfach und braucht etwa 5 Sekunden Zeit. Dafür sollte sie so oft wie möglich durchgeführt werden. Zu Anfang können es 5 bis 10 Mal pro Tag sein, später 100 Mal oder mehr. Wir brauchen nicht lange darauf zu warten, bis uns diese Übung zu einer neuen Gewohnheit wird – genau wie viele andere Dinge, die wir uns angewöhnt haben.

Unterbrechen Sie ganz kurz eine beliebige Tätigkeit. Halten Sie inne und beobachten Sie sich selbst. (Sie können das auch jetzt gerade beim Lesen tun.)
Haben Sie die Tätigkeit automatisch und unbewusst ausgeführt?
Waren Sie wirklich interessiert und ganz bei der Sache?
Waren sie geistig gegenwärtig, oder haben Sie sich mit etwas anderem beschäftigt?

Nach dem Innehalten führen Sie die Handlung, das Telefonat, das Gespräch, oder was Sie auch immer gerade getan haben, weiter.

Vielleicht fällt Ihnen auf, dass sich durch den Moment des Innehaltens und den Kurzcheck etwas verändert hat. Sie haben den »Autopiloten« ausgeschaltet. Sie haben Ihre Bewusstheit zurück in den gegenwärtigen Moment geholt.

Diese Übung können Sie vertiefen, indem Sie sich beim Innehalten ganz kurz fragen: Ist das, was ich gerade denke, tue oder sagen will, förderlich für mich – und auch für andere? Die

Achtsamkeitspraxis bekommt dadurch eine selbstregulierende Komponente, die sehr nutzbringend für unser gesamtes Leben sein kann.

Unser Kommunikationsverhalten – und die Folgen

Unser Kommunikationsverhalten kann ein großer Stressauslöser im menschlichen Miteinander sein – und auch die wirtschaftlichen Auswirkungen sind enorm. Laut einer Studie der amerikanischen Unternehmensberatung Proudfoot[13] verursachen Managementfehler weltweit einen Schaden von 158 Milliarden Euro jährlich. Die Gründe stehen in direktem Zusammenhang mit ineffektiver Kommunikation und mangelhaftem Zuhören[14]: Das Management hört den Kunden nicht zu, Führungskräfte hören ihren Mitarbeitern nicht zu, Abteilungen arbeiten völlig aneinander vorbei, und Kollegen hören sich gegenseitig nicht zu. Bringen wir Achtsamkeit in die Kommunikation, ist es möglich, Kommunikationsprozesse bewusster und wertschätzender zu gestalten.

Beispiel für eine Kommunikationsübung

Achtsames Zuhören

Vorbereitung:
- Suchen Sie sich ein Gegenüber und setzen Sie sich auf zwei Stühlen entspannt, aufrecht und einander zugewandt hin.

  Halten Sie einen Timer bereit, z. B. eine App auf einem Smartphone; stellen Sie die Funktion auf zwei Minuten ein.

  Ablauf:
  - Eine Person ist für zwei Minuten Sprecher (A), die andere Person Zuhörer (B).
  - Nach den zwei Minuten wird die Übung mit vertauschten Rollen wiederholt.

– Anschließend hat jeder noch jeweils eine Minute Zeit für eine Reflexion seiner Erfahrung und teilt dies dem anderen mit.

a. Aufgabe des Sprechers:

Person A spricht zwei Minuten lang über wichtige oder belanglose Ereignisse des aktuellen Arbeitstages. Das Thema ist nicht so entscheidend, Sie können z. B. über die Aufgaben sprechen, an denen Sie gerade arbeiten.

b. Aufgabe des Zuhörers:

Sammeln Sie Ihre Aufmerksamkeit, seien Sie ganz gegenwärtig und interessiert anwesend. Spüren Sie, wie Sie auf dem Stuhl sitzen, nehmen Sie wahr, wie sich Ihre Füße in den Schuhen anfühlen. Das bringt Sie direkt in die Gegenwart und entschleunigt das Denken.

Hören Sie ganz normal zu, was ihr Gegenüber zu sagen hat. Sie müssen es nachher nicht wiedergeben, doch versuchen Sie während des Zuhörens, mit fünfzig Prozent Ihrer Aufmerksamkeit bei sich zu bleiben. Spüren Sie weiterhin Ihre Füße in den Schuhen oder Ihre Hände. Bleiben Sie mit einem Teil Ihrer Aufmerksamkeit präsent wahrnehmend bei sich, während Sie zuhören. Seien Sie dabei entspannt. Das ist ja eigentlich keine große Herausforderung – oder doch?

Ihr möglicher Einwand: »Sollten wir beim Zuhören nicht möglichst die volle Aufmerksamkeit dem Gegenüber schenken?« Meine Gegenfrage: »Wäre das wirklich sinnvoll?«

Leider gehen wir beim Zuhören gerne in den »Autopilot-Modus« und bekommen dadurch nicht mit, wie es uns selbst geht. Wir sind, was uns selbst betrifft, nicht gegenwärtig. Das kann fatale Folgen haben, denn wir sind nicht mehr mit uns selbst im Kontakt. Vielleicht bemerken Sie bei der Übung (oder später, bei anderer Gelegenheit), dass Sie weder mit sich noch mit Ihrem Gegenüber wirklich in Kontakt sind, sondern dass Sie mit Gedankenkreisen, Planungen oder anderweitig beschäftigt sind, während es nur so aussieht, als wären Sie ganz da. (Meistens bekommen wir immer noch hinreichend mit, was der andere gerade sagt.)

Diese Achtsamkeitsübung führt uns also in die eigene Präsenz und lässt uns trotzdem aufmerksam zuhören. Probieren Sie es aus!

c. Beim abschließenden Austausch (jeder etwa eine Minute): Nachdem Sie beide Ihre Erfahrungen gemacht haben, teilen Sie aufrichtig mit, wie es Ihnen ergangen ist. War es Ihnen möglich, zuzuhören und gleichzeitig einen Teil Ihrer Aufmerksamkeit bei Ihrer körperlichen Wahrnehmung zu halten? Oder sind Sie mit Ihrer Aufmerksamkeit zu anderen Themen gewandert?

Wie werden Achtsamkeitstrainings genutzt, und welche Beispiele gibt es?

Achtsamkeitstrainings sind im beruflichen Kontext vielfältig einsetzbar; sie eignen sich z.B.
- als Maßnahmen im Rahmen des Gesundheitsmanagements
- als Element von Teamentwicklungsmaßnahmen
- zur Erweiterung der persönlichen Führungskompetenz
- als Grundlage für Veränderungen in der Unternehmenskultur.

Beispiel: Achtsamkeitsbasierter Stressreduzierungskurs am Arbeitsplatz

Das systematische Trainingsprogramm besteht in der Regel aus Basisübungen des *MBSR*-Kurses: Achtsamkeitsmeditation, *Bodyscan* (eine Übung zur Verbesserung der Körperwahrnehmung), achtsamer Bewegung, leichten Yogaübungen und achtsamer Kommunikation. Der *MBSR*-Verband bietet auf seiner Website weiterführende Informationen zu achtsamkeitsbasierter Stressreduzierung am Arbeitsplatz an (www.mbsr-verband.de).

Beispiel: Time-out statt Burn-out – ein Programm für Achtsamkeit am Arbeitsplatz

Dieses Training zur Burn-out-Prophylaxe basiert auf sieben Kernübungen wie achtsamer Entspannung und Körperwahrnehmung, Atem- und Bewegungsübungen sowie Impulsen und Reflexionsfragen, die zu einem bewussteren, selbstverantwortlichen und gesundheitsförderlichen Umgang mit den Herausforderungen des beruflichen Alltags anleiten. Es wird auch eine einjährige Trainerausbildung angeboten, die Menschen dafür qualifiziert, das zehnwöchige Trainingsprogramm an ihrem Arbeitsplatz für Kollegen und Mitarbeiter eigenständig anzuleiten und zu begleiten. (Weiterführende Informationen finden sich unter www.achtsamkeit-am-arbeitsplatz.de.)

Beispiel: Potential Project – *Corporate-Based Mindfulness Training (CBMT)*

Der Fokus bei diesem modular aufgebauten, mehrwöchigen Trainingsprogramm ist die praktische Anwendung der Achtsamkeit auf die konkreten Herausforderungen im Berufsalltag, wie z. B. ein achtsamer Umgang mit E-Mails und mit der Informationsflut, die Gestaltung einer achtsamen Meeting-Kultur, Übungen zur achtsamen Kommunikation, Umgang mit Multitasking etc. Zusätzlich werden unterstützende innere Einstellungen wie Präsenz, Geduld, Freundlichkeit, Akzeptanz und Freude geschult. Bei Firmentrainings werden interessierte Mitarbeiter als Übungsleiter ausgebildet, die die Weiterführung der Achtsamkeitsübungen im Unternehmen begleiten. (Weiterführende Informationen finden sich auf www.potentialproject.de.)

Netzwerke und Gruppen

Seit einigen Jahren gibt es Netzwerke mit regionalen Gruppen, die den Austausch von Berufstätigen zum Thema unterstützen, sowie Online-Portale. (Weiterführende Informationen finden sich im Internet z. B. unter www.achtsame-wirtschaft.de, www.xing.com (Gruppe »Achtsamkeit im Business«) und www.linkedin.com (Gruppe »Mindful Leadership«)).

Achtsamkeit in der Arbeit leben – Faktoren des Gelingens

Aus meiner Sicht gibt es mehrere unterstützende Faktoren, die uns helfen können, Achtsamkeit in unser Berufsleben zu tragen.

Erfolgsfaktor »Bei sich selbst beginnen«

Berufstätige beginnen ihren Achtsamkeitskurs manchmal mit Vorbehalten, was die Umsetzbarkeit in den Arbeitsalltag betrifft. Meist hat sich bei ihnen der Eindruck verfestigt, dass sie in unbeweglichen Strukturen arbeiten oder dass einzelne Kollegen oder Vorgesetzte eine Achtsamkeitspraxis verhindern. Doch wo beginnt Veränderung? Erst einmal bei uns selbst, und nicht im »System« oder bei anderen. Das gilt für unser berufliches Umfeld genauso wie in gesellschaftlichen, politischen und globalen Zusammenhängen.

Anstatt also zu resignieren, können wir uns dazu ermutigen, selbst den ersten Schritt zu tun. Als gutes Beispiel voranzugehen bedeutet, einen wichtigen Beitrag zu leisten. Denn achtsamkeitsinteressierte Mitarbeiter wünschen sich Vorgesetzte, die Achtsamkeit leben. Achtsame Führungskräfte wiederum wünschen sich Strukturen, die ein effizientes, erfolgreiches und doch gesundes Arbeiten möglich machen. Nur gemeinsam können wir etwas bewegen, jeder in seinem Wirkungsfeld – und dies dann übergreifend.

Beispiel »E-Mail-Kultur«

Die Geschäftsführung eines kleinen mittelständischen Unternehmens setzte sich zusammen, um über die E-Mail-Kultur im Unternehmen zu beraten. Ihr war aufgefallen, dass immer mehr interne Nachrichten per E-Mail kommuniziert wurden, anstatt sich direkt an den Kollegen zu wenden, der nur einige Meter entfernt sitzt. Die Anzahl der internen E-Mails hatte sich innerhalb des letzten Jahres verdoppelt. Die Geschäftsführung sann über die nachteiligen Auswirkungen nach: Weniger persönlicher Kontakt im Team, noch mehr Informationen für jeden Einzelnen, da viele Nachrichten in Kopie gesetzt wurden, und ein spürbar unverbindlicherer Ton – und teilweise ohne Anrede, was unangenehm aufgefallen war. Die Geschäftsführung bat die Mitarbeiter, wieder direkt aufeinander zuzugehen, um den internen Mailverkehr drastisch zu reduzieren. Die Mitarbeiter begrüßten diese klare Maßnahme.

Erfolgsfaktor Engagement

Die persönliche Motivation ist die stärkste Kraft, um Achtsamkeit mitten ins Leben und damit auch an den Arbeitsplatz zu bringen. Eine Führungskraft aus dem Topmanagement hatte einen Burn-out erlebt. Er war mehrere Monate arbeitsunfähig und lernte während seiner Genesungszeit Achtsamkeitsmeditation und verschiedene Achtsamkeitsübungen kennen, die er als sehr hilfreich für die innere Zentrierung und die notwendige Lebensumstellung empfand. Als er wieder ins Unternehmen zurückkehrte, ermöglichte er seinem Team, in einem Workshop Achtsamkeitsübungen kennenzulernen. Daraufhin verbesserten sich die Zusammenarbeit und die Ergebnisse des Teams.

Erfolgsfaktor Nachhaltigkeit

Achtsamkeitskurse sollten langfristig angelegt sein. Ein Kurs über mindestens acht Wochen ist ein guter Start, um sich mit den Grundübungen vertraut zu machen. Doch wie geht es dann weiter? Das Verinnerlichen einer achtsamen inneren Haltung und eine nachhaltige Verhaltensänderung brauchen mehr Zeit. Genau wie beim Erlernen eines Instrumentes oder einer Fremdsprache kommt es darauf an, wie oft und wie intensiv wir üben. Üben wir nur sporadisch oder kurzzeitig oder hören wir sogar ganz damit auf, vergessen wir das Erlernte leicht wieder, und die neue Fähigkeit erblüht nicht richtig. Zur Unterstützung bieten sich die Teilnahme an offenen Gruppen mit Austausch und gemeinsamer Übungspraxis sowie begleitende Lektüre und der Besuch von vertiefenden Achtsamkeitsmeditationskursen an. Für die Verankerung des betrieblichen Gesundheitsmanagements in der Führungs- und Organisationskultur sind ebenfalls eine langfristige Ausrichtung und entsprechende Maßnahmen erforderlich. In der Regel bieten Firmen ihren Mitarbeitern zunächst Angebote zum Kennenlernen von Achtsamkeitselementen wie erfahrungsorientierte Vorträge, Workshops und Tagesseminare. Nehmen die Mitarbeiter diese Angebote wahr und sind die Entscheider offen für das Thema, entsteht die Möglichkeit, auch längerfristige Programme und Trainings anzubieten. Die Aussichten sind vielversprechend: In einer Studie wurden vier Trainingseinheiten von je 20 Minuten an vier Tagen durchgeführt. Es zeigte sich eine signifikante Verbesserung der Gedächtnisleistung im Vergleich zu einer Kontrollgruppe.[15]

Aufgrund eigener positiver Erfahrungen mit achtsamkeitsbasierten Methoden entscheiden sich immer mehr Menschen für eine berufliche Weiterbildung auf dem Gebiet der Achtsamkeit. Sie besuchen eine *MBSR*-Lehrerausbildung, absolvieren eine achtsamkeitsbasierte Coaching-Ausbildung oder ähnliche Programme, die sie dazu befähigen, Kollegen oder Berufstätige zu unterstützen und zu begleiten.

Erfolgsfaktor »Handlungsspielräume nutzen«

Viele Menschen entdecken die transformierende Kraft der Achtsamkeit in offenen Gruppen und Kursen während ihrer Freizeit oder in Auszeiten. Sie spüren deutlich, wie sich ihr Leben verändert. Sie finden aus der ohnmächtigen Haltung heraus und merken, dass es doch Handlungsspielräume gibt – auch in ihrem Berufsalltag. Die erlernten Übungen können auf kreative Weise integriert werden, z. B. in der Mittagspause, den Weg zur Arbeit und zurück, beim Gang über den Flur ... sogar Toilettengänge bieten eine Möglichkeit, Achtsamkeit zu praktizieren. Selbständige und Freiberufler haben es hier leichter: Sie können die meist selbstgewählten Arbeitsbedingungen entsprechend verändern und Achtsamkeitsübungen in ihren Tagesablauf integrieren.

Erfolgsfaktor »Mut und Einsicht«

Für Angestellte und Arbeiter scheint das Klima in ihren Firmen oftmals kaum eine Achtsamkeitspraxis im geschäftigen Arbeitsalltag zuzulassen. Es gibt weder Zeit noch Verständnis dafür, und sie finden keinen offenen Austausch. Das kann Enttäuschung und Ohnmachtsgefühle, vielleicht sogar Ärger und Frust auslösen. Es gibt Firmen und Organisationen, die an einer bewussteren, gesünderen und wertschätzenden Kultur nicht interessiert sind. Wie können wir damit umgehen? Mit Achtsamkeit kultivieren wir zwar hilfreiche Qualitäten wie Gegenwärtigkeit, Gelassenheit und Akzeptanz; doch dies bedeutet nicht, dass wir unheilsamen Lebens- und Arbeitsbedingungen mit einer kritiklosen, nicht-wertenden Haltung begegnen – das wäre ein großes Missverständnis. Gibt es keine Aussicht auf

Verbesserung der Arbeitsbedingungen und leiden wir darunter, sind klare Entscheidungen sinnvoll. Ein befreundeter Trainer erzählte mir von einem Achtsamkeitstraining in einem Callcenter. Die Angestellten hatten über teilweise unzumutbare Verhältnisse geklagt. Nach dem Kurs kündigten gleich mehrere Teilnehmer ihren aufreibenden Job.

Manchmal gelingt es uns, innerhalb gegebener Bedingungen Freiräume zu schaffen und Schritt für Schritt Veränderungen mitzugestalten, doch das ist nicht immer möglich. Mit geschulter Achtsamkeit können wir genauer unterscheiden, welche Möglichkeiten bestehen. Verbinden wir diese Klarheit mit Besonnenheit, können wir angemessene Schritte unternehmen. Besonnenheit – ein herzliches und klares Sprechen, Denken und Handeln – kann entstehen, wenn wir im Rahmen der Achtsamkeitsschulung die Fähigkeit zur Empathie, unser Wohlwollen, unsere Güte und die Fürsorge für uns und andere stärken. Daraus können Einsichten entstehen, wie wir angemessen und doch kraftvoll notwendige Schritte unternehmen – zum unserem eigenen Wohle und zum Wohle anderer, denn nur das macht glücklich. In diesem Zusammenhang gibt es relevante Untersuchungen von Prof. Barbara Fredrickson, die die Zufriedenheit von Mitarbeitern bei der Arbeit untersuchte.[16] In der Studie wurden 139 Mitarbeiter einer US-amerikanischen Software-Firma als Teil des betrieblichen Gesundheitsmanagements entweder einem siebenwöchigen »Liebende Güte«-Achtsamkeitstraining (eine Stunde pro Woche) oder einer Wartelistegruppe zugeteilt. Teilnehmer der »Liebende Güte«-Gruppe berichteten über signifikante Anstiege im Erleben positiver Emotionen wie Wohlwollen, mehr Sinnhaftigkeit im Leben, mehr soziale Unterstützung und weniger Krankheitssymptome. Diese erhöhten persönlichen Ressourcen standen in direktem Zusammenhang mit einer Reduzierung depressiver Symptome und erhöhter Lebenszufriedenheit.

Vorschläge, wie wir konkret dazu beitragen können, dass Achtsamkeit am Arbeitsplatz wirksam wird:

– Gleichgesinnte unter Kollegen finden.

– Mit anderen Achtsamkeitspraktizierenden in Kontakt treten, die ebenfalls mehr Achtsamkeit in ihre Arbeit bringen wollen.

– Beim Arbeitgeber, der Personalentwicklung, dem Betriebsrat oder den Verantwortlichen des betrieblichen Gesundheitsmanagements anfragen, welche Angebote es zum Thema Achtsamkeit im Unternehmen gibt. Die Nachfrage steuert das Angebot.

– Sich dafür einsetzen, interessierten Mitarbeitern ein innerbetriebliches bzw. ein externes achtsamkeitsbasiertes Programm oder langfristige Achtsamkeitstrainings zur Weiterbildung zu ermöglichen.

– Bedingungen schaffen, so dass Achtsamkeitspraxis am Arbeitsplatz auch nach Beendigung des Kurses durchgeführt werden kann.

– Achtsamkeitsübungen sollten auch während der Arbeitszeit durchgeführt werden können. Bisher werden viele Kurse in die Freizeit oder nach Feierabend gelegt. Nur wenige deutsche Arbeitgeber, aber eine Reihe international operierender Firmen, besonders aus Nordamerika und Asien, bieten dies bereits an.

– Darauf achten, dass Achtsamkeitspraxis nicht wieder zur Privatsache gemacht wird. Zeiten zum Üben, Ruheräume und Duldung bzw. noch besser aktive Unterstützung von seiten der Vorgesetzten sind wichtig.

– Sich mit gleichgesinnten Kollegen oder anderen Berufstätigen über Erfahrungen, Erfolge und Hindernisse austauschen.

– Achtsamkeit in einer nachhaltig agierenden Firmen- oder Organisationskultur verankern.

– Nicht über Achtsamkeit diskutieren, sondern durch das Verhalten wirken lassen.
– Darauf achten, wie sich die innere Haltung verändert.

Der nächste Schritt: Vom achtsamen zum heilsamen Arbeiten

Achtsamkeit kann uns maßgeblich unterstützen, mit den steigenden Herausforderungen im Arbeitsalltag auf bewusste und damit auf gesunde Weise umzugehen. Doch bei der Bewältigung allein sollten wir nicht haltmachen; damit würden wir uns auf eine Symptombehandlung beschränken, die zwar wichtig ist, aber das Übel nicht an der Wurzel packt. Was also ist die Ursache unseres Leidens – auch in unserem Beruf? Was verursacht diesen enormen Stress und Druck? Diese grundlegende Frage stellte sich schon der historische Buddha vor mehr als 2500 Jahren und fand Antworten, die jeder im eigenen Erleben kritisch hinterfragen und überprüfen kann. Er identifizierte drei sehr menschliche, doch unheilvoll wirkende Motivationen (sogenannte Geistesgifte) als Ursache unserer Probleme[17]: Gier, Negativität und Ignoranz. Diese drei Geistesgifte wirken sowohl auf der persönlichen als auch auf der kollektiven Ebene – also auch in unserem Arbeiten und Wirtschaften. Die Gier zeigt sich u. a. in einer persönlichen Maßlosigkeit, einem scheinbar verlorengegangenen Gefühl dafür, wann wir genug haben – z. B. von Arbeit, Information, Konsum oder Geld. Auf gesellschaftlicher Ebene zeigt sich die Gier u. a. in einem ungesunden Wirtschaftssystem, das hauptsächlich auf Gewinnmaximierung ausgerichtet ist, und in einem Finanzsystem, in dem mit hochriskanten Spekulationen operiert wird. Mit Negativität ist eine Neigung zu Ablehnung, Verweigerung, Widerstand, Hass oder Wut gemeint. Es ist eine Haltung, die unsere grundlegende Verbundenheit mit allem ausblendet und uns blind für die Auswirkungen unserer negativen Handlungen macht. Mit Ignoranz bezeichnen wir Wegschauen, Verdrängen oder Unwissenheit. Oftmals erkennen wir, wenn uns etwas schadet, unglücklich macht oder zu Unzufriedenheit führt. Aber anstatt die Ursache zu suchen, verdrängen wir sie oder lassen uns täuschen. Manchmal wissen wir es auch nicht besser und erkennen die Zusammenhänge nicht. Mit wachsender Achtsamkeit können wir lernen, diese Geistesgifte leichter und immer rascher zu identifizieren, in uns selbst und in den Systemen. Ein innerer Einsichtsprozess wird in Gang gesetzt. Eine aufrichtige Selbstreflexion ist hierfür der Startpunkt. Achtsamkeitspraxis bildet damit die Basis für einen heilsamen und sinnvollen Veränderungsweg.

Achtsamkeitspraxis gehört außerdem in einen ethischen Zusammenhang, der uns und der Allgemeinheit nutzt und nicht schadet. Denn auch ein Dieb ist achtsam und handelt mit erhöhter Aufmerksamkeit, wenn er sich in ein fremdes Haus schleicht und Hab und Gut anderer Menschen entwendet. Daher ist es wesentlich, unser Unterscheidungsvermögen mittels Achtsamkeit zu schärfen und zwischen heilsamen und unheilsamen Absichten zu unterscheiden. Auch im beruflichen Kontext können wir uns immer wieder fragen, ob unser Denken, die Art und Weise unserer Kommunikation und unser Handeln eine heilsame, eine förderliche Absicht enthält – für uns selbst und für die Gesellschaft, in der wir leben. Wenn Achtsamkeit mit heilsamer Absicht verbunden ist und kultiviert wird, dann können wir die Geistesgifte Gier, Negativität und Ignoranz schrittweise verwandeln. Statt gieriger Motivationen nähren wir Großzügigkeit, statt negativen Impulsen nähren wir Wohlwollen, und anstatt ignorant zu sein, nähren wir Einsicht und Weisheit in uns.

Weiterführende Literatur

Dalai Lama: *Führen, Gestalten, Bewegen.* Frankfurt am Main: Campus; 2008.

Friedhelm Boschert: *sich selbst führen. und dann die anderen. Anregungen für Manager.* Klosterneuburg: Edition Bambus; 2011.

Kai Romhardt: *Wir sind die Wirtschaft. Achtsam leben – Sinnvoll handeln.* Bielefeld: Kamphausen; 2009.

Karl-Heinz Brodbeck: *Buddhistische Wirtschaftsethik.* Berlin: edition steinrich; 2002.

Maria Gonzales: *Mindful Leadership.* Hoboken: Wiley & Sons; 2012.

Literatur

1. Techniker Krankenkasse. *Gesundheitsreport 2013 – Veröffentlichungen zum Betrieblichen Gesundheitsmanagement der TK;* 2013, Band 28. www.tk.de

2. Lohmann-Haislah, A. *Stressreport Deutschland 2012. Psychische Anforderungen, Ressourcen und Befinden.* Bundesanstalt für Arbeitsschutz und Arbeitsmedizin: Dortmund; 2012. www.baua.de

3. Sammlung buddhistischer Lehrreden, Samyutta-Nikaya (Sv5) Janussoni Sutta und Theragatha (Thag 765). Weiterführende Informationen auf www.buddhismuskunde.uni-hamburg.de.

4. Titmuss C. *Mindfulness for Everyday Living.* Aylesford, UK: Godsfield Press; 2003, S. 90 ff.

5. Badura B, Steinke M. *Die erschöpfte Arbeitswelt. Durch eine Kultur der Achtsamkeit zu mehr Energie, Kreativität, Wohlbefinden und Erfolg.* Gütersloh: Bertelsmann Stiftung; 2011. Kapitel 6: Durch achtsame Führung den Kulturwandel gestalten, S. 58 und 61.

6. Übersichten finden sich auf www.achtsamleben.at/forschung und auf www.mindfulexperience.org.

7. Chiesa A, Serretti A. Mindfulness-based stress reduction for stress management in healthy people: A review and meta-analysis.

Journal of Alternative and Complementary Medicine. 2009; 15(5):593–600.

8. Chiesa A, Calati R, Serretti A. Does mindfulness training improve cognitive abilities? A systematic review of neuropsychological findings. *Clinical Psychology Review.* 2011; 31(3):449–464.

9. Britton WB, Haynes PL, Fridel KW, Bootzin RR. Mindfulness training improves polysomnographic and subjective sleep profiles in antidepressant medication users with sleep complaints. *Psychotherapy and Psychosomatics.* 2012;81(5):296–304.

10. Kohls N. *Achtsamkeit, Stressbewältigung und Kreativität.* http://www. egliptik.de/media/b589b92db045b71dffff854dac144225.pdf (abgerufen am 01. 12. 2014)

11. Quelle: Kalapa Leadership Academy, gemeinsam mit der Generation Research GmbH in Kooperation mit dem Generation Research Programm der Ludwig-Maximilians-Universität München und der Hochschule Coburg.

12. Ausführliche Information zum »*Search Inside Yourself*«-Programm von Google unter www.siyli.org sowie im Buch von Chade-Meng Tan, *Search Inside Yourself. Das etwas andere Glücks-Coaching.* München: Goldmann Arkana; 2012. Videos zum Programm finden sich bei YouTube.

13. Proudfoot Consulting, Studie *Managing for Mediocrity – how six barriers impact productivity globally* (2004). Siehe auch den Artikel im *Stern, Der Schlüssel liegt in der Chefetage:* http://www.stern.de/wirtschaft/arbeit-karriere/arbeit/produktivitaet-der-schluessel-liegt-in-der-chefetage-529595.html

14. Stiftung Zuhören; http://www.zuhoeren.de/home/projekte/familie-gesellschaft/wirtschaft.html (abgerufen am 01. 12. 2014)

15. Zeidan F, et al. Mindfulness meditation improves cognition: Evidence of brief mental training. *Consciousness and Cognition.* 2010; 19(2):597–605.

16. Fredrickson BL, Cohn MA, Coffey KA, Pek J, Finkel SM. Open hearts build lives: Positive emotions, induced through loving-kindness meditation, build consequential personal resources. *Journal of Personality and Social Psychology.* 2008; 95(5)1045–1062.

17. Bodhi B. *Wege in die Zukunft,* DBU Verlag; 2004, S. 10 ff. PDF unter: http://www.buddhanetz.org/aktuell/wege_in_die_zukunft.pdf (abgerufen am 01.12.2014)

* Der »Autopilot-Modus« ist ein Zustand, in dem wir unreflektiert mit eingeschliffenen Denk- und Verhaltensmustern reagieren (siehe Beitrag von Hölzel).

Achtsam altern

Eckard Krüger

Grau ist die vorherrschende Haarfarbe der zwölf Teilnehmer. Ein oder zwei haben getöntes Haar. Zwischen 65 und 80 Jahren zählen ihre Leben. Sie kommen aus sehr unterschiedlicher Motivation, haben einen Eignungstest über sich ergehen lassen mit Fragebögen, Gespräch und Überprüfung der körperlichen Standsicherheit. Sie blicken neugierig und skeptisch dem entgegen, was sie als Achtsamkeitsmeditation kennenlernen werden.

Den Jahren Leben hinzufügen

Manfred, einer der Teilnehmer, ist schnauzbärtig, wirkt gemütlich. Seit einer schweren Erkrankung mit komplikationsreicher Operation ist seine körperliche Leistungsfähigkeit stark eingeschränkt. Auf dem Rücken zu liegen ist ihm seitdem nicht mehr möglich. Über mehrere Monate hing sein Leben am seidenen Faden, er verbrachte etliche Wochen auf der Intensivstation und in langwieriger Rehabilitation. Dann kamen die Frühberentung wegen Erwerbsunfähigkeit sowie der reguläre Ruhestand. Manfred erhofft sich etwas Stabilisierung für die Psyche. Die Gedanken führen da zeitweise ein Eigenleben, sagt er, macht mit der Hand eine kreisende Bewegung am Kopf und meint damit belastendes Grübeln. Nach außen ist er eher wortkarg. Eine Instabilität sieht man ihm äußerlich nicht an, wenn man von einem etwas unsicheren und suchenden Blick absieht. Trotzdem scheint sich Instabilität nicht nur auf seinen Körper zu beziehen. Für Manfred brachen die Veränderungen ganz plötzlich über ihn herein. Ohne Vorwarnung. Das Leben ist jetzt anders, als er es sich jemals hätte vorstellen können. Sicherlich anders, als er es sich gewünscht hätte. Weder während der Krankheitsphase noch in der Rehabilitation gab es psychologische Unterstützung. Im Grunde muss er froh sein, dass er noch lebt, sagt er.

Manfred verdankt sein Leben einer hochtechnisierten Medizin. Anstatt zu enden, geht sein Leben dadurch mit 65 Jahren in das dritte Lebensalter über, dem, wenn alles gutgeht, in ca. 15 Jahren das vierte, das Alter der Hochbetagten bzw. das Greisenalter folgen wird.

Wenn wir jetzt ein drittes von einem vierten Lebensalter unterscheiden, ist das dem demographischen Wandel geschuldet. Die Gruppe der 80-Jährigen ist die derzeit am schnellsten anwachsende Bevölkerungsgruppe in der westlichen Welt. Darüber hinaus sind die heute 70-Jährigen so gesund und fit wie noch vor 25–30 Jahren die 65-Jährigen. Es sind also fünf zusätzliche Altersjahre hinzugekommen, die gestaltet werden möchten und müssen. Diese Jahre besitzen auch Potential, um das vierte Lebensalter in seelischer wie körperlicher Sicht gesundheitlich vorzubereiten. Je älter wir werden, umso größer ist die Wahrscheinlichkeit, dass, wie bei Manfred, einschneidende Veränderungen sehr plötzlich und unangekündigt eintreten. Ebenso steigt die Wahrscheinlichkeit, dass scheinbar geringfügige Ereignisse schwerwiegende Folgen nach sich ziehen. Für Manfred ist mit dem Verlust der Erwerbsfähigkeit wie auch mit dem Ruhestand ein wesentlicher Beschäftigungs- und Sozialinhalt des Lebens verlorengegangen. Dafür stehen nun Schmerzen und körperliche Einschränkungen auf der Tagesordnung sowie zahlreiche Situationen, in denen Manfred sich seinem Körper, Ärzten oder Ämtern ausgeliefert fühlt. Seine Selbstwirksamkeitserwartung ist stark angeschlagen. Was davon geblieben ist, hat er seinem Optimismus, der Unterstützung seiner Familie und seiner großen Leidenschaft, dem Angeln, zu verdanken. Die *Selbstwirksamkeitserwartung* eines Menschen bildet einen wesentlichen Bestandteil der Fähigkeit, trotz widriger

Bedingungen sein Leben positiv zu gestalten und Herausforderungen durch das Vertrauen in die eigenen Kompetenzen zu bewältigen. Das Alter erhöht die Wahrscheinlichkeit für Erkrankungen, für Autonomieverluste und damit für Einbußen in der Selbstwirksamkeitserwartung, was wiederum eine Anfälligkeit für Depressivität und andere psychische wie auch physische Folgezustände mit sich bringt. Da die Selbstwirksamkeitserwartung neben Persönlichkeitsmerkmalen wie z. B. Optimismus vor allem von der subjektiven Bewertung der jeweiligen Situation abhängt[1], könnte die Meditationspraxis zu einer facettenreicheren Wahrnehmung des jeweiligen Augenblicks verhelfen. Bei Manfred repräsentiert das Grübeln die mentale Anstrengung, das Erlebte und die Veränderungen in eine unterbrechungsfreie Lebensgeschichte einzugliedern. Daneben kann Grübeln unangenehme Gefühle zeitweise auf Abstand halten. Es wird jedoch manchmal auch als belastend erlebt, weil es dazu führen kann, dass man sich wieder und wieder mit belastenden Erlebnissen beschäftigt. Die Achtsamkeitsmeditation kann Manfred dabei helfen, seinem Geist bei der »Arbeit« zuzuschauen, Augenblicke tiefer Entspanntheit zu erleben – und vor allem zu erkennen, dass er diesen Zustand durch eigenes Handeln herbeiführen kann.[2,3] Auf der körperlichen Ebene wird das vor allem seinem vegetativen Nervensystem zu einer gesünderen Regulationsfähigkeit verhelfen, was sich langfristig natürlich positiv auf seinen gesamten Gesundheitszustand auswirken wird.[4]

Hildegard gehört mit Ende 70 zu den Ältesten in der Runde. Ihr Gangbild ist unsicher, selbst mit der Gehstütze, die sie immer mit sich führt. Derzeit lebt sie in großer Sorge, da ihr Ehemann schwer erkrankt im Krankenhaus liegt und sein Überleben ungewiss ist. Ihr Leben könnte allein oder aber mit einem schwer eingeschränkten und pflegebedürftigen Mann weitergehen. Sie weiß nicht, wie sie das allein bewältigen soll.

Der Weg zu den wöchentlichen Treffen des Meditationskurses ist für sie eine Strapaze, die sie auf sich nimmt, weil sie merkt, dass sie auf sich achten muss, um mit der Situation fertig zu werden. Es ist erkennbar, dass ihr auch das Gruppengeschehen in dieser ungewissen Zeit eine Stütze bietet. Ihr – wie auch einigen anderen Teilnehmern – ist die Vorstellung, zu meditieren und daraus einen Nutzen ziehen zu können, gänzlich fremd. Trotzdem ist ihr Interesse größer als ihre Skepsis. Schließlich wusste sie auch schon vor der Erkrankung ihres Mannes, dass dieses Leben im Alter durchaus mühsame Seiten bekommt – und sie möchte etwas für sich tun. Von dem Kurs und von Meditation als Möglichkeit der Selbstfürsorge hat Hildegard in einem Vortrag erfahren. Das hatte sie neugierig gemacht, weil sie bei allen Schwierigkeiten, die mit dem Altwerden verbunden sind, dem Leben nicht nur Jahre, sondern den Jahren vor allem Leben hinzufügen möchte. Jetzt habe sie vor allem Angst, sagt sie – und tut das mit dem Lächeln einer Generation, die nicht gelernt hat, ihre Befindlichkeiten und Gefühle auszudrücken. Durchhalten, Funktionieren und das Beste aus der Situation machen gehören zu den stereotypen Devisen der Kriegskinder. Das Thema Selbstfürsorge ist da beinahe so fremd wie Meditation. Und doch zeigen die Betagten und Hochbetagten in diesem Kurs eine erstaunliche Bereitschaft, sich auf Neues einzulassen, z. B. auf tägliche Meditationsübungen. Vielleicht, weil endlich die erforderliche Zeit zur Verfügung steht. Vielleicht, weil sie wissen, dass Lernprozesse nur außerhalb der Komfortzone gemacht werden. Und vielleicht, weil ihnen bewusst ist, dass sich mit zunehmendem Alter die Grenzen der Komfortzone ohne eigenes Zutun verengen. Somit bedarf es eines erklärten Willens, um diesen Prozess zu beeinflussen und zu gestalten. Für Hildegard könnte der Nutzen der Meditation darin liegen, neben aller Angst und Unsicherheit vielleicht auch ihren Atem, ihren Körper, vielleicht einen Schritt, den sie tut – oder den jeweiligen Moment wahrzunehmen, um sich inmitten der Ungewissheit immer wieder neu zu verorten. Das könnte ihr helfen, die Orientierung zu behalten und ihrem Mann und sich selbst in diesen schweren Zeiten eine Stütze zu sein.

»Was können Sie heute besser als in jungen Jahren?«

Eine andere stereotype Auffassung der Menschen in der dritten und vierten Lebensphase, die von der übrigen Gesellschaft unhinterfragt geteilt wird, ist die, dass mit dem Alter alles schlechter werde. Die vermeintlich einfache Frage an alte Menschen, »Was können Sie heute besser als früher, in jüngeren Jahren?«, wird nahezu immer zunächst mit einer Aufzählung all jener Dinge beantwortet, die im Alter schwieriger bzw. schlechter sind. Erst wenn die Frage ein zweites oder drittes Mal gestellt wird, werden Qualitäten genannt, die früher regelmäßig mit dem Älterwerden in Zusammenhang gebracht wurden: Gelassenheit, Vergebenkönnen, Verständnis, Liebe, Geduld, Mitgefühl usw. Erst seitdem wir Menschen in erster Linie nach ihrer Leistungsfähigkeit und ihrer Produktivität beurteilen, konnte sich das heutige, defizitorientierte Verständnis des Alters durchsetzen. Ganz allmählich wächst aber ein neues, vollständigeres Verständnis; wissenschaftliche Untersuchungen[5,6,7] belegen die Lernfähigkeit und die ungeheure physische wie psychische Anpassungsfähigkeit des Menschen, bis ins höchste Alter. Nicht nur unser Gehirn ist dafür geschaffen, ohne Altersbegrenzung stetig neue Dinge zu erlernen; auch unsere Muskeln sehnen sich nach Herausforderung und lassen sich dadurch bis ins höchste Alter trainieren. Mentale wie physische Degeneration, wie sie so häufig unserem Bild vom Alter entsprechen, sind kein unausweichliches Schicksal. Vor diesem Hintergrund wirkt unser kollektives, defizitorientiertes Bild vom Alter zynisch und revisionsbedürftig.

Johannes und Marion waren zeit ihres Berufslebens Unternehmer. Jetzt sind sie im Ruhestand. Sie sind auf der Suche nach Anregungen, um ihrem Leben auch als Paar Inhalt und eine Richtung zu geben. Sie kommen ohne krankheitsbedingten Leidensdruck in den Meditationskurs und nehmen überdies zahlreiche andere Kursangebote wahr, um dieses Altwerden für sich auf eine gute Weise zu gestalten – und auch, um sich für das Alter zu wappnen. Ihre Suche zeigt, dass wir in unserer postmodernen Gesellschaft im Alter zwar immer mehr Jahre zur Verfügung haben, allerdings keine Kultur mehr besitzen, um »alt und weise« zu werden. Johannes und Marion sind auch deshalb bemerkenswerte Teilnehmer, weil sie einen Typus von »jungen« Senioren verkörpern, die sich ihren Lebensweg bewusst machen und gezielt nach Techniken und Methoden für ein »erfolgreiches« Altern suchen.

Wir werden in Zukunft vermutlich eine bedeutende Anzahl von Menschen mit diesem Anliegen in Achtsamkeitskursen finden. Diese Gruppe wird in anderen Dienstleistungsbereichen bereits sehr aktiv umworben, weil sie Repräsentanten einer reflektierenden *und* finanzkräftigen Bevölkerungsgruppe sind. Ein dschungelartiges Dickicht von Kurs- und Dienstleistungsangeboten wird sich dieser Menschen und ihrer Finanzkraft annehmen. Das wird Anbietern und Nutzern gleichermaßen zugutekommen. Und doch fehlt etwas ganz Entscheidendes. Es ist durchaus vorstellbar, dass wir auf diesem Weg allenfalls unsere Konsumkultur weiterentwickeln. Oder: Wir nutzen Techniken, um »erfolgreicher« alt zu werden (z. B. als unsere Nachbarn), und verharren im gewohnten Modus einer wettbewerbsorientierten Gesellschaft, die ohne Wimpernzucken auch das Altern in Erfolgs- und Misserfolgskategorien einzuordnen weiß. Da wären wir dann umgeben von den besten Angeboten, von Achtsamkeitsmeditation über Yoga bis zur Selbstmitgefühlspraxis – und verlieren uns doch im Praktizieren von Techniken, die weder kulturbildend noch weisheitsstiftend sind, solange sie als bloße Techniken verstanden werden. Erst wenn eine Technik im Sinne einer Methode, also als systematisches, erkenntnisstiftendes Verfahren praktiziert wird, besteht die Chance, damit hinsichtlich der tieferen und existentielleren Lebensthemen zu reifen. Doch selbst hier bleiben wir anfällig für die Konditionierungen des Zeitgeistes. Während sich die Ausübung einer *Technik* vor allem für einen konkreten und (bevorzugt) kurzfristigen Nutzen interessiert, kommt die *Methode* eher dem Versuch gleich, eine Antwort auf eine Frage zu sein. Im ersteren Fall soll der Nutzen von Achtsamkeitsmeditation z. B. ein Zustand von angenehmer Entspannung sein – das ist die Erwartungshaltung des »Erntenden«, der sich fragen lassen muss, ob und was er gesät hat. Die *Methode* hingegen würde nicht angewendet, *damit* es mir besser geht, sondern *weil* ich leide und *weil* das Leben ohne Schmerz nicht zu haben ist (»lediglich Leiden ist optional«)[8]. In einer postmodernen Gesellschaft haben wir uns aus guten Gründen von bestehenden Traditionen zugunsten eines Individualismus befreit, der uns wunderbare Möglichkeiten der persönlichen Entwicklung eröffnet. Verunsichernd ist die ungeheure Beliebigkeit, die im Kielwasser der Liberalisierung folgt. Als verständlicher Reflex wird dann ein kurzfristiger Nutzen verlangt, den wir in der Ausübung einer gleichfalls beliebigen Vielfalt von Techniken suchen, um durchindividualisiert Beruhigung zu finden. Den wirklich großen Lebensthemen von »Werden und Vergehen«, »Leiden und Schmerz«, »Anhaften und Vermeiden«, »Abhängigkeit und Autonomie«, »Individualität und Kollektivität« usw. werden wir umso verlässlicher begegnen, je älter wir werden. Diesen Themen mit Techniken zu begegnen wirkt nicht nur lächerlich, es ist gleichermaßen vergeblich.

Wie ist das klein, womit wir ringen,
was mit uns ringt, wie ist das groß;
ließen wir, ähnlicher den Dingen,

uns so *vom großen Sturm bezwingen, –*
wir würden weit und namenlos.

Rainer Maria Rilke, aus: Der Schauende[9]

Die Falten eines alten Menschen sprechen von dem Kleinen, mit dem wir ringen, und dem Großen, das mit uns ringt. Im Grau der Haare zeigen sich Spuren des großen Sturms und des Versuchs, allem Widerfahrenen einen Sinn abzugewinnen. Es ist der Versuch einer Transformation von Individuellem, Einzelnem zum namenlosen Allgemeinen. Dieser Weg verlangt Zeit und immer wieder neue Bemühungen um eine Integration von Lebensaspekten, die zunächst nicht integrierbar scheinen. Es ist ein spiritueller Weg.

Es bedarf vielmehr der Haltung eines Säenden, der bereit ist, in aktiver Weise das zu kultivieren und zu nähren, was er sich für sein drittes und viertes Lebensalter vorstellt. Wenn dies Gelassenheit, Geduld, Wachheit, Mitgefühl, Beweglichkeit, Weisheit oder Ähnliches sein sollte, dann müsste die entsprechende Saat in die Erde gebracht und auf angemessene Weise begärtnert werden.

Dem Individualismus der Postmoderne, der uns in ein existentielles Vakuum geführt hat, ist das zunächst fremd. Während heute eine große Zahl von Senioren sich um Vorsorgevollmacht und eine Patientenverfügung gekümmert hat, fehlt ihr eine existentiellere Vision für die bevorstehenden Lebensabschnitte. Viktor Frankl[10] erklärt die Herkunft dieses Vakuums: »Im Gegensatz zum Tier sagen dem Menschen keine Instinkte, was er muss, und im Gegensatz zum Menschen von gestern sagen dem Menschen von heute keine Traditionen mehr, was er soll. Nun, weder wissend, was er muss, noch wissend, was er soll, scheint er oftmals nicht mehr recht zu wissen, was er im Grunde will. So will er denn nur das, was die anderen tun – Konformismus! Oder aber er tut nur das, was die anderen wollen – von *ihm* wollen – Totalitarismus.«

Facetten von Einsamkeit

Ein wesentliches Merkmal dieses Vakuums ist die fehlende Fähigkeit zu einem innengeleiteten Leben im Sinne Meister Eckharts[11], bzw. die Neigung zu einem Leben, das sich überwiegend an äußeren Aspekten orientiert. Innengeleitetes Leben meint die Orientierung unter Rückgriff auf eine Vernunft, die sowohl Herz als auch Verstand besitzt gegenüber dem, was gegenwärtig ist. Achtsamkeitspraxis kann dieses Vakuum füllen, womit sie das Potential für eine spirituelle Praxis in einer säkularisierten Welt birgt. Während Robert Weiss[12] »soziale« von »emotionaler« Einsamkeit unterscheidet, muss vor dem Hintergrund eines existentiellen Vakuums eine dritte Form von Einsamkeit überprüft werden, die möglicherweise Menschen wie z. B. Johannes und Marion zur Teilnahme an einem Seniorenkurs in *MBSR (Mindfulness-Based Stress Reduction)* bewegt: spirituelle Einsamkeit.

Die Wahrscheinlichkeit für jedwede Form von Einsamkeit nimmt mit dem Alter zu. Mit »sozialer Einsamkeit« ist dabei das fehlende Eingebundensein in ein soziales System gemeint. Emotionale Einsamkeit hingegen zeichnet sich durch das Fehlen von bedeutsamen Bindungen aus. So kann der Verlust eines Lebenspartners emotionale Einsamkeit nach sich ziehen, während ein funktionierendes soziales Netz mit Nachbarn, Freunden und Bekannten fortbesteht. Die umgekehrte Situation liegt vor, wenn Menschen in der vierten Lebensphase noch in ehelicher Bindung leben oder in enger Bindung zu einem Kind, während Freunde und Bekannte bereits verstorben sind und die Nachbarn anonym bleiben. In diesem Fall stünde die soziale Einsamkeit im Vordergrund. Schwab[13] definiert Einsamkeit als »das quälende Bewusstsein eines inneren Abstandes zu den anderen Menschen und die damit einhergehende Sehnsucht nach Verbundenheit in befriedigenden, sinngebenden Beziehungen«. Unabhängig von der Form ist aber immer entscheidend, ob sich ein Mensch subjektiv einsam fühlt – wodurch sich Einsamkeit grundsätzlich vom Alleinsein unterscheidet. So kommt es regelmäßig vor, dass Menschen trotz ehelicher oder familiärer Bindungen ein schmerzhaftes Maß an Einsamkeit verspüren, wenn es ihnen beispielsweise nicht möglich ist, sich mitzuteilen, Intimität zu teilen usw. Emotionale Einsamkeit ist tendenziell mit Gefühlen von Trauer verbunden, während soziale Einsamkeit Gefühle von Hilflosigkeit sowie depressive Stimmungen mit Antriebshemmungen nach sich zieht. Beides kann sich aus einem Gefühl von Scham heraus (im Sinne eines unwerten Selbstbildes) verschlimmern, indem die Schamgefühle ihrerseits die Schwelle für soziale Kontakte oder intime Bindungen erhöhen.

Maria bekennt in der Vorstellungsrunde des ersten Kurstages, dass die Einsamkeit sehr an ihr zehrt. Sie wünscht sich mehr Gelassenheit für ihr Leben. Zeitweise ist ihr alles zu viel. Waltraud, mit gut 80 Jahren die Kursälteste, und Angelika, eine weitere Teilnehmerin, sind zwar befreundet, leben jedoch ebenfalls allein und kämpfen mit emotionaler Einsamkeit, obwohl sie über ein intaktes soziales Netz verfügen. Auch die anderen Teilnehmer des Achtsamkeitskurses haben mit den verschiedenen Formen von Einsamkeit zu kämpfen. Wie mehrere Studien belegen, stehen das Auftreten körperlicher Erkrankungen und auch Sterblichkeit mit Einsamkeit in Zusammenhang[14,15] (z. B. durch ein erhöhtes Risiko für Herz-Kreislauf-Erkrankungen[16,17] und eine Verdopplung des Risikos für Demenz vom Alzheimer-Typ[18]), ebenso die Inanspruchnahme medizinischer bzw. pflegerischer Dienstleistungen wie z. B. Krankenhauseinweisungen[19], hausärztliche Konsultationen[20], Heimeinweisungen[21] usw. Es ist nicht einfach, ein effektives Mittel gegen Einsamkeit zu finden. Zum einen liegt das daran, dass Vereinsamung im Alter oft einen selbstverstärkenden Charakter annimmt. Zum anderen ist es in der Regel nicht leicht, einen Menschen für eine Veränderung seiner subjektiven Lebenswirklichkeit zu gewinnen. Wenn überhaupt, lässt sich das am besten durch Maßnahmen erreichen, die ein Erfahrungslernen erlauben.

Achtsamkeitsmeditation in der Form, wie sie beim *MBSR* geübt wird, beruht auf einem solchen Erfahrungslernen, bei dem durch eine bewusste Ausrichtung des Aufmerksamkeitsfokus und der Wahrnehmungsqualität Voraussetzungen geschaffen werden, um dem Wahrnehmungsinhalt (dem Schmerz, der Einsamkeit, den Gedanken) von einer neuen, unvoreingenommenen Seite her zu begegnen. Wie sehr man unter Einsamkeit leidet, ist, genau wie bei körperlichem Schmerz, abhängig von der subjektiven Einstellung. So konnte Maria feststellen, dass für sie – neben der eigentlichen, schmerzlichen Erfahrung von Einsamkeit – die zusätzlichen Aspekte (Gedanken, Bewertungen, Verurteilungen, Ängste usw.) das wirklich Belastende sind. Immer wieder wirft sie sich vor, die Einsamkeit »selbst verschuldet« zu haben, weil sie sich zeitweilig zurückzieht. In solchen Momenten ist die Vorstellung, Menschen zu begegnen, ebenso belastend wie das Alleinsein. Jede Verabredung wird zu einer Hürde, die überwunden werden muss, was sich durch allerlei Ausreden vermeiden lässt. Erschwerend – und zugleich generationstypisch – kommt die Sorge hinzu, »anderen nur eine Last zu sein«. Diese Gedanken lassen die Hürde, die Einsamkeit und Hoffnungslosigkeit noch größer erscheinen. Dadurch wiederum verstärken sich die Rückzugstendenzen. Die Belastung für Betroffene entsteht durch dieses zunächst unentflechtbar scheinende »Gesamtpaket«.

Wenn sich auch an den »objektiven« Kriterien der Einsamkeit eventuell nichts verändern lässt, so kann eine achtsame Wahrnehmung dennoch hilfreich sein, um die verschiedenen Schichten und Facetten des »Gesamtpakets« in ihrer Verschiedenheit und Wechselwirkung zu erkennen. Mit Hilfe der Achtsamkeitsmeditation hat Maria festgestellt, dass die Gedanken, Grübeleien und Bewertungen ihre Stimmung massiv verschlechtern. Und umgekehrt scheinen Stimmungsschwankungen immer wieder genau diese Gedanken heraufzubeschwören. Gleichzeitig berichtet Maria, dass die Gedanken viel weniger belastend sind, wenn sie einfach auf ihren Atem achtet. Es fällt dann wesentlich leichter, auch andere Dinge wahrzunehmen – Dinge, an denen sie sich freuen kann, die sonst ausgeblendet werden. Und manchmal tauchen auch ganz andere Gedanken auf.

Letztlich entsteht auf diese Weise eine Möglichkeit, unheilvolle Grübeleien zu beenden und die verschiedenen Aspekte neu zu bewerten. Und diese Neubewertung ist letztlich der Geburtsort für den Sinn, den wir in einer Situation oder einer Schwierigkeit sehen können, die zuvor möglicherweise gänzlich sinnlos erschien. Das Erkennen oder Empfinden von Sinnhaftigkeit einer Situation ist eine Voraussetzung für ein unterbrechungsfreies Fortschreiben einer durch Leiden brüchig gewordenen Lebensgeschichte. William James[22] wies in seinem Werk *Principles of Psychology* darauf hin, dass Menschen »immerfort versuchen, den Ereignissen, in denen sie sich wiederfinden, irgendeine Ordnung oder einen Sinn überzustülpen«. Nach seiner Ansicht müssen wir, »um zu überleben, unseren Erfahrungen eine Bedeutung abgewinnen, damit wir verstehen können, antizipieren können und dadurch irgendeine Kontrolle über unsere Lebenserfahrung erhalten«. Wir tun dies, indem wir »wählen, wie wir Ereignisse interpretieren; zwischen alternativen Handlungsmöglichkeiten wählen und wählen, wie wir unsere Handlungen bewerten«.

Daneben spielt der Aspekt der Nicht-Reaktivität eine bedeutende Rolle für die Wirksamkeit einer achtsamen Wahrnehmung. Durch das bewusste Öffnen des Aufmerksamkeitsfokus lassen sich Vielfalt und Reichtum eines jeweiligen Augenblicks erschließen (wie bei Maria z. B. durch die Wahrnehmung des Atems). Damit wird eine erste Verzögerung, vielleicht ein Aussetzen üblicher Reflexantworten auf bestehende Konditionierungen, möglich. Vielleicht entsteht so ein Wahrnehmungsraum, der den Übergang vom Alleinsein zur Einsamkeit erkennbar macht, z. B. aufgrund auftauchender Gefühlsfärbungen von Trauer, Niedergeschlagenheit usw., die ihrerseits hinterlegt und begleitet sind von stereotypen Gedanken. Vielleicht lässt sich so auch der Anteil schamhafter Gefühle identifizieren, der Einsamkeit zu einem unüberwindbar erscheinenden Berg anwachsen lässt. Dieser Weg eröffnet auch die Möglichkeit, sich zu den innewohnenden Gefühlen in Beziehung zu setzen – und noch viel entscheidender, in einer mitfühlenden Weise zu dem unter Einsamkeit leidenden Teil in uns in Beziehung zu treten. Das alles sind bereits Mosaiksteine auf dem Weg zu einer Aktivierung des Bindungssystems, *dem* Gegengift gegen Einsamkeit, *dem* Ort für (Re-)Transformation von Einsamkeit zum Alleinsein.

Ein Team um David Creswell[23] fand heraus, dass ein achtwöchiger *MBSR*-Kurs sowohl das Gefühl von Einsamkeit als auch die genetische Aktivität bzw. biologische Marker für bestimmte Entzündungsreaktionen verringern kann. Mit dieser Studie konnte gezeigt werden, dass mit *MBSR* nicht nur Einsamkeit, sondern auch die vorbeschriebenen, körperlichen Auswirkungen von Einsamkeit rückbildungsfähig sind. Die Bedeutung dieser Entzündungsreaktionen darf nicht unterschätzt werden, weil diese auf vielfältigste Weise für ein großes Spektrum von Alterungsprozessen und krankhaften Prozessen im Alter verantwortlich sind, unter anderem das sehr komplexe *Frailty-Syndrom** (Gebrechlichkeitssyndrom), das wiederum mit einer erheblichen Einschränkung der Lebenserwartung verbunden ist. Darüber hinaus sind die derzeitigen Behandlungsansätze ausgesprochen unbefriedigend. (Einschränkend muss allerdings gesagt werden, dass unklar ist, ob bzw. in welchem Ausmaß die Achtsamkeitsmeditation für die Veränderungen verantwortlich ist. Letztlich wirkten die wöchentlichen Kurstermine einsamkeitsmindernd. Unabhängig vom Kursinhalt ist es den Teilnehmern schon allein durch ihr Kommen gelungen, die Einsamkeit zu durchbrechen, so dass zur weiteren Klärung entsprechende Folgestudien erforderlich sind.)

Die Senioren hier im Kurs zeigen sich wesentlich mitteilsamer als jüngere Erwachsene in *MBSR*-Kursen. Sie genießen die Gemeinschaft und den Austausch. Häufig erscheinen die Teilnehmer sehr zeitig vor Kursbeginn, plaudern, geben sich Tipps für die Pflege des Gartens im Frühjahr usw. Die Pausen werden intensiv für Gespräche genutzt. Die Unterhaltungen während der Kurszeit sind teilweise so lebhaft, dass eine entsprechende Moderation durch die Kursleitung erforderlich wird. Es ist spürbar, dass ein Heraustreten aus dem Alleinsein – unabhängig davon, ob es durch Einsamkeit belastet ist – wohltuend ist.

Wachheit

Auch mit dem Tod müssen wir uns im Alter auseinandersetzen. Wir kommen nicht umhin, uns diesem Thema anzunähern, weil sich dieses Thema unweigerlich uns nähert – vielleicht, weil man nahestehende Menschen verliert oder sich der Endlichkeit des eigenen Lebens bewusster wird. Wenn der Tod, in welcher Gestalt auch immer, in unser Leben tritt, kann das die Grundfesten unseres Seins erschüttern – ein möglicher Grund, warum in unserer Gesellschaft Endlichkeit, Sterben und Alter marginalisiert und Jugend idealisiert wird. Unabhängig davon, wie sehr wir versuchen, uns diesem Thema zu widersetzen oder es an den Rand unseres Bewusstseins zu drängen: wir können uns diesem Prozess nicht entziehen und schaffen auf diese Weise tendenziell einen Nährboden für Angst, die ihrerseits eine Auseinandersetzung mit dem Tod erschwert. Das Einzige, was gegen diese Angst hilft, ist Wachheit, schreibt Sören Kierkegaard[24]. In der achtsamen Erfahrung der Vergänglichkeit jedes

Atemzugs wird uns die Erfahrung von Werden und Vergehen zugänglich. Und das Leben als ständiges Sterben gegenüber dem nächsten Moment birgt nichts, was festzuhalten wäre. Die Achtsamkeitspraxis schafft ein Bewusstsein für eine weite Wahrnehmung, die auch die Randbereiche unseres Gesichtsfeldes einschließt. Damit entsteht die Option einer Gegenbewegung zur Marginalisierung: Integration. Es wird möglich, mit Verletzlichkeit und Vergänglichkeit gegenwärtig zu sein, sich vielleicht sogar getröstet zu wissen. Voraussetzung dafür ist eine Wachheit im Sinne Kierkegaards. Damit wird es leichter, sich offen auf diese Fragen einzulassen, bevor diese Fragen, durch äußere Umstände veranlasst, in uns einfallen. Die Frage nach dem Sterben ist in erster Linie die Frage nach dem jetzigen Leben, nach unseren Konzepten, Prioritäten und Konditionierungen – und letztlich nach dem, was wir dereinst auf unserem Sterbebett auf keinen Fall bereuen wollen[25].

Depression im Alter

Gerda wirkt rüstig und agil. Hinter dieser Fassade verbirgt sich eine langjährige Leidensgeschichte mit wiederkehrenden Depressionen, die sie schon einige Male in stationäre psychiatrische Behandlung geführt haben. Die umfangreichen Erfahrungen im Umgang mit seelischen Schwierigkeiten sowie deren Behandlung teilt sie bereitwillig mit. Medikamente und ein beachtliches Spektrum an Selbsthilfestrategien helfen ihr, sich zu stabilisieren. Trotzdem wird sie immer wieder von den schweren Stimmungslagen eingeholt; vielleicht nicht mehr so heftig wie früher. Die Suche nach Möglichkeiten, mit ihren seelischen Schwankungen besser zurechtzukommen, führt sie in diesen Kurs.

Verschiedene Untersuchungen und Veröffentlichungen[26,27,28] haben darauf hingewiesen, dass Achtsamkeitsmeditation ein hilfreiches Verfahren zur Behandlung von Depressionen im Alter ist. Laut Berliner Altersstudie[29] liegt die Häufigkeit von Depressionen bei Hochbetagten (77- bis 104-Jährige) bei knapp 26 Prozent. Wenn mehrere behandlungsbedürftige Erkrankungen vorliegen, steigt der Anteil auf ca. 37 Prozent. Als Begleiterscheinung körperlicher Erkrankungen findet sich bei 50 Prozent aller chronisch kranken Senioren eine Depression. Nach den Schätzungen der WHO wird der Anteil der depressiv Erkrankten in den kommenden Jahren deutlich zunehmen. Gerda ist also keineswegs eine Ausnahme.

Zugleich müssen die Besonderheiten depressiver Erkrankungen im Alter berücksichtigt werden. Häufig zeigen sie einen »larvierten« Verlauf, d. h., sie treten vermehrt als körperliche Beschwerden versteckt (Verdauungsstörungen, Schlafstörungen, Gewichtsverlust etc.) auf. Die sonst so charakteristische Antriebsstörung depressiv Erkrankter kann sich als vermehrte Müdigkeit zeigen, die vielfach einem normalen Alterungsprozess zugeschrieben wird. Hinzu kommt, dass eine Abnahme des Antriebs im Alter gesellschaftlich eher erwünscht ist. Inaktive Senioren werden daher nicht als behandlungsbedürftig, sondern eher als nicht unangenehm, weil nicht störend wahrgenommen. Im Unterschied dazu wird die Antriebsminderung einer berufstätigen Mutter von einem Hausarzt wesentlich eher diagnostiziert und behandelt. Der Prozentsatz unbehandelter Depressionen im Alter ist erschreckend hoch, während insgesamt nur ca. 10 Prozent aller Menschen mit Depressionen eine ausreichende Behandlung erhalten. Die Abgrenzung zu demenziellen Syndromen ist vielfach schwierig. Einerseits sind Rückzugstendenzen im Frühstadium einer Demenz charakteristisch, so dass hinsichtlich der Antriebsminderung bei einer Depression diese nur testpsychologisch feststellbar wäre. Andererseits können Depressionen im Alter unter dem Bild einer Pseudodemenz verlaufen, d. h., es zeigen sich demenztypische Gedächtnisstörungen (z. B. im sogenannten Mini-Mental-Status-Test), die eher durch eine depressionsbedingte Aufmerksamkeitsstörung verursacht werden. Die Zunahme von Depressionen und demenziellen Erkrankungen verläuft bis etwa zum 90. Lebensjahr parallel; danach nimmt die Häufigkeit depressiver Erkrankungen ab, während die Häufigkeit demenzieller Erkrankungen noch bis zum 95. Lebensjahr ansteigt und erst danach abflacht.

Im Alter gibt es drei große Wege in die Depression. Der erste Weg führt über wiederkehrende depressive Episoden aus früheren Lebensjahren. Mit jedem Rückfall in eine depressive Phase steigt die Wahrscheinlichkeit für eine erneute Episode. Hier konnte bereits in zahlreichen Studien die Wirksamkeit achtsamkeitsbasierter Verfahren zur Rückfallprophylaxe gezeigt werden, so dass wir heute von einer etwa gleich guten Wirksamkeit achtsamkeitsbasierter gegenüber konventionellen Behandlungen ausgehen können.

Der zweite Weg in die Depression führt über körperliche Erkrankungen mit körperlichen Funktionsverlusten, Einschränkungen in der selbstbestimmten Lebensführung, Multimedikation usw. Auch hier spielt die subjektive Lebenswirklichkeit im Sinne der Krankheitsverarbeitung eine entscheidende Rolle. Es ist sehr gut vorstellbar, dass sich nicht nur die seelische Befindlichkeit, sondern auch körperliche Funktionen mit einer stabileren seelischen Verfassung bessern. Diesbezüglich wären Untersuchungen notwendig, die prüfen, ob Achtsamkeitsmeditation als Intervention für geriatrische Patienten (über 70 Jahre und mehr als drei behandlungsbedürftige Diagnosen) einen Einfluss auf Parameter wie Depressivität, Inanspruchnahme medizinischer Dienstleistungen, Krankenhauseinweisungshäufigkeit, Lebensqualität etc. zeigen könnte.

Der dritte Weg in die Depression führt ohne wesentliche körperliche Vorerkrankungen über schwere Lebensereignisse wie Verluste von Angehörigen, Verlust von Autonomie, eventuell verbunden mit der Notwendigkeit einer Heimunterbringung, Altersarmut, Statusverlust, Verlust von Aufgaben, schweren Erkrankungen Angehöriger (eventuell mit daraus folgenden, erschöpfenden Pflegeaufgaben) usw. Und nicht selten kommt es erst im Alter zu belastenden Erinnerungen, z.B. an Kriegserlebnisse aus der Kindheit, die über viele Jahre unzugänglich waren und jetzt in Träumen, Flashbacks etc. auftauchen und den Menschen erneut belasten und z.T. sogar retraumatisieren. Die Fähigkeit, den Aufmerksamkeitsfokus in die Gegenwart zu lenken, z.B. auf den gegenwärtigen Atemzug, kann der entscheidende Schritt zur Verortung im Hier und Jetzt sein, der es erlaubt, Erinnerungen, Ängsten und Eindrücken standhalten zu können. In den Rückmeldungen zum Achtsamkeitskurs wird die Wahrnehmung des Atems und eine Zunahme an Gelassenheit immer wieder und auch noch nach längerer Zeit als hilfreich hervorgehoben. In einer qualitativen Untersuchung von Alistair Smith[28] bei Senioren mit wiederkehrenden depressiven Episoden wurden als Veränderungen durch den Achtsamkeitskurs »mehr Wachheit«, »mehr Akzeptanz«, »mehr Kontrolle«, »bessere Bewältigung«, »den Atem wahrnehmen« usw. genannt. Darüber hinaus weist er darauf hin, dass Depressionen im Alter vielfach nicht als voll ausgeprägte klinische Depression verlaufen und daher möglicherweise auch leichter einer Behandlung durch achtsamkeitsbasierte Verfahren zugänglich wären.

Das Gedächtnis im Alter

Sowenig Depressionen im Alter als Schwierigkeit wahrgenommen und angemessen behandelt werden, sosehr beschäftigen sich heute die Öffentlichkeit wie auch Politik und Medizin mit dem Thema Demenz. Während sich die Menschen der 70er und 80er Jahre von der Diagnose »Krebs« in Angst und Schrecken haben versetzen lassen, zeigt heute die Diagnose

»Demenz« diese Wirkung. Gleichwohl sterben heute immer noch ungeheuer viele Menschen an Krebs, kaum weniger als in den 80er Jahren – ungeachtet der Tatsache, dass auch damals und zu allen Zeiten Menschen an Demenz erkrankten. Wir sind noch weit davon entfernt, den Prozess des demenziellen Abbaus zu verstehen, geschweige denn angemessen behandeln zu können. Es gibt bekannte Risikofaktoren für kognitiven Abbau; dazu zählen vor allem körperliche Erkrankungen des Herz-Kreislauf-Systems, des Stoffwechsels (hier vor allem Diabetes mellitus), des Nervensystems (z. B. Parkinson), chronische Nierenerkrankungen usw. Psychische Erkrankungen scheinen ebenso eine Rolle zu spielen, z. B. Depression. Letztlich tritt kognitiver Abbau auch gehäuft in Familien sowie bei Lebenspartnern demenzkranker Menschen auf. Wie oben bereits erwähnt, erhöht Einsamkeit die Wahrscheinlichkeit für eine demenzielle Erkrankung signifikant. Die Häufigkeit für diese Krankheiten im Bevölkerungsquerschnitt steigt allmählich mit dem 60. Lebensjahr, um mit ca. 85 Jahren ihren Gipfel zu erreichen. Ab dem 95. Lebensjahr flacht die Kurve der Neuerkrankungen wieder ab, d. h., wer mit 95 noch keine Demenz hat, wird vermutlich auch keine mehr entwickeln.

Es müssen dabei umkehrbare von unumkehrbaren Formen von Demenz unterschieden werden. So kann beispielsweise eine Schilddrüsenüber- oder -unterfunktion zu einer erheblichen kognitiven Einschränkung führen, die sich nach Behandlung der Grunderkrankung zurückbildet. Unterschieden werden müssen auch Aufmerksamkeits- von Gedächtnisstörungen. Erstere finden sich im hohen Alter regelmäßig nach operativen Eingriffen in Form von sogenannten Durchgangssyndromen, die bis zu sechs Monate nach einem Eingriff anhalten können und daher häufig fälschlich als Demenz diagnostiziert werden. Eine sorgfältige Differenzierung zwischen Aufmerksamkeitsfähigkeit und Gedächtnis ist nur testpsychologisch verlässlich möglich. Eine Verwechslung dieser Zustände ist verständlich, wenn man bedenkt, dass Aufmerksamkeitsfähigkeit die Brücke darstellt zwischen Sinneswahrnehmung und Gedächtnis. Das hat jeder schon erfahren, wenn die Müdigkeit zu groß war, um beispielsweise einen Artikel in einer Fachzeitschrift zu lesen: am Ende des Satzes weiß man nicht, wie dieser begonnen hat. Keine Gedächtnisbildung ohne Wachheit. Dabei ist das Gedächtnis gewissermaßen das Material, das die Fußabdrücke eines bewusst gelebten Lebens innerlich aufnimmt und wiedererkennen lässt, während Wachheit und Aufmerksamkeitsfähigkeit dem Okular entsprechen, mit dem die Welt akkommodiert, also scharf gestellt und wahrgenommen wird. Gerade Aufmerksamkeitsstörungen bessern sich rasch und deutlich unter entsprechender kognitiver Stimulation (nach Behandlung der auslösenden Ursache: z. B. Schlafmangel, Medikamente, Drogen). Allerdings sind gerade Aufmerksamkeitsstörungen vielfach auch Folge von Sinnesstörungen, insbesondere von Schwerhörigkeit mit daraus resultierender Unterstimulation. Schwerhörigkeit schneidet Menschen von sozialen Bezügen, sprich, von anderen Menschen ab, während Fehlsichtigkeit Menschen von der dinglichen Welt abschneidet.

Eine der häufigsten Fehldiagnosen für eine Demenz ist tatsächlich die Schwerhörigkeit. Sie verlängert und erschwert den Weg eines Reizes von der Außenwelt zur Innenwelt des Betroffenen. Zur Verlängerung der Wahrnehmungsstrecke im Alter durch z. B. Schwerhörigkeit oder Fehlsichtigkeit kommt eine Veränderung der Wahrnehmungsqualität hinzu. Man könnte sagen, dass das Okular nicht nur an der Möglichkeit zur Scharfeinstellung und an Klarheit verliert, sondern es kommt eine Überselektivität der Wahrnehmung im Alter hinzu, die in charakteristischer Weise bei Menschen mit autistischem Wahrnehmungsspektrum auftritt. Dabei bleibt die Wahrnehmung zunehmend an Details haften, zuungunsten des Überblicks. Diese Überselektivität erklärt manche Fehleinschätzung, die durchaus alltagsrelevant sein kann, z. B. im Sinne von Kommunikationsmissverständnissen mit nachfolgendem sozialen Rückzug. An dieser Stelle ist die Untersuchung von Tara-Leigh McHugh[30] bemerkenswert, die zeigen konnte, dass bereits eine 15-minütige Achtsamkeitsübung (Atemmeditation) bei Senioren mit einem durchschnittlichen Alter von 78 Jahren zu einem Rückgang der Wahrnehmungsüberselektivität führte, gegenüber einer Gruppe von ähnlich alten Menschen, die ihre Gedanken einfach wandern lassen sollten. Unklar ist, wie dauerhaft diese Effekte sind. Dessenungeachtet können wir nur so gut in dieser Welt sein, wie wir mit unseren Sinnen nach diesem Leben greifen und wie präsent wir an den »Schnittstellen« zur Welt sind. Die bewusste Lenkung des Aufmerksamkeitsfokus gehört zu den Spezialitäten der Achtsamkeitsmeditation, weshalb sie sich für Senioren als Verfahren zur Belebung der Sinnesfunktionen geradezu anbietet.

Achtsamkeitsmeditation erkennt neben den üblichen Sinnesmodalitäten (sehen, hören, schmecken, fühlen, riechen) auch die Innenwahrnehmung *(Propriozeption, Interozeption)* und den wahrnehmenden und bewertenden Geist als Sinnesmodalitäten an. Gerade Letzterer spielt bei gedächtnisbezogenen Überzeugungen alter Menschen eine wesentliche Rolle in der tatsächlichen kognitiven Leistungsfähigkeit. Zahlreiche Untersuchungen konnten zeigen, dass Senioren vielfach zu einer ausgesprochen pessimistischen und negativen Überzeugung bezüglich der eigenen kognitiven Fähigkeiten neigen. Die Selbsteinschätzung eines Menschen bezüglich der Qualität seines Gedächtnisses sagt die Erinnerungsleistung besser vorher als das Lebensalter oder etwa die Werte auf einer Skala zur Messung der Depressivität. Die Überzeugung bzw. die Selbsteinschätzung, die Ältere im Hinblick auf ihre Gedächtnisleistung haben, ist für die erbrachte Gedächtnisleistung entscheidend. »Schlechtere Gedächtnisleistungen im Alltag sind bei Älteren oft eher eine Folge von Zweifel an sich selbst als eine tatsächliche Abnahme der Leistungsfähigkeit.«[31] Es liegt in der eigentümlichen Natur des Menschen, sich entsprechend der inneren Überzeugungen und Erwartungen zu entwickeln. In der gesamten Diskussion um kognitive Funktionen im Alter muss dieser Aspekt dringend berücksichtigt werden, weil Achtsamkeitsmeditation ein ideales Verfahren darstellt, um insbesondere zu den eigenen Erwartungen, Überzeugungen wie auch Selbstzuschreibungen auf eine neue Art in Beziehung zu treten!

Wenn wir uns den tatsächlichen Gedächtnisstörungen zuwenden, würde es den Rahmen dieser Veröffentlichung sprengen, auf die verschiedenen Formen einerseits bzw. die Komplexität solcher Störungen andererseits einzugehen. Um den Wert von Meditation in der Primärprävention von kognitivem Abbau beurteilen zu können, fehlen noch aussagekräftige Langzeitstudien. Selbst für die Behandlung milder kognitiver Störungen fehlen noch fundierte Studienergebnisse. Gleichzeitig sind alle medikamentösen Behandlungsansätze manifester demenzieller Erkrankungen ausgesprochen unbefriedigend. Betrachtet man hingegen, unabhängig von Form oder Stadium einer Demenz, die wesentlichen zugrundeliegenden Prozesse eines kognitiven Verfalls im Verhältnis zur Lebenswirklichkeit des Menschen, so lässt sich unschwer erkennen, dass bereits eine leichte Einschränkung für den Betroffenen bedrohlich wirken muss: Sich nicht mehr auf sein Gedächtnis verlassen zu können, Gegenstände gar nicht oder an bizarren Orten wiederzufinden, alltäglichen Aufgaben nicht mehr gewachsen zu sein, wenn die Verlässlichkeit des inneren Navigationssystems wie Sand durch die Finger rinnt – alles das ist Stoff, aus dem Alpträume gemacht werden. Sämtliche dieser Phänomene lassen sich ohne weiteres mit Hilfe des Modells der Emotionsverarbeitung, wie Paul Gilbert[32] es vorgeschlagen hat, verstehen. Eine dauerhafte Aktivierung des Bedrohungssystems wird Angst, Scham und sozialen Rückzug wahrscheinlich machen. Bei einer gleichzeitigen Abnahme der Aktivität des Bindungssystems sind Unterstimulation und Deprivation die Folge, was zu einer weiteren Belastung führt. Unter der chronischen Bedrohung wird sich die Gedächtnisfunktion weiter verschlechtern und auf diese Weise in eine Abwärtsspirale führen. An dieser Stelle sind Maßnahmen, die zu einer gezielten Aktivierung des Bindungssystems führen, vermutlich unentbehrlich, wenn dieser Prozess aufgehalten werden soll. Derartige Maßnahmen können in Abhängigkeit vom Grad der Betroffenheit in frühen Stadien vor allem für die erkrankte Person von Bedeutung sein. In späteren Stadien der Erkrankung sind solche Maßnahmen dann für Pfleger und pflegende Angehörige von besonderem Wert, weil es hier darauf ankommt, in einer Weise zu den Betroffenen in Beziehung zu treten, die nicht zu einer zusätzlichen Aktivierung des Bedrohungssystems führt. Jeder Ortswechsel (z.B. eine Krankenhauseinweisung), jede fremde Bezugsperson, Schmerzen und andere körperliche Missempfindungen werden das Bedrohungssystem noch empfindlicher machen. Dies geschieht, je weniger kognitive Ressourcen zur Verfügung stehen, um eine Situation reflektieren zu können.

Eine demenzsensitive Umgebung versteht die Bedeutung solcher Aspekte für den Umgang mit Demenzkranken. Darüber hinaus ist die Kultivierung von Achtsamkeit und Mitgefühl für Pfleger und pflegende Angehörige bedeutungsvoll, um mit sich, den eigenen Ressourcen und Möglichkeiten in einem guten Kontakt zu sein. Es ist bemerkenswert, dass Krankenschwestern, die meditieren, weniger oft Nachtglocken beantworten müssen. Gleichermaßen eindrücklich sind die Ergebnisse der Untersuchung von Ludwig Grepmair[33], der zeigen konnte, dass Patienten von regelmäßig meditierenden Psychotherapeuten besser gesunden. In gleicher Weise würde der Umgang mit Demenzkranken vermutlich weniger Beruhigungsmittel erfordern, wenn die Sorgetragenden eine Meditationspraxis etablieren würden. So gesehen wären Menschen mit Demenz eine besondere Art von Friedensbotschaftern, indem sie uns nämlich dazu bringen, innerlich friedlich und mitfühlend zu werden, weil der Umgang mit ihnen anders kaum möglich ist.

Achtsamkeit als Weg, um unser Potential für gegenwärtiges, gelassenes, friedliches und mitfühlendes Dasein zu kultivieren, braucht eine Übungsform, braucht Anleitung und braucht letztlich eine willentliche Anstrengung. Sie führt üblicherweise nicht zu plötzlichen, tektonischen Verschiebungen unserer inneren Landschaft. Sie ist vielmehr eine leise Kurskorrektur, die uns auf dem Lebensweg zu neuen Ufern führt. Selbst die alten Ufer erscheinen mit der Achtsamkeitspraxis vielfach in vollkommen neuem Licht; und dann gar nicht einmal so schlecht – oder aber im Gegenteil entschieden verfehlt. Achtsamkeitspraxis erzeugt auch Klarheit, bewirkt Entschlossenheit – und erlaubt mitunter, unauflösbar Widersprüchliches als solches zu belassen. Sie kann uns schonend auf unser eigenes weises Selbst vorbereiten, in das wir eventuell »eines fernen Tages, ohne es zu merken, hineinleben«. Voraussetzung ist, dass wir bereit sind, »jetzt die Fragen zu leben, wie verschlossene Stuben oder wie Bücher, die in einer sehr fremden Sprache geschrieben sind (…), ohne nach Antworten zu forschen, die uns nicht gegeben werden können, weil wir sie nicht leben können. Und es handelt sich darum, alles zu leben, (…) jetzt die Fragen zu leben.«[34] Mit der Achtsamkeitspraxis weben und pflegen wir unseren Fallschirm – in der Gewissheit, dass wir irgendwann in unserem Leben fallen werden. Von alten Menschen sagen wir, dass sie »hinfällig« werden, und sind uns der sprachlichen Weisheit in der Regel nicht bewusst, dass dieses Wort buchstäblich zu nehmen ist. Wir müssen fallen lernen, uns auf das Fallen vorbereiten. Rilke dichtet:

Wenn etwas mir vom Fenster fällt
(und wenn es auch das Kleinste wäre)
wie stürzt sich das Gesetz der Schwere
gewaltig wie ein Wind vom Meere
auf jeden Ball und jede Beere
und trägt sie in den Kern der Welt.

Ein jedes Ding ist überwacht
von einer flugbereiten Güte
wie jeder Stein und jede Blüte
und jedes kleine Kind bei Nacht.
Nur wir, in unsrer Hoffart, drängen
aus einigen Zusammenhängen
in einer Freiheit leeren Raum,
statt, klugen Kräften hingegeben,
uns aufzuheben wie ein Baum.
Statt in die weitesten Geleise
sich still und willig einzureihn,
verknüpft man sich auf manche Weise, –
und wer sich ausschließt jedem Kreise,
ist jetzt so namenlos allein.

Da muß er lernen von den Dingen,
anfangen wieder wie ein Kind,
weil sie, die Gott am Herzen hingen,
nicht von ihm fortgegangen sind.
Eins muß er wieder können: fallen,
geduldig in der Schwere ruhn,
der sich vermaß, den Vögeln allen
im Fliegen es zuvorzutun.

Fallen lernen und *geduldig in der Schwere ruhn* kämmen unsere
zeitgenössischen Konventionen und Konditionierungen gegen
den Strich. Wir bevorzugen es, unsere Verletzlichkeit zu leugnen oder uns dagegen zu wappnen. Wir machen uns dadurch
noch verwundbarer. Eine Krankheit ist dann nicht »nur« eine
Krankheit, sondern zudem noch eine Kränkung. Wir erleben
so den Verlust einer vermeintlichen Kontrolle, die wir nie tatsächlich hatten. (...) *in die weitesten Geleise / sich still und willig*
einzureihn und *geduldig in der Schwere ruhn* – beides verweist auf
die Fähigkeit der Hingabe, die vordergründig einem Aufgeben

der Kontrolle gleichkommt. Tatsächlich ist Hingabe ein aktiver Akt, ein Sichüberlassen, vielleicht ein Zur-Seite-Treten des Egos. Achtsamkeitspraxis kultiviert die Fähigkeit zur Hingabe, indem die Aufmerksamkeit immer wieder neu den Wahrnehmungen des jeweiligen Augenblicks entgegengebracht wird. Das Leben wird nicht in Zeitspannen bemessen oder wahrgenommen, sondern in einzelnen Momenten, die so zahllos sind wie die einzelnen Punkte auf einer beliebig langen Linie. Es geht um Hingabe gegenüber dem einzelnen Augenblick. Das ist die Art und Weise, sowohl einen Sturm zu überstehen als auch das Leben zutiefst auszukosten.

Resilienz

Achtsamkeitsmeditation wird daher gern als Verfahren zur Förderung von Resilienz gepriesen. Nun kommt es darauf an, diesen Begriff erst einmal zu verstehen, der (verdächtigerweise) aus der Materialkunde entliehen wurde und jetzt in der Psychologie und Soziologie eine bemerkenswerte Karriere macht: Resilient ist ein Werkstoff, wenn er sich nach einer Verformung aufgrund seiner Materialeigenschaften wieder in die ursprüngliche Form zurückbegibt (z. B. ein Tennisball nach dem Kontakt mit dem Schläger). In der Psychologie ist die übliche Lesart des Begriffs Resilienz die Fähigkeit, zu »gedeihen trotz widriger Umstände«[35]. Hingegen deutet die Redensart »Gute Seeleute entstehen im Sturm« eher darauf hin, dass Resilienz die Fähigkeit bezeichnet, zu gedeihen *aufgrund* widriger Umstände. Untersuchungen zu den personenbezogenen Wirkkomponenten von Resilienz[36] zeigen, dass *Sinnfindung, Neubewertung* und *Selbstwirksamkeitserwartung* zu den zentralen Faktoren gehören, die es einem Individuum erlauben, angesichts von Widrigkeiten zu gedeihen. Diese Faktoren unterstreichen die Bedeutung und die Chancen subjektiver Wahrnehmung im

Zusammenhang mit Resilienz. Im Rahmen einer chinesischen Langlebigkeitsstudie an 16 566 Senioren[37] konnte gezeigt werden, dass der Einfluss der Resilienz mit zunehmendem Lebensalter für Langlebigkeit bedeutender ist als beispielsweise genetische Einflüsse. Resilienz in diesem Sinn ist beeinflussbar durch den individuellen Lebensstil. Demzufolge gewinnen Lebensstilfaktoren mit zunehmendem Alter höchste Bedeutung, was nicht nur die Langlebigkeit, sondern in gleicher Weise auch die Lebensqualität entscheidend beeinflusst.

Achtsam altern hat viele Facetten, von denen in diesem Beitrag nur einige angesprochen werden konnten. Achtsamkeitsmeditation ist *ein* möglicher Weg, um den Jahren Leben zu geben. Die zwölf grauhaarigen Teilnehmer des Kurses konnten sich ohne erkennbare Berührungsängste auf die verschiedenen Achtsamkeitsübungen einlassen. Und sie haben das Sprichwort »Was Hänschen nicht lernt, lernt Hans nimmermehr« widerlegt. Es muss daher umgeschrieben werden: »Was Hänschen nicht gelernt hat, das kann Hans sehr wohl noch lernen.«

Das Alter erfüllt alle Kriterien, die es mehr als sinnvoll erscheinen lassen, um *in* dieser und *für* diese Lebensphase Achtsamkeit zu kultivieren. Unabhängig vom gewählten Weg bedarf es einer willentlichen Entscheidung, um alt *und* weise zu werden.

Praxisanleitung für eine Atemmeditation

Bitte nehmen Sie eine bequeme, sitzende Haltung ein, die es Ihnen erlaubt, einerseits entspannt zu sitzen und gleichzeitig mit allen verfügbaren Sinnen wach zu sein. Jede Sitzgelegenheit ist geeignet, die es Ihnen erlaubt, Spannung aus dem Körper zu entlassen, die jetzt im Augenblick nicht benötigt wird. Gleichzeitig brauchen wir für das Sitzen einen gewissen Grad an Körperspannung, die es uns erlaubt, aufgerichtet und wach zu sein. Vielleicht spüren Sie mit der Aufmerksamkeit zu den Kontaktstellen des Körpers mit dem Stuhl, dem Kissen, dem Boden; vielleicht nehmen Sie das Gewicht des Körpers wahr oder seine Haltung; vielleicht nehmen Sie wahr, wie dieses Sitzen ein kontinuierliches Balancieren ist, so, wie wir auch unsere Aufmerksamkeit in jedem Augenblick neu ausbalancieren müssen.

Versuchen Sie zunächst, Ihre Aufmerksamkeit auf möglichst entspannte Weise auf den einmal gewählten Bereich gerichtet zu lassen. Sie wird vermutlich wandern, abgleiten oder von irgendwelchen anderen Wahrnehmungen eingenommen werden. Das ist normal. Trotzdem können Sie diese Ablenkungen als Übungsmöglichkeit ansehen und Ihre Aufmerksamkeit in freundlicher und geduldiger Weise wieder zum Sitzen, zu den Stellen des Kontaktes Ihres Körpers mit dem Stuhl oder Boden, oder was immer Sie gewählt haben, zurückführen.

Versuchen Sie nun, die Aufmerksamkeit so zu weiten, dass Sie Ihren sitzenden Körper und gleichzeitig Ihren Atem wahrnehmen können. Tun Sie – so gut es geht – einen einfachen, sanften, vielleicht sogar beruhigenden Atemzug. Folgen Sie dem Atem mit Ihrer Aufmerksamkeit. Spüren Sie eventuell den Empfindungen an den Nasenöffnungen, im Bereich des Rachens oder Brustraums nach.

Nehmen Sie, so gut es geht, diesen einen Atemzug jetzt, diese Einatmung, und die folgende Ausatmung wahr. Lassen Sie sich ganz in das Fließen des Atems hineinsinken.

Finden Sie immer wieder die Bereitschaft, die Aufmerksamkeit zurückzuführen, sooft sie abgleitet. Es ist normal, dass der Geist wandert. Unsere Aufgabe im Rahmen der Meditation besteht darin, dieses Abschweifen zu bemerken. Vielleicht schauen Sie noch kurz, wohin der Geist sich hat entführen lassen. Und dann laden Sie Ihre Aufmerksamkeit immer wieder ein, zurückzukehren. Zurück zum Empfinden des Atems.

Vielleicht lässt sich die Aufmerksamkeit etwas stabilisieren, wenn wir uns daran erinnern, dass unser Atem Lebendigkeit bedeutet und dass jeder Atemzug diese Lebendigkeit erneuert.

Folgen Sie Ihrem Atem also mit einer wachen und entspannten Aufmerksamkeit. Möglicherweise führt er Sie an Orte, die sich in irgendeiner Weise hervortun oder sogar schmerzhaft sind. Machen Sie nach Möglichkeit diese Empfindungen nicht größer und nicht kleiner, als sie sind. Nehmen Sie sie einfach wahr, ohne etwas daran ändern zu wollen.

Es ist möglich, die Übung bis hierher durchzuführen, Sie können sie aber auch noch weiterführen. In jedem Fall können Sie versuchen, etwas von dieser innerlichen Qualität mitzunehmen in die nächste Begegnung des heutigen Tages ...

Literatur

1. Schwarzer R. Optimism, vulnerability, and self-beliefs as health-related cognitions: A systematic overview. *Psychology & Health.* 1994;9(3):161–180.
2. Jain S, Shapiro SL, Swanick S, Roesch SC, Mills PJ, Bell I, Schwartz GE. A Randomized Controlled Trial of Mindfulness Meditation Versus Relaxation Training: Effects on Distress, Positive States of Mind, Rumination, and Distraction. *Annals of Behavioral Medicine.* 2007;33 (1):11–21.
3. Ramel W, Goldin PR, Carmona PE, McQuaid JR. The Effects of Mindfulness Meditation on Cognitive Processes and Affect in Patients with Past Depression. *Cognitive Therapy and Research.* 2004;28(4):433–455.
4. Lazar SW, Bush G, Gollup RL, Fricchione GL, Khalsa G, Benson H. Functional brain mapping of the relaxation response and meditation. *NeuroReport.* 2000;11(7):1581–1585.
5. Fiaterone MA, O'Neill EF, Ryan ND et al. Exercise training and nutritional supplementation for physical frailty in very elderly people. *New England Journal of Medicine.* 1994;330(25): 1769–1775.
6. Mensink GB, Ziese T, Kok FJ. Benefits of leisure-time physical activity on the cardiovascular risk profile at older age. *International Journal of Epidemiology.* 1999;28(4):659–666.

7. Oswald WD. Kognitive und körperliche Aktivität. *Zeitschrift für Gerontopsychologie und -psychiatrie.* 2004;17(3):147–159.

8. Germer C. *The mindful path to self-compassion: Freeing Yourself from Destructive Thoughts and Emotions.* New York, NY: Guilford Press; 2009.

9. Rilke RM. *Der Schauende.* Frankfurt am Main: Insel Verlag; 2004 (15. Auflage), S. 405.

10. Frankl VE. *Das Leiden am sinnlosen Leben. Psychotherapie für heute.* Freiburg: Herder; 1977, S. 13.

11. Polednitschek T (Hrsg.). *Meister Eckhart. Philosophisch leben.* Freiburg: Herder; 2010.

12. Weiss RS. *Loneliness: The Experience of emotional and social isolation.* Cambridge, MA: MIT Press; 1973.

13. Schwab R. *Einsamkeit. Grundlagen für die klinisch-psychologische Diagnostik und Intervention.* Bern: Huber; 1997.

14. Tilvis RS, Laitala V, Routasalo PE, Ptikälä KH. Suffering from loneliness indicates significant mortality risk of older people. *Journal of Aging Research.* 2011; Article ID:534 781. doi: 10.4061/2011/534781

15. Sugisawa H, Liang J, Liu X. Social networks, social support, and mortality among older people in Japan. *Journals of Gerontology.* 1994;49(1):3–13.

16. Olsen RB, Olsen J, Gunner-Svensson F, Waldstrom B. Social networks and longevity. A 14 year follow-up study among elderly in Denmark. *Social Science & Medicine.* 1991;33(10):1189–1195.

17. Thurston RC, Kubzansky LD. Women, Loneliness and Incident in Coronary Artery Disease. *Psychosomatic Medicine.* 2009;71(8):836–842.

18. Wilson RS, Krueger KR, Arnold SE, Schneider JA, Kelly JF, Barnes LL, Tang Y, Bennett DA. Loneliness and Risk of Alzheimer's Disease. *Archives for General Psychiatry.* 2007;64(2):234–240.

19. Geller J, Janson P, McGovern E, Valdini A. Loneliness as a predictor of hospital emergency department use. *Journal of Family Practice.* 1999;48(10):801–804.

20. Ellaway A, Wood S, Macintyre S. Someone to talk to? The role of

loneliness as a factor in the frequency of GP consultations. *British Journal of General Practice*. 1999;49(442):363–367.

21. Russell DW, Cutrona CE, de la Mora A, Wallace RB. Loneliness and nursing home admission among rural older adults. *Psychology and Aging*. 1997;12(4):574–589.

22. James W. *The Principles of Psychology*. New York, NY: Holt, Rinehart & Winston; 1890.

23. Creswell D, et al. Mindfulness-Based Stress Reduction Training Reduces Loneliness and Pro-Inflammatory Gene Expression in Older Adults: A Small Randomized Controlled Trial. *Brain Behavior and Immunity*. 2012;26(7):1095–1106.

24. Kierkegaard S. *Der Begriff Angst*. Reclam / Europäische Verlagsanstalt: Hamburg; 1992.

25. Ware B. *5 Dinge, die Sterbende am meisten bereuen. Einsichten, die Ihr Leben verändern werden*. München: Goldmann Arkana; 2013.

26. Smith A. Clinical Uses of Mindfulness Training For Older People. *Behavioural and Cognitive Psychotherapy*. 2004;32(04):423–430.

27. Smith A, Graham L, Senthinathan S. Mindfulness-based cognitive therapy for recurring depression in older people: A qualitative study. *Aging & Mental Health*. 2007;11(3):346–357.

28. Splevins K, Smith A, Simpson J. Do improvements in emotional distress correlate with becoming more mindful? A study of older adults. *Aging & Mental Health*. 2009;13(3):328–335.

29. Mayer KU, Baltes PB (Hrsg.). *Die Berliner Altersstudie*. Berlin: Akademie Verlag; 1998.

30. McHugh TL, Simpson L, Reed P. Mindfulness as a potential intervention for stimulus over-selectivity in older adults. *Research in Developmental Disabilities*. 2010;31(1):178–184.

31. Lehr U: *Psychologie des Alterns*. Wiebelsheim: Quelle & Meyer; 2007, S. 101.

32. Gilbert P. *Compassion Focused Therapy*. London and New York: Routledge; 2010.

33. Grepmair LJ, Nickel MK. *Achtsamkeit des Psychotherapeuten*. Wien: Springer; 2007.

34. Rilke RM. *Briefe an einen jungen Dichter.* Frankfurt am Main: Insel Verlag; 2007.
35. Welter-Enderlin R, Hildenbrand B (Hrsg.). *Resilienz – Gedeihen trotz widriger Umstände.* Heidelberg: Carl Auer Verlag; 2012.
36. Lepore SJ, Revenson TA. Resilience and Posttraumatic Growth: Recovery, Resistance and Reconfiguration. In: Calhoun LG, Tedeschi RG (editors). *Handbook of Posttraumatic Growth: Research and Practice.* Mahwah, NJ: Lawrence Erlbaum Associates; 2006, S. 24–46.
37. Shen K, Zeng Y. The association between resilience and survival among Chinese elderly. *Demographic Research.* 2010;23(5):105–116.

* Als *Frailty-* oder Gebrechlichkeitssyndrom wird das Zusammentreffen verschiedener körperlicher und psychischer Veränderungen bei alten Menschen bezeichnet; dazu zählen 1. verlangsamte Gehgeschwindigkeit, 2. Gewichtsverlust, 3. Abnahme der Muskelmasse, 4. verringerte Handkraft, 5. subjektives Gefühl rascher Erschöpfbarkeit und 6. abnehmende Anpassungsfähigkeit. Die pathophysiologischen Veränderungen sind komplex und noch nicht wirklich verstanden. Es kommt zu einem Anstieg von Entzündungsbotenstoffen, Fehlfunktionen des Immunsystems und des Hormonsystems, Erkrankungen des Herz-Kreislauf-Systems, des Stoffwechsels usw. Erhöhte Sterblichkeit, Krankenhaus- bzw. Heimeinweisungen, Verlust an Selbständigkeit und Lebensqualität sind typische Folgen.

Säkulare Ethik und Achtsamkeit als Lebenspraxis

Michaela Doepke

Sind Achtsamkeit und Ethik in Zeiten postmoderner Vielfalt unterschiedlicher Lebensstile Ausdrucksformen einer neuen Suche nach Sinn und Spiritualität? Achtsamkeit ist jedenfalls trendy. In den USA spricht man bereits von einer »Achtsamkeitsrevolution«[1]. Auch in Europa hat Achtsamkeit ihren Weg in Wissenschaft, Therapie, Pädagogik und Wirtschaft gefunden. Und sie hält unermüdlich weiter Einzug in Firmen, Organisationen, Banken und Unternehmen.

In Zeiten, in denen das Läuten der Kirchenglocken von vielen Menschen überhört wird, wächst ein neues Bedürfnis nach selbstbestimmter Spiritualität, frei von Glauben, Institutionen und Vorbildern.[2] So hält eine zunehmend hektische Gesellschaft heute eher beim Ton der Achtsamkeitsglocke inne und besinnt sich auf die wohltuende und heilsame Qualität der Stille. Ist dies eine Chance für eine neue säkulare Ethik zum Wohl der Menschen, eine Ethik, mit der sich alle Menschen identifizieren können?

Der Molekularbiologe Jon Kabat-Zinn hatte die Achtsamkeit in den 70er Jahren zunächst ihres spirituellen Mantels entkleidet, um sie zur Genesung seiner Schmerzpatienten einzusetzen. Er entwickelte mit dem Programm *Stressbewältigung durch Achtsamkeit (Mindfulness-Based Stress Reduction; MBSR)* ein Erfolgsmodell, das heute Menschen unabhängig von einer Religionszugehörigkeit zugutekommt. Im Gesundheitswesen und in Unternehmen werden seither weltweit *MBSR*-Kurse zur Stressbewältigung und Burn-out-Prophylaxe eingesetzt. Gestützt auf die Ergebnisse aus der Gehirnforschung entdeckt eine gestresste Gesellschaft, deren Menschen teilweise den Kontakt zu sich selbst und zur Welt verloren haben, die heilende Kraft der Achtsamkeit. Diese Entwicklung ist an sich positiv zu bewerten.

Andererseits stellt sich die Frage: Wann dient Achtsamkeit als Methode, um die Lebensqualität und die Gesundheit von Menschen zu verbessern, und wann wird sie lediglich zur Profitmaximierung eingesetzt? Wohin führt ein Trend von zum Teil selbsternannten Beratern und Coaches, wenn Achtsamkeitstraining nur zur Selbstoptimierung oder zur Leistungssteigerung von Mitarbeitern in Firmen missbraucht wird und nicht am Gemeinwohl und menschlichen Werten orientiert ist? Und wohin führt eine Entwicklung, wenn Achtsamkeitsübungen von intelligenten Menschen sogar beim Militär eingeführt werden?[3]

Häufig wird im Zuge der Popularisierung der Achtsamkeit verdrängt, dass Achtsamkeitspraxis ihren Ursprung in spirituellen Traditionen wie dem Buddhismus hat und hier stets in einem ethischen Kontext steht. Interessanterweise setzen sich heute viele aufgeschlossene religiöse Führungspersönlichkeiten wie der Dalai Lama oder Thich Nhat Hanh für eine säkulare Ethik ein. Warum? Weil sie alle Menschen unabhängig von ihrem religiösen Glauben vereinen kann und eher als eine einzelne Religion in der Lage ist, die massiven Probleme der Welt zu lösen. Doch dazu später mehr.

»Achtsamkeit muss lebensbezogen sein«[4]

Als Journalistin hatte ich das große Glück, vielen bekannten spirituellen Lehrern und Wissenschaftlern, die ich hier zitiere, persönlich zu begegnen. So auch Bruder David Steindl-Rast, der mich durch seine unvergessliche Ausstrahlung von Liebe und Güte beeindruckte. Das Credo des Benediktinerpaters und promovierten Psychologen Steindl-Rast: *»Rechte Achtsamkeit* muss immer lebensbezogen sein. Achtsame Menschen sind besonders lebendige Menschen.« Er unterscheidet »*Rechte Achtsamkeit*«, in ihrer ursprünglichen Bedeutung, von falscher, ichbezogener Achtsamkeit: »Wir alle kennen Menschen, die von jedem Achtsamkeitsseminar mit einem noch aufgeblähteren Ego zurückkommen.«[4] Der Weg von Egobezogenheit zu Rechter Achtsamkeit führe dabei immer über Selbsterkenntnis und in der Folge zu einem Bewusstsein der Verbundenheit mit dem Leben. Nach der Methode *Stop, Look, Go* empfiehlt er den Menschen, innezuhalten, nach Gelegenheiten und Augenblicken Ausschau zu halten, die das Leben reichlich als Geschenk biete, Dankbarkeit zu entwickeln und sich zu freuen. Diese Praxis kann als Atempause jederzeit in den Alltag eingebaut werden, um sich wieder in den gegenwärtigen Moment einzuklinken und im Hier und Jetzt zu verankern.

Wenn ich dankbar bin, führt mich das in die Begegnung
mit dem Lebendigen. Dankbarkeit ist das Bewusstsein,
dass das ganze Leben ein Geschenk ist.

David Steindl-Rast

Bruder David: »Ein dankbares Leben ist ein Aufwachen zur Lebendigkeit, weil wir sehen, was uns jeden Augenblick geschenkt ist.« Das Resultat dieses Dankbarkeitstrainings wirke sich im Gegensatz zu einem jahrelangen Sitzen auf dem Meditationskissen sofort positiv und lebensverändernd aus.

Rechte Achtsamkeit bedeutet für Bruder David immer »gemeinsame Achtsamkeit«, die dem Gemeinwohl dient und zur Zusammenarbeit und zu freudigem Teilen aufruft. Dabei differenziert er zwischen einem Selbst im Bewusstsein, mit allen Menschen und einem größeren Ganzen verbunden zu sein, und einem Ich, das sich als Ego getrennt und vereinzelt vom großen Ganzen erlebt und daher negative Emotionen wie Furcht und

Aggressionen entwickelt. In diesem Sinne sei es wichtig, sich immer wieder auf den spirituellen Bezug einer Rechten Achtsamkeit zurückzubesinnen, so Bruder David, der sich weltweit für das Netzwerk Dankbar Leben und den christlich-buddhistischen Dialog einsetzt.[4]

Du sollst fühlen, dass du ein Teil des Ganzen bist,
das dich umgibt.

Indianisches Gebet

Rechte Achtsamkeit

Im *Satipatthana Sutta* bezeichnet Rechte Achtsamkeit den sechsten Schritt auf dem *Edlen Achtfachen Pfad*. Dieser ist Teil der *Vierten Edlen Wahrheit* und führt zur Überwindung von Leiden und letztlich zur Erleuchtung. Der Buddha lädt uns ein, Achtsamkeit auf Körper, Geist, Gefühle, Erscheinungen und Atem zu praktizieren. Dazu der Zen-Priester Alan Senauke auf dem internationalen Achtsamkeitskongress 2011 in Hamburg: »Es geht darum, sich bewusst zu werden, dass man nie wirklich vom eigenen Körper, dem Atem, den Gefühlen oder anderen Wesen getrennt ist.«[5] Dies, so Senauke, sei die zwangsläufige ethische Dimension im Praktizieren der Lehre des Buddhismus. Auch Senauke stellt fest: Indem wir achtsam die Wirklichkeit der wechselseitigen Abhängigkeit wahrnehmen, trennen wir nicht länger zwischen uns selbst als einem »Innen« und den Erscheinungen der Welt im »Außen«. Ein zeitloses Zen-Sprichwort sagt: »Es gibt keinen Platz in der Welt, auf den man spucken kann.«[6]

Achtsamkeit ist Bewusstheit der Verbundenheit und gegenseitigen Abhängigkeit

Mit der einfachen Übung des bewussten Atmens können wir Geist und Körper zusammenbringen und Innen und Außen verbinden. Mit jedem Einatmen spüren wir das Leben und sind uns bewusst, dass wir die gleiche Luft atmen wie unsere Mitmenschen. So können wir eine ganzheitliche Sicht entwickeln und voller Dankbarkeit das Leben in jedem Moment spüren und feiern. Andererseits wird uns durch diese Praxis bewusst, wie sehr wir Menschen uns durch unsere Profitgier letztlich selbst schaden, wenn wir Gift in unsere Flüsse kippen oder den Regenwald abholzen. Achtsamkeit ist somit immer auch Bewusstheit unserer Verbundenheit mit und unserer gegenseitigen Abhängigkeit von allen Wesen.

Einatmend weiß ich, dass ich einatme,
ausatmend weiß ich, dass ich ausatme.

Atemübung nach Thich Nhat Hanh[7]

Häufig wird der Begriff Achtsamkeit mit »Aufmerksamkeit« verwechselt. Aufmerksamkeit bezeichnet die Fähigkeit, bewusst wahrzunehmen. Der Begriff Achtsamkeit (Pali: *sati*) hat jedoch zwei Bedeutungen: bemerken, was gerade geschieht *und* sich dessen erinnern, was heilsam ist.[8] Diese zweite Bedeutung ist sehr wichtig; denn die ethische Dimension der Achtsamkeit ist es, anderen zu nützen und nicht zu schaden. In dieser Hinsicht ist Achtsamkeit keine Meditationstechnik, sondern eine ethische Geisteshaltung.

Die Ethik des Seins

Der Religionswissenschaftler und Zen-Lehrer Michael von Brück plädiert für die Entwicklung einer neuen »Ethik des Seins« auf der Grundlage einer Geisteshaltung von Liebe und Mitgefühl mit allen Wesen.[9] Dies sei eine Überlebensbedingung für unsere Welt. Tätiges Mitgefühl und heilende Hinwendung zum anderen seien die Folge der Einsicht, dass alle Wesen in gegenseitiger Abhängigkeit stehen.[10] Bedingung für diese Entwicklung sei die Erfahrung der Einheit alles Seienden.

Schon der deutsche Philosoph Arthur Schopenhauer war der Ansicht, dass Ethik auf Mitgefühl zu begründen sei und nicht auf Pflicht. Die Ethik Schopenhauers schließt den Schutz der Tiere mit ein. Schopenhauer hatte die Einsicht, dass Menschen und Tiere nicht wirklich getrennt voneinander sind und formulierte eine »Ethik des Mitgefühls«. (Welche vorausschauende Haltung angesichts der heutigen Massentierhaltung!)

Vor diesem philosophischen Hintergrund sieht von Brück die Grundlagen einer Ethik als Haltungen der Hoffnung, der Dankbarkeit und der Achtsamkeit. Dabei verbindet er die Hoffnung mit der Zukunft, die Dankbarkeit mit der Vergangenheit und die Achtsamkeit, als das Bewusstsein über sich selbst und der gegenseitigen Abhängigkeit aller Wesen, mit der Gegenwart.

Von Brück: »Wir brauchen eine Erkenntnis, dass der Mensch gar nicht anders kann, als mit tätigem Mitgefühl und heilender Hinwendung zu handeln.« Diese Handlungsprämisse bezeichnet er als »Ethik des Seins«, wie sie bereits Meister Eckhart, ein christlicher Mystiker des 13. Jahrhunderts, begründet hatte.

Für von Brück, der sich für den interreligiösen Dialog engagiert, verändert diese Ethik des Seins das Bewusstsein. »Wir müssen lernen, das Bewusstsein zu steuern.« Doch wie ist ein solcher Lernprozess möglich? »Wir lernen durch achtsames Bewusstsein, die Dinge ohne Vorurteil wahrzunehmen, so wie sie im jetzigen Augenblick sind.« Eine solche Praxis sei heilende Hinwendung zu den Wesen. Erst durch Innehalten und tiefe Betrachtung des gegenwärtigen Moments können wir das Leiden in uns und außerhalb von uns erkennen. Dann wissen wir, was wir dagegen tun können. In diesem Sinn sind Mitgefühl und Erkenntnis zwei Seiten einer Medaille.

Globale Ethik

Atmen Sie bewusst ein, und spüren Sie,
dass Sie lebendig sind. Feiern Sie mit dem Atem
Ihre Lebendigkeit. Lebendig zu sein ist das größte
aller Wunder. Erfreuen Sie sich am Leben.

Thich Nhat Hanh

Viele bedeutende Weisheitslehrer engagieren sich heute für eine globale Ethik. Ihre Überzeugung ist es, dass sich mit einem überkonfessionellen ethischen Ansatz die Konflikte der Welt lösen lassen. Für den bekannten buddhistischen Meditationslehrer Thich Nhat Hanh sind die Energien von Achtsamkeit, Konzentration und Einsicht die Grundlage jeder Ethik. Dank dieser Energien gibt es einen Weg zu mehr Menschlichkeit, Mitgefühl, Frieden und Glück, einen Pfad der Transformation und Heilung. Thay, wie er von seinen Ordensbrüdern liebevoll genannt wird, schreibt: »Es ist so wichtig, dass wir über globale Ethik stets in einer lebenspraktischen Weise nachdenken.«[11] Oder an anderer Stelle: »Wir brauchen unsere gesamte kollektive Weisheit, um global geltende ethische Normen zu entwickeln.«[12]

Seiner Ansicht nach kann man unter Einbeziehung aller Völker und Traditionen eine globale Ethik erschaffen, die auf gegenseitigem Respekt gründet. Ausgangspunkt sei ein Gewahrsein der Nondualität von Subjekt und Objekt, ein Bewusstsein für die Verbundenheit aller Dinge. Ein solcher Weg könne von allen Menschen akzeptiert werden. Jeder könne ihn beschreiten, ob man nun an einen Gott glaube oder nicht.[13]

Ethik im Alltag und soziales Engagement

Meditieren heißt wahrnehmen, was geschieht. Doch kann man Leid sehen, ohne zu handeln, und die Hände untätig in den Schoß legen? Während sich Meditierende noch vor zwanzig Jahren lieber auf das Meditationskissen zurückzogen und abgeschieden in Zentren praktizierten, engagieren sich spirituell Praktizierende heute weltweit sozial. So gründete beispielsweise der theravada-buddhistische Mönch Bhikkhu Bodhi eine internationale Hilfsorganisation gegen Hunger und Armut.[14]

Auch die ehemalige katholische Nonne Karen Armstrong engagiert sich sozial und rief ein internationales *Charter for Compassion* ins Leben.[15] Durch ihre religionsübergreifende internationale Initiative haben Großstädte wie Seattle oder Belfast begonnen, im Zusammenleben in ihren Gemeinden mehr Mitgefühl zu kultivieren und aktiv zu leben.

Achtsamkeit und Engagement gehören für den vietnamesischen Mönch Thich Nhat Hanh zusammen. Er hat dafür den Begriff »engagierter Buddhismus« geschaffen.[16]

Eindrucksvoll und bewegend schildert er den Wandel seiner Einstellung während des Vietnamkriegs:

»Viele von uns haben während des Kriegs als Mönche, Nonnen und Laien Sitz- und Gehmeditation praktiziert. Dabei hörten wir die Bomben fallen und die Schreie der verwundeten Kinder und Erwachsenen. Wir nahmen all das wahr, und uns bewegte der Wunsch, etwas zu tun, um das Leid in uns und um uns herum zu lindern. Wir wollten für andere da sein und gleichzeitig Sitz- und Gehmeditation üben … Wir praktizierten achtsames Atmen, während wir uns um die durch Gewehrschüsse oder Bombeneinschläge verwundeten Kinder kümmerten. Ohne unsere Achtsamkeitsübungen hätten wir uns selbst dabei verloren, wären schnell ausgebrannt gewesen und hätten niemandem helfen können.«[17]

Die Anwendung von Ethik im Alltag verweist darauf, dass Achtsamkeitspraxis stets auch auf das Leben und den Alltag bezogen ist. Sie kann nicht getrennt von einer Meditationspraxis auf dem Kissen, abgeschottet und ungestört von der Umwelt, gesehen werden. Wir können Achtsamkeit praktizieren, egal, ob wir auf dem Weg zur Arbeit auf die U-Bahn warten, am PC oder auf der Toilette sitzen, Tee trinken, telefonieren oder das Essen zubereiten.

Wie können wir lernen, innezuhalten und kleine Stopp-Signale in unseren Tag einzubauen? Im Kloster von Thich Nhat Hanh in Plumvillage, Südfrankreich, bleiben Mönche, Nonnen und Laienpraktizierende immer für ein paar Sekunden stehen, wenn die Achtsamkeitsglocke alle paar Minuten ertönt. In diesen kurzen Augenblicken besinnt man sich und wird wieder achtsam. Dann geht jeder wieder seiner Beschäftigung nach. In dem Kloster sind viele Kinder, die diese Übung besonders gerne machen. Für David Steindl-Rast stellt diese Methode eine wunderbare Möglichkeit für Pädagogen dar, die man in Schulen oder anderen Institutionen einführen könnte, um mit Kindern im Unterricht zu arbeiten. Er empfiehlt als Hilfsmittel eine Glocke oder einen Gong oder irgendetwas, was den Tagesablauf unterbricht.

Generell hilfreich wäre es sicher auch, »Stille-Inseln« oder Oasen der Ruhe in Schulgärten, auf Pausenhöfen oder dem Schulgebäude einzuführen, in die sich Kinder kurz zurückziehen könnten, um Ruhe vor dem Schullärm oder vor drangsalierenden Mitschülern zu finden. Auch in Firmen könnten sich Mitarbeiter in eigens gekennzeichnete Ruhe-Oasen zurückziehen, um sich zu regenerieren und mit sich selbst zu verbinden.

Die Einsicht, mit allen Wesen auf das Innigste verbunden zu sein, nennt Thay »Intersein«. Achtsamkeit ist damit nichts Weltfremdes, sondern ein Weg, wie man in jeder Alltagssituation Mitgefühl und Verstehen lebenspraktisch anwenden kann, um das Leiden in der Welt zu transformieren und zu mindern. »Achtsamkeit ist ein radikal ethischer Akt«, bestätigt auch Paul Grossman, Co-Direktor des Europäischen Zentrums für Achtsamkeit (EZfA) in Basel.[18]

Für Thich Nhat Hanh ist jede achtsame Handlung spirituell. Einmal fragte ihn ein christlicher Theologe, ob es möglich sei, eine globale Spiritualität zu erschaffen. Er antwortete, dass er nicht zwischen Ethik und Spiritualität als zwei verschiedenen Bereichen trenne. Wenn man das Spirituelle im Ethischen sehen könne, dann befolge man nicht einfach nur ethische Regeln, sondern könne sich auch daran erfreuen und sich davon nähren lassen.[19]

Mit säkularer Ethik die Probleme der Welt lösen

Auffallend viele hohe spirituelle Persönlichkeiten wie beispielsweise S. H. der Dalai Lama engagieren sich seit langem für eine säkulare Ethik. Das religiöse Oberhaupt der Tibeter wird von vielen Anhängern auf der ganzen Welt als Verkörperung von *Chenresig,* dem Bodhisattva des Mitgefühls, verehrt. In den letzten Jahren setzt er sich immer stärker für einen überkonfessionellen ethischen Ansatz ein.

Als Journalistin und als Mensch bin ich sehr dankbar, dem Dalai Lama häufig begegnen und ihm auf Pressekonferenzen Fragen stellen zu dürfen – einmal sogar in einem schwer erreichbaren indischen Bergdorf im Himalaja auf 4000 Metern Höhe. In Indien hatte ich das große Glück, mich während seiner Vorträge an unterschiedlichen Orten für mehrere Tage in seiner Nähe aufhalten zu dürfen. Unvergesslich, wie die Gesichter der Bodyguards und Begleiter von großer Nervosität und Stress gezeichnet waren, während der Dalai Lama selbst trotz der Strapazen der Reisen und eines anstrengenden Programms ohne Pausen den ganzen Tag über so erholt wie nach einem Urlaub wirkte. Dies ist das beeindruckende Ergebnis lebenslanger Meditation und Geistesschulung. Für mich verkörpert dieser freundliche und humorvolle Weisheitslehrer in einzigartiger Weise eine herzberührende Menschlichkeit und liebende Güte, die stets von Respekt und achtsamer Präsenz gegenüber seinen Mitmenschen getragen ist. Bei jeder Begegnung bin ich erstaunt über sein tiefgründiges Weisheitswissen, seine Aufgeschlossenheit gegenüber den Medien und seiner Offenheit und Dialogbereitschaft gegenüber weltlichen Belangen und den modernen Wissenschaften.

Das Herz der Ethik ist Mitgefühl

Unablässig praktiziert und lehrt der Dalai Lama bedingungsloses Mitgefühl für alle Wesen – auch unabhängig von religiösen Ritualen in seiner Tradition. Die Weltbevölkerung wächst, die Kluft zwischen Arm und Reich wird immer größer, die Korruption nimmt zu; wegen der rücksichtslosen Ausbeutung unserer Erde schwinden die natürlichen Ressourcen. Für ihn ist ein säkularer Weg daher ein universeller Lösungsansatz. Denn nur durch die Rückbesinnung auf die gemeinsamen menschlichen Werte wie Mitgefühl, Liebe, Respekt und Wertschätzung könne man die vielfältigen Konflikte auf unserer Erde bewältigen. Daher plädiert er für ein bewussteres, moralischeres Handeln. »Die Zeit ist gekommen, um aus dem 21. Jahrhundert ein friedvolles, glückliches, mitfühlendes Jahrhundert zu machen. Die Basis dafür ist die Ethik, und mit Ethik können wir die Probleme der Welt lösen.«[20]

Der Dalai Lama sieht in seinem Konzept einer säkularen Ethik ein Schlüsselelement für globale Verantwortung. Sein zeitgemäßes Credo: »Im wissenschaftlichen Zeitalter hat Religion für viele Menschen jede Bedeutung verloren. Religion ist Privatsache, Ethik betrifft die ganze Menschheit.«[21] Für manche Anhänger des Buddhismus mögen diese Aussagen ihres religiösen Oberhauptes vielleicht verstörend sein. Doch der Dalai Lama begründet seine Haltung damit, dass Ethik nicht auf religiösem Glauben beruhen müsse. Sein Verständnis von Säkularismus richtet sich ausdrücklich nicht gegen die Religion. Es beinhaltet die Wertschätzung gegenüber allen Religionen und den Respekt und die Toleranz gegenüber Nicht-Gläubigen gleichermaßen.[22]

Tatsache ist, dass von derzeit rund sieben Milliarden Menschen auf der Welt rund eine Milliarde Nicht-Gläubige sind. »Was wir brauchen, ist, die tiefe Überzeugung zu entwickeln, dass die Ethik nicht allein Sache der Religion ist, sondern unsere eigene Angelegenheit.«[23] Wer sein Leben nach moralischen Prinzipien ausrichte, für den werden alle Handlungen positiv. Als Resultat entwickele er mehr Freude und Selbstbewusstsein.

Der neue Geist des »großen Wir«

Wie Bruder David und andere spirituelle Weisheitslehrer betont auch der Dalai Lama, dass das ichbezogene Denken ersetzt werden sollte durch ein Denken in größeren Zusammenhängen und Gemeinschaften: »Wir brauchen das große Wir.« Dann gäbe es keinen Raum für Kriege und Ausbeutung. »Die anderen Menschen als Brüder und Schwestern zu sehen, darum geht es bei der Ethik.« Die Quelle unseres Glücks liegt damit im Bewusstsein, dass wir Teil des Ganzen sind und dass unser persönliches Glück als soziales Wesen vom Wohlergehen der Gemeinschaft abhängt. »Die anderen sind die eigentliche Quelle für unser eigenes glückliches Leben.« Warmherzigkeit und Fürsorge für andere zu entwickeln ist der Schlüssel für unser Glück. Durch das Gefühl der Verbundenheit gedeihen Respekt und Selbstdisziplin von ganz allein. Ethisches Verhalten bedeutet in dieser Konsequenz, aus innerer Überzeugung bestimmte Dinge nicht zu tun, die man tun könnte.[24]

Mit dieser Einsicht können Menschen kurzfristige materielle Interessen zugunsten langfristiger und nachhaltiger Ziele zurückstellen. So lautet eine indianische Lebensweisheit: »Wir sollen so leben, dass die sieben Generationen nach uns unsere Erde besser vorfinden, als wir sie vorgefunden haben.« Diese Haltung einer universellen Verantwortung, Fürsorge, Verbundenheit und Wertschätzung bringt Thich Nhat Hanh auch in seinen *Liebesbriefen an die Erde* zum Ausdruck. Er sieht unseren Planeten als lebenden Organismus und die Erde als »lebende, atmende Mutter«. Die Erde ist nicht außerhalb von uns. »Wir sind Kinder der Erde.« Wenn man in tiefgründiger Weise schaue, könne man die Mutter Erde in unseren Zellen finden.[25]

Bedingung für Glück:
ein ruhiger, ausgeglichener Geist

Sogar für unsere Gesundheit und unser Immunsystem sind nach neuesten Erkenntnissen der Wissenschaft Mitgefühl, Fürsorge und Warmherzigkeit wichtig.[26] Ängste und Wut entstehen laut dem Dalai Lama aus extremer Selbstbezogenheit, wenn wir nämlich die anderen als getrennt von uns ansehen. Für das Überleben, aber auch für das eigene Glück sei es daher unabdingbar, innere Werte wie Warmherzigkeit ein Leben lang zu kultivieren. Dazu brauchen wir einen friedvollen Geist, der auf der Basis von Liebe, Mitgefühl und Vertrauen gedeiht.

Metta-Meditation

Die *Metta-Meditation* ist eine Praxis der Liebenden Güte. Die folgenden guten Wünsche und positiven Gedanken praktizieren wir erst für uns selbst und dann für andere. Über jeden Satz kontemplieren wir ein paar Minuten in Stille und kultivieren allmählich ein Gefühl von tiefer Freundschaft mit uns selbst und allen Lebewesen:

Möge ich frei sein von Gefahr.

Möge ich glücklich sein.

Möge ich körperlich gesund sein.

Möge ich leicht durchs Leben gehen.

Bei längerer Praxis kann nach und nach eine stabile Geisteshaltung von universeller Liebe, Freude und innerem Frieden entstehen.[27]

Steht der Geist unter Stress oder ist er von negativen Emotionen erfüllt, ist er nicht klar und voller Vorurteile. Und ein unruhiger, aufgewühlter Geist ist besonders für das Lernen hinderlich. Daher setzt sich der Dalai Lama seit längerem für ein Ausbildungsprogramm für säkulare Ethik an Schulen ein. Besonders Kinder bräuchten eine Schulung in inneren Werten. Dieses Feld, so meint er, könne man nicht mehr der Religion allein überlassen[28].

Unser Glück hängt also nicht von materiellem Wohlstand ab, sondern von einem ausgeglichenen, ruhigen Geist. Dieser kann für den Dalai Lama nur gedeihen, wenn wir ein offenes Herz haben und uns mit anderen verbunden fühlen. Das ist es, was er unter säkularer Ethik versteht.

Vision einer besseren Welt

Gewiss sucht unsere Gesellschaft nach einer neuen ethischen und spirituellen Orientierung. Doch können Achtsamkeit und Ethik in Zeiten zunehmender Säkularisierung und Wissenschaftsgläubigkeit wirklich die Religion ersetzen? Ist hier schon eine neue spirituelle Bewegung erkennbar, oder ist der Achtsamkeitsboom nur eine kurzlebige Mode?

Während früher die Kirche bestimmt hat, was richtig und gut ist, haben heute zum Teil Wissenschaft und Psychotherapie die Rolle der Religion übernommen. So betitelte das Zentrum für Buddhismusforschung seine Vortragsreihe an der Universität München »Achtsamkeit – meditative Praxis zwischen Religion und Therapie«. Andreas Nehring, Religionswissenschaftler an der Universität Erlangen-Nürnberg, bezeichnet Achtsamkeitsmeditation als spirituelle Praxis zwischen Buddhismus, Neurowissenschaft, Therapie und Selbsterfahrung. Die hohe Adaptionsfähigkeit mache Achtsamkeit als Konzept für die Gesellschaft so attraktiv, so Nehring. Der Nutzen für Gesundheit, Psyche und Lebenssinn sei evident. Durch ihren ganzheitlichen Ansatz, der Körper und Geist einbeziehe, sei Achtsamkeitsmeditation zugleich ein Erfolgsmodell für spirituelle Persönlichkeitsentwicklung wie auch ein Heilmittel gegen den Verlust von Menschlichkeit und gegen Zerstreuung.[29]

Die Werte in unserer modernen Welt verschieben sich. Ein Paradigmenwechsel steht an. Kann sich die Solidarität einer Weltgemeinschaft auf die Rückkehr zur Menschlichkeit und die neuen Werte einer globalen Ethik gründen? Werden sich die Menschen zugunsten dieser Werte freiwillig von ihrer Profitgier verabschieden und auf Luxus verzichten? Oder zwingt nur Leiden, verursacht durch weitere Kriege oder Atomkatastrophen, zur Einsicht? Die Chancen für eine Solidarisierung einer Weltgemeinschaft, die sich zu einer säkularen Ethik bekennt, stehen jedenfalls gut, wenn Weisheitslehrer, Achtsamkeitslehrer, Wissenschaftler, Pädagogen und Politiker zum Wohl der Menschen zusammenarbeiten und sich auf gemeinsame menschliche Grundwerte einigen.

Ethik ist nicht nur eine Frage des Wissens. Der wichtigste Aspekt ist das Handeln. »Das differenzierteste ethische Verständnis nützt wenig, wenn es im täglichen Leben nicht praktisch angewendet wird«[30], so der Dalai Lama. Um die Vision einer besseren Welt gemeinsam zu verwirklichen, wird die Schulung unserer inneren Werte durch Achtsamkeit und das Training von Geist und Herz überlebenswichtig sein.

Literatur

1. Kate Pickert im *Time Magazine,* February 3, 2014, »The Mindful Revolution«, Titelstory

2. Eine Repräsentativuntersuchung von Sinus (Oktober 2011) zeigt, dass die Kirchen weiter schrumpfen werden. Die Entkonfessionalisierung im Sinne wachsender Distanz zur Amtskirche wird also weitergehen. Weniger als ein Drittel der Deutschen (28 Prozent) bezeichnen sich als religiös. Infos: www.sinus-institut.de und *Christ & Welt,* Ausgabe 52/2011.

3. Die US-Armee hat bereits seit langem ein evidenzbasiertes Programm *Mindfulness Mind Fitness Training (MMFT)*®. Mehr dazu unter www.mind-fitness-training.org/training.html (abgerufen am 01.12.2014). Siehe auch den Beitrag von Hozan Alan Senauke, »Achtsamkeit und Engagement gehören zusammen«, in: Zimmermann M, Spitz C, Schmidt S (Hrsg.). *Achtsamkeit. Ein buddhistisches Konzept erobert die Wissenschaft.* Bern: Huber Verlag; 2012, S. 224.

4. Alle Zitate von David Steindl-Rast stammen aus einem Vortrag auf einer Tagung von Pro Juventute in 04.2014. www.dankbar-leben.org.

5. In: Zimmermann M, Spitz C, Schmidt S (Hrsg.). *Achtsamkeit. Ein buddhistisches Konzept erobert die Wissenschaft,* Bern: Huber Verlag; 2012, S. 217.

6. Ebenda.

7. Thich Nhat Hanh. *Im Hier und Jetzt zu Hause sein.* Stuttgart: Theseus; 2006, S. 67.

8. Wetzel S. Der feine Unterschied in Sachen Achtsamkeit. *Buddhismus aktuell.* 4/2011, S. 56–57.

9. Dieses und die folgenden Zitate von Michael von Brück stammen aus seinem Vortrag zu einer Ethik des Seins, gehalten auf einer Veranstaltung von Dana e. V. in München am 27.04.2014.

10. Er bezieht sich dabei auf *karuna,* einen zentralen Begriff der buddhistischen Geistesschulung und Ethik.

11. Thich Nhat Hanh. *Gut sein – und was der Einzelne für die Welt tun kann.* München: O. W. Barth; 2014, S. 118.

12. Ebenda, S. 8.

13. Ebenda.

14. Bhikkhu Bodhi ist Gründer der internationalen Hilfsorganisation »Buddhist Global Relief«.

15. www.charterforcompassion.org

16. Siehe auch Alan Senauke in: *Achtsamkeit. Ein buddhistisches Konzept erobert die Wissenschaft,* Bern: Huber Verlag; 2012, S. 220.

17. Hanh TN. *Gut sein – und was der Einzelne für die Welt tun kann.* München: O.W. Barth; 2014, S. 9.

18. Grossman P. »Mitgefühl in der Psychologie ist eine Revolution!« *Ethik heute.* Nullnummer, 2013, S. 12.

19. Hanh TN. *Gut sein – und was der Einzelne für die Welt tun kann.* München: O.W. Barth; 2014, S. 13 f.

20. *Tibet und Buddhismus,* Dalai Lama, »Ethik ist nicht allein die Sache der Religionen«, Ausgabe 4/2013, S. 6.

21. Auszug aus der Rede S. H. des Dalai Lama vom 20.05.2012 in Klagenfurt. In: *Ethik heute.* Nullnummer, 2013, S. 8.

22. Der Dalai Lama verwendet den Begriff »Säkularismus« gemäß dem indischen Verständnis, das alle Religionen wertschätzt und auch Nicht-Gläubige respektiert; siehe auch *Ethik heute,* Nullnummer, 2013, S. 7.

23. *Tibet und Buddhismus,* Dalai Lama, »Ethik ist nicht allein die Sache der Religionen«, Ausgabe 4/2013, S. 6.

24. Hanh TN. *Gut sein – und was der Einzelne für die Welt tun kann.* München: O.W. Barth; 2014, S. 9.

25. Thich Nhat Hanh. *Liebesbrief an die Erde,* München: Nymphenburger Verlag; 2013, S.17.

26. Hanh TN. *Gut sein – und was der Einzelne für die Welt tun kann.*
München: O.W. Barth; 2014, S. 9.

27. Vgl. auch: Salzberg S. *Metta Meditation. Buddhas revolutionärer Weg
zum Glück.* Freiamt im Schwarzwald: Arbor Verlag; 2003.

28. Auf einer Pressekonferenz in Frankfurt am 14.05.2014. In Neu-Delhi
wird derzeit ein Curriculum für Lehrer an Schulen entwickelt.

29. Vortrag von Prof. Dr. Andreas Nehring an der Ludwig-Maximilians-
Universität München vom 06.05.2013. Siehe auch: www.zbf.lmu.de.

30. Dalai Lama. *Rückkehr zur Menschlichkeit. Neue Werte in einer
globalisierten Welt.* Köln: Bastei Lübbe; 2011, S. 127.

Die Autorinnen und Autoren

Dr. Britta Hölzel ist Diplom-Psychologin, »*Mindfulness-Based Stress Reduction (MBSR)*«- und Yogalehrerin. Als Wissenschaftlerin untersucht sie die neuronalen Mechanismen der Achtsamkeitsmeditation mittels magnetresonanztomographischer Aufnahmen. Bisher führte sie ihre Forschung an der Harvard Medical School in Boston, USA, an der Universität in Gießen und an der Charité in Berlin durch. Ihr *MBSR*-Training erhielt sie am Center for Mindfulness der University of Massachusetts. Weitere Informationen unter:
www.nmr.mgh.harvard.edu/~britta

Dr. Christine Brähler (DClinPsy) ist Psychologische Psychotherapeutin, Dozentin und Supervisorin. Neben ihrer Praxistätigkeit in München unterrichtet sie das Programm *Mindful Self-Compassion (MSC)* von Christopher Germer und Kristin Neff als zertifizierter MSC Teacher Trainer international. Sie ist offizielle Ausbilderin in *Compassion Focused Therapy (CFT)* nach Paul Gilbert und hat den ersten kontrollierten Therapieversuch von *CFT* veröffentlicht. Sie ist Honorary Lecturer an der University of Glasgow, UK, und Faculty Member am Mindfulness-Based Professional Training Institute der University of California in San Diego, USA. Weitere Informationen unter:
www.selbstmitgefühl.de

Prof. Dr. Stefan Schmidt ist Juniorprofessor für Transkulturelle Kulturwissenschaften an der Europa-Universität Viadrina in Frankfurt (Oder) und unterrichtet dort am berufsbegleitenden Masterstudiengang Kulturwissenschaften – Komplementäre Medizin. Am Universitätsklinikum Freiburg leitet er die Forschungsgruppe Meditation, Achtsamkeit und Neurophysiologie, die seit vielen Jahren Forschungsarbeiten zu Acht-

samkeit und Meditation durchführt. Weitere Informationen unter:
http://prof-stefan-schmidt.info/

Dr. Tim Gard ist Neurowissenschaftler an der Universität Maastricht in den Niederlanden. Er erforscht die neuronalen Mechanismen von Achtsamkeit und Yoga in verschiedenen Kontexten wie Schmerz, Depression und Alterung. Bisher hat er diese Studien am Bender Institute of Neuroimaging in Gießen und im Lazar Lab des Massachusetts General Hospital in Boston, USA, durchgeführt. Des Weiteren hat Tim Gard *MBSR-* und *MBCT*-Fortbildungen am Center for Mindfulness der UMASS Medical School in Worchester, USA, absolviert. Weitere Informationen unter:
www.nmr.mgh.harvard.edu/~tgard

Dr. Thorsten Barnhofer erforscht derzeit als Heisenberg-Stipendiat der Deutschen Forschungsgemeinschaft die neuralen und kognitiven Wirkmechanismen der Achtsamkeitsmeditation bei der Prävention und Behandlung von emotionalen Störungen. Er ist ausgebildeter Verhaltenstherapeut und Yogalehrer.

Dr. Gisela Full ist an der Humboldt-Universität Berlin im Fachbereich School of Mind and Brain tätig und forscht gegenwärtig zum Phänomen nicht-egoischer Wahrnehmung. Besondere Forschungsschwerpunkte bilden die Mechanismen von Ich-Strukturen und eine Dekonstruktion dieser Mechanismen.

Dr. Clarissa Schwarz ist seit 1982 Hebamme, außerdem ausgebildete Lehrerin und Gesundheitswissenschaftlerin. Sie war 13 Jahre lang an Hochschulen tätig, zuletzt in Bochum als Professorin für den ersten grundständigen Bachelor-Studiengang für Hebammen in Deutschland. Sie hat über 30 Jahre Meditationserfahrung und ist dem tibetischen Buddhismus verbunden. Seit 2013 ist sie in Berlin sowohl als freiberufliche Hebamme als auch im Bestattungsinstitut ihres Mannes tätig und bietet *MBSR*- und *MBCP*-Kurse an. Weitere Informationen unter: www.clarissa-schwarz.de

Lienhard Valentin ist ein international bekannter Achtsamkeitslehrer, Gestaltpädagoge und Buchautor, der besonders für seine einfühlsame und warmherzige Art, die Praxis der Achtsamkeit zu vermitteln, geschätzt wird.

Sein Schwerpunkt liegt in der Integration von Achtsamkeit und Mitgefühl ins tägliche Leben – vor allem auch von Eltern und Pädagogen – sowie in der Ausbildung von Achtsamkeitslehrern. Nähere Informationen unter: www.arbor-seminare.de und www.mit-kindern-wachsen.de

Vera Kaltwasser ist Gymnasiallehrerin mit langjähriger Erfahrung in der Lehrerfortbildung. Als Theaterpädagogin, Autorin und Weiterbilderin im Bereich Persönlichkeitsentfaltung widmet sie sich seit langem der praktischen Umsetzung wissenschaftlicher Erkenntnisse bezüglich der Wechselwirkungen zwischen Körper, Gedanken und Gefühlen. Sie hat Ausbildungen in Beratung, Psychodrama, *MBSR* (USA), *Qigong* und im Lehrer-Coaching nach Prof. Joachim Bauer absolviert. Außerdem hat sie das Konzept *AISCHU®* *(Achtsamkeit in der Schule)* entwickelt, das sie Lehrerinnen und Lehrern vermittelt. Als Autorin mehrerer Bücher zum Potential der Achtsamkeit verbindet sie ihre praktische Lehrerfahrung mit dem theoretischen Fundament der Achtsamkeitsforschung. Weitere Informationen unter: www.vera-kaltwasser.de

Nicole Stern ist Achtsamkeitslehrerin, studierte östliche Weisheitslehren (Zen und Vipassana) und hat langjährige internationale Trainingserfahrung. Neben ihrer Tätigkeit als Retreatleiterin in Klöstern begleitet sie interessierte Menschen als Dharma-Coach und Supervisorin. Als erfahrene Führungskraft in der freien Wirtschaft bringt sie Achtsamkeitstrainings in Unternehmen. Weitere Informationen unter: www.mindful-work.de

Dr. med. Eckard Krüger leitet als Altersmediziner eine Abteilung für Geriatrie und Frührehabilitation an den Kliniken HochFranken in Naila (Oberfranken). Daneben befasst er sich seit vielen Jahren intensiv mit der Eigensprache von Menschen, praktiziert und lehrt die Methode des eigensprachlichen Interviews (Idiolektik). An der Universität von Wales, Bangor, studierte er achtsamkeitsbasierte Therapieansätze (*MBSR/MBCT*). Ein besonderer Fokus seiner Arbeit besteht darin, achtsamkeitsbasierte Ansätze älteren Menschen wie auch Pflegenden, pflegenden Angehörigen und institutionell tätigen Menschen zugänglich zu machen.

Michaela Doepke ist Achtsamkeitstrainerin, *MBSR*- und Meditationslehrerin, Buchautorin und freie Journalistin. Sie lebt und arbeitet am Ammersee nahe München. Sie war zehn Jahre lang Chefredakteurin der Zeitschrift *Buddhismus aktuell* und engagiert sich heute für das Netzwerk Ethik heute (www.ethik-heute.org) und das Center for Mindfulness in München. Weitere Informationen unter: www.michaela-doepke.de

Thich Nhat Hanh

Versöhnung
mit dem inneren Kind

Von der heilenden Kraft der Achtsamkeit

Das innere Kind steht für alle tief empfundenen, oft verdräng-
ten Gefühle aus der Kindheit wie Angst, Wut oder Trauer, die
Ausdruck innerer Verletzungen sind.
Thich Nhat Hanh zeigt, wie durch die Praxis der Achtsamkeit
das innere Kind geheilt werden kann. Negative Selbstbilder
und Emotionen können überwunden werden, indem man sie
bewusst wahrnimmt und durch Atemmeditation auflöst.
Auf diese Weise versöhnt man sich nicht nur tief mit sich selbst,
sondern auch mit allen Menschen, die einem in der Vergangenheit Leid zugefügt haben.

Sylvester Walch

Vom Ego zum Selbst

Grundlinien eines
spirituellen Menschenbildes

Der Mensch hat sein geistiges Potenzial bei weitem noch nicht ausgeschöpft. Der Psychotherapeut Sylvester Walch zeigt, dass Erfahrungen erweiterten Bewusstseins oder subtile Energiezustände für jeden erlebbar sind.

Als Vermittler zwischen Psychologie und Spiritualität überzeugt er durch ein wissenschaftlich fundiertes, ganzheitliches Menschenbild.

Seine Anleitungen zur Selbstreflexion und zahlreiche Meditationsübungen begleiten einen durch das Buch und laden zum Innehalten ein. Am Ende hat jeder eine klare Vorstellung davon, was das »universale Selbst« ist, und das heißt zu wissen, wer man selbst eigentlich ist.

»Dieses Buch inspiriert, transformiert
und wirkt lange nach.«
Connection

O.W. BARTH ✷

Jon Kabat-Zinn

Gesund durch Meditation

Das vollständige Grundlagenwerk zu MBSR

Jon Kabat-Zinns wissenschaftlich fundierte Methode der Acht-
samkeitspraxis MBSR (Mindfulness-Based Stress Reduction) ist
weltweit auf dem Vormarsch. In diesem Programm lernt man
Schritt für Schritt, wie man durch bestimmte Meditationen,
Atem- und Yogaübungen achtsam wird, sich entspannt und auf
diese Weise Stress, Schmerzen und Beschwerden abbauen kann.
Mittlerweile ist daraus eine Bewegung entstanden, die unsere
Gesellschaft auf vielfältige Weise verändert.
Dies ist die einzige vollständige Ausgabe des Klassikers und für
alle unverzichtbar, die sich intensiv mit MBSR beschäftigen
wollen.

Vollkommen überarbeitete und aktualisierte Neuausgabe
»des hervorragenden, fundierten Werkes eines ebenso
kompetenten wie international anerkannten Autors«.
Psychologie heute

Maren Schneider

Stressfrei
durch Meditation

Das MBSR-Kursbuch
nach der Methode von Jon Kabat-Zinn

Maren Schneider hat den berühmten 8-Wochen-Kurs in MBSR
(mindfulness-based stress reduction) erstmalig klar und über-
sichtlich zusammengefasst.
Die einfachen Erläuterungen, ein präziser Wochenplan und die
wichtigsten Meditationen auf zwei CDs bilden eine effektive
Kombination. Die speziellen Achtsamkeits-, Atem- und Yoga-
Übungen können so von jedem selbständig zu Hause nachvoll-
zogen werden.